大数据与公共服务

BIG DATA AND PUBLIC SERVICE

主　编　鲍　静
副主编　段国华　张定安　解亚红

社会科学文献出版社
SOCIAL SCIENCES ACADEMIC PRESS (CHINA)

前　言

当今世界，信息化浪潮席卷全球，大数据、云计算、物联网、区块链等蓬勃发展，使互联网时代迈上了一个新台阶。今天的中国要把握住世界科技革命的历史机遇，加快创新型国家建设，就必须用好大数据，要从战略层面认知大数据、发展大数据、应用大数据，并在政府治理领域融入大数据的思维和技术。公共服务是政府的重要职能，大数据的创新和应用，有利于政府职能的转变，更好地发挥行政机制、市场机制和社会机制在公共服务供给中的优势。2017年12月，习近平总书记在中共中央政治局第二次集体学习时强调，"要运用大数据提升国家治理现代化水平。要建立健全大数据辅助科学决策和社会治理的机制，推进政府管理和社会治理模式创新，实现政府决策科学化、社会治理精准化、公共服务高效化"。2016年5月，李克强总理在第二届数博会上指出，"我们正在推进简政放权，放管结合、优化服务，而大数据手段的运用十分重要"。2015年以来，党中央、国务院先后出台实施了国家大数据战略、"互联网+政务服务"、"互联网+监管"等举措，推动数字中国和数字政府建设。

中国国际大数据产业博览会（简称"数博会"）是全球首个以大数据为主题的国家级展会，由国家发改委、工信部、国家网信办和贵州省人民政府共同主办，贵阳市人民政府承办，从2015年至今已成功举办了五届。贵阳数博会秉承"国际化、专业化、高端化、可持续化"的核心理念，旨在为全球范围内大数据领域专业人士和企业提供行业前沿资讯、热点动态以及合作交流平台，促进大数据行业的技术发展和应用，提高数字治理水平。历届数博会均受到国家领导的关怀，习近平总书记向首届和近两届数博会发来贺信，国务院总理李克强、副总理马凯，全国人大常委会副委员长王晨先后出席前五届数博会开幕式并致辞，在国内外产生了深远而广泛的影响。

中国行政管理学会是国务院办公厅主管的研究行政管理理论与实践、为政府管理提供参谋咨询服务的全国性学术团体。学会长期关注信息革命与数字政府建设，在"互联网+政务服务"、"互联网+行政审批"、"互联网+监管"等研究领域，相继有政务公开、行政审批制度改革、政府数据开放等报告得到有关领导的批示。会刊《中国行政管理》自2001年开始推出"数字政府"栏目以来，始终高度关注数字治理研究，推出了一系列相关研究专题，引起广泛关注。

2017年，应数博会组委会邀请，中国行政管理学会信息公开与政务服务研究会、中国行政管理杂志社、中国行政管理学会数字政府治理研究中心联合承办了作为数博会核心论坛的"数据开放共享与政府管理创新"论坛。此次论坛取得了巨大成功。因此，双方决定继续开展合作。2018年5月27日，"大数据与公共服务"论坛在贵阳国际生态会议中心举办。此次论坛属于"大数据国家治理"版块的核心论坛，由中国行政管理学会、国家机关事务管理局、国务院办公厅政府信息与政务公开办、国务院办公厅电子政务办等共同指导完成。来自全国各地的政府部门、高校、科研院所及企业的500多位代表与会。本次论坛围绕"大数据与公共服务"这个主题，就"互联网+乡村振兴"、大数据精准扶贫、网上行政审批的重点与难点、大数据与预算绩效管理、新时代的政府网站政务服务能力建设、运用大数据创新政府监管方式、基层政务公开标准化规范化、"互联网+高质量的机关事务保障"、政务大数据与社会大数据平台对接研究、数字政府治理教育培训体系建设等10个专题进行研讨交流。

这次论坛继续发挥学会优势，提前开展了选题策划和论文征集等工作，一共征集论文200多篇，经过专家三轮评审，评选出42篇，以专刊形式结集出版。为了持续扩大贵阳数博会的影响力，加强对数字治理的深入研究，筹备委员会决定对论坛征文也进一步筛选分类并编辑出版。

本书一共分为四个版块：数据开放与政务公开、"互联网+政务服务"、大数据与政府治理、他山之石。"数据开放与政务公开"版块收录的5篇文章，从国家、部门、地方等层面探讨了数据开放与公共服务之间的内在逻辑，指出政务公开是保证广大人民群众享有公平可及的公共服务的必要前提，数据的开放和共享则是当前政务公开的核心内容。"互联网+政务服务"版块收录的3篇文章，聚焦于当前我国各级政府政务服务在线办理能力提升这一现实问题，对如何推进"互联网+政务服务"建设提出了对策建议。"大数据与政府治理"版块收录的6篇文章，基于"政府治理能力和治理体系现代化"这个整体性视角,探讨了大数据在政府管理创新中的功能机制和运用策略。"他山之石"版块收录的4篇文章,系统介绍了一些国家和地区在政府数据治理、"智慧社会"建设、网络问责等方面的做法、经验和启示。

2019年10月,党的十九届四中全会明确指出,要"完善公共服务体系,推进基本公共服务均等化、可及性。建立健全运用互联网、大数据、人工智能等技术手段进行行政管理的制度规则。推进数字政府建设,加强数据有序共享,依法保护个人信息"。这为理论和事务工作者指明了方向,任重而道远。希冀本书及其系列研究成果的编辑出版能成为数字治理研究的铺路石,为国家治理体系和治理能力现代化贡献力量。

本书编者

2020年6月16日

目 录

数据开放与政务公开

政务公开标准化、规范化与责任清单的功能实现 …………… 刘启川 / 3

基于二维分析框架的我国国家层面政府数据开放政策分析

……………………………………………………… 唐　珂　范丽莉 / 20

大数据时代政府数据开放与共享研究

——基于开放政府数据平台中教育数据开放与共享现状的调查

………………………………………………………………… 赵润娣 / 43

税收数据开放研究 ……………………………… 董　镇　许光建 / 60

地方政府数据开放平台建设导向及选择规律分析 …… 张廷君　曹慧琴 / 82

"互联网 + 政务服务"

社会 - 技术框架下的政务服务在线办理能力探究

——基于334个地级行政区的数据分析

……………………………… 汤志伟　郭雨晖　翟元甫 / 103

"互联网 + 政务服务" 技术 - 制度调适网络及政策启示

……………………………………………… 李　鹏　王欢明 / 121

新时代政府门户网站政务服务能力建设评估

——以2017年全国省级政府门户网站的数据为样本

……………………………………………… 郑家昊　李　庚 / 137

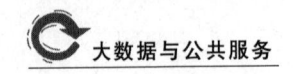

大数据与政府治理

信息社会简约高效基层管理体制的构建 ················· 李 齐 / 161
政府职责体系建设视角中的数字政府和数据治理
·························· 叶战备 王 璐 田 昊 / 178
大数据时代网络舆论领域的政府监管研究
——以网络问政为例 ························· 胡 柏 / 191
数据开放背景下我国政府数据治理能力提升路径研究
······························ 宋魏巍 饶 楠 / 206
中国网络舆情治理的系统分析与善治路径 ·········· 张 权 / 223
数据治理与策略性回应：地方治理的政策工具创新分析
································ 曾盛聪 卞思瑶 / 239

他山之石

政府数据治理视角下集约化政府网站平台研究
——以英国 GOV.UK 为例 ················· 王丽荣 / 257
政府数据治理的国际经验与启示 ················· 夏义堃 / 267
基于文献计量的国内外"智慧社会"研究进展与对比分析
································ 杨 菁 姚 媛 / 282
面向开放数据的创新问责机制：意大利的经验与启示 ········ 张 航 / 298

后 记 ·· / 314

数据开放与政务公开

政务公开标准化、规范化与责任清单的功能实现*

刘启川**

> 政务公开与责任清单在生成逻辑、内在机理和外在表征等方面的关联性,为以责任清单为基点推进政务公开标准化、规范化提供正当基础和法理依据。然而,当前端赖于责任清单的政务公开标准化、规范化试点工作,因责任清单的顶层设计缺位和编制规则混乱而举步维艰。从政务公开的核心要求来看,独立型责任清单远胜于依附型责任清单和一体型权责清单,应成为政务公开的理想型态。同时,责任清单的内部构造应致力于实现政务公开的基本内容,按照衔接性、操作性和服务性的标准,并援用正义内部构造的建构思路展开。在尊重责任清单内外部规范效力的基础上,应从权力机关提前介入式的备案审查、来源依据扩展至法律法规规章之外的规范性文件、政务公开的全程性与和政务参与的差异性等层面,重构编制规则,确保责任清单功能的法治化实现。

一 引言

近年来,标准化、规范化建设已成为政务公开的新动向。2017 年 5 月

---

* 基金项目:中国法学会 2016 年度部级法学研究一般项目"行政'诿责'法律规制研究"[编号:CLS(2016)C03];2015 年度江苏省社科基金青年项目"江苏省推进行政裁量权基准制度研究"(编号:15FXC001)。
** 作者:刘启川,东南大学法学院副教授。

9日国务院办公厅公布《开展基层政务公开标准化规范化试点工作方案》（以下简称《试点方案》），开始在15个省（区、市）的100个县（市、区）推进试点工作。根据《试点方案》部署，政务公开标准化、规范化建设将依托权力清单和责任清单进行。值得注意的是，《关于推行地方各级政府工作部门权力清单制度的指导意见》（以下简称《指导意见》）已对权力清单做出详尽的制度设计，而责任清单的相关制度规则仍在摸索之中。因此，极有可能因为责任清单顶层设计的欠缺，政务公开标准化、规范化建设举步维艰，甚至成为空想。对此，我们需要回答的是，政务公开为何需要责任清单，政务公开需要什么样的责任清单，以及政务公开需要什么样的责任清单编制规则。对上述问题的系统化解答，既是直面责任清单的价值和重构责任清单编制规则的应有之义，又是有效推进政务公开标准化、规范化进程的必然要求。

为了有效回答上述问题，获致预期的研究效果，需要提前作两点说明。第一，在样本选取上，笔者以我国所有推进责任清单建设的省级政府部门为例，除了香港、澳门、台湾地区外，共计31个省级政府部门；责任清单中的资料数据均来自相关政府规范性文件和政府官方网站；获取相关数据和资料的截止时间为2018年4月15日。第二，在论题限缩上，由于《试点方案》制定和颁布的主体均为国务院办公厅，因此，《试点方案》涉及的政务公开是针对行政机关的，而非其他公权力机关；对于司法机关、立法机关和执政党涉及的政务公开问题，因为主体属性不同，本研究成果尚不能完全适用，但在很多方面可以参照适用。

二 政务公开为何需要责任清单

之所以政务公开标准化、规范化建设需要立基于责任清单，并非仅仅因为《试点方案》自上而下的行政命令式的推动，而主要是因为：其一，在生成逻辑上，规范主义控权模式无法有效因应社会治理的需要；其二，在内在机理上，责任清单与政务公开的价值定位具有统一性；其三，在外在表征上，责任清单的呈现形式即为政务公开制度功效的体现。

（一）生成逻辑：规范主义控权模式的失灵与功能主义建构模式的滥觞

严格来说，依据现有法律规范对政务信息加以公开，既可以实现依法推进政务公开，又能在法制框架内满足民众的知情权，进而实现对政务活动的监督。遗憾的是，诸如《政府信息公开条例》所规定的公开范围、方式、程序以及监督和保障等内容，尽管已较为明确且具有较强的可操作性，但是在国家治理体系和治理能力现代化的背景下，上述法律规范存在的问题还是较为明显的。具体表现在三个方面。第一，上述规定是规范政务公开的共性问题，具有不区分差别和特殊的普适性，执法部门仍然需要结合本部门的职能定位和政务公开的特殊性而对法律规范谨慎适用，因此，除了上述法律规范，执法部门更需要一套具有可操作性的实施规则。第二，政务公开不同于政府信息公开，主要是指"整个公权力运作的活动及其信息的公开，包括各级人民政府和政府部门行使行政权的活动及其信息的公开，各级人民代表机关行使立法、审查批准预决算和对一府两院监督权的活动及其信息的公开，以及执政党依法执政活动及其信息的公开"[1]。政务公开因为关涉内容的广泛性和相关法律规范的复杂性，而对具有操作性的规则的需求更为迫切。第三，由于政务公开不可避免地会涉及公权力运行的内部规则和党内事务性规定的公开问题，主要面向外部规制的法律规范有失灵的风险。

可见，注重规则之治的规范主义控权模式尚不能有效规制政务公开问题，面临规制乏力的困境，强调原则之治和寻求个案正义的功能主义建构模式得以发展起来。功能主义建构模式突破了规范主义控权模式因规则僵化难以为继的困局，实现了由涵射迈向衡量的治理方式的转变。[2]在此背景下，清单式的政府治理得以推展开来。其中，责任清单即为践行功能主义建构模式的重要方式。详言之，责任清单是指将公权力主体的职责和义务情形，以及不履行或不完全履行职责而需要追责的情形，以表单的形式予以呈现。当前，责任清单的制度建构既没有直接的法律依据，又没有如同权力清单《指导意见》那般的顶层制度设计，主要是基于积极的国家治理和增进社会公益的需要，在追求政务活动良态化的同时，满足民众权利实现的基本诉求。由此看来，在法律规范乏力之时，责任清单可以有效弥补法律规范的缺憾，借由法律规范和责任清单的合力，实现兼具外部和内部治理特色的政务公开良性化。

（二）内在机理：责任清单与政务公开在制度功能上的一致性

相较于一般具有外部效力的法律规则，责任清单的规制对象为公权力的行使主体，这与德国行政法上的行政规则类似。德国学者认为，"行政规则是指上级行政机关向下级行政机关、领导对下属发布的一般-抽象的命令。或者针对行政机关内部秩序，或者针对业务性的行政活动"[3]。日本学者认为，行政规则"是指行政机关制定的规范，但与国民的权利、义务不直接发生关系，即不具有外部效果的规定"。[4]可见，责任清单与行政规则的基本特征基本吻合。由此，是否可以将责任清单定位为行政规则呢？答案是否定的。这主要是因为，行政规则非但不是我国本土化的表达方式，无法与我国相关制度规则对接，而且该表达方式容易引起歧义，尚未被我国理论和实践所普遍接受。笔者以为，将其定位为具有自制性质的行政规范性文件较为妥当。具体而言，在我国法制体系中，作为政务自制的责任清单属于行政规范性文件，并且是行政内部性文件。从根本上来说，责任清单是行政机关"自觉自发地约束规范行政行为，消减行政权的负面效应，将之限制在合法合理且符合比例原则的范围内，进而也可在此基础上，对正确的行政政策予以自我推进，对行政正义和行政文明的实现展开自觉的追求"。[5]这是一种积极向善、追求善治的行政活动，最终目的在于尊重、保障和实现公民权利。政务公开的制度逻辑在于，通过保障公民的知情权，以满足公民参政议政的意愿，预防公权力的滥用和提高公权力的可接受程度。[6]可见，政务公开"强调的是公民权利的保护"。[7]因此，在制度功能上，政务公开与责任清单是一致的。而且，责任清单对于政务公开的意义较为明显：一方面，对于公权力机关，不但可以以此作为规范公权力运行的行动方案以及验证公权力活动合法性的标尺，而且还可以作为惩戒不法行为的依据和标准；另一方面，对于相对人，可以据此要求公权力机关做出相应行为，也可据此监督公权力的运行，从而助益法治政府、法治国家与法治社会建设。

（三）外在表征：责任清单是政务公开标准化、规范化的重要载体

从制度文本而言，作为政务公开标准化、规范化的重要实现方式，责任清单已得到党和国家重大决定和政策文件的肯认。首先，党的十八届三中全会特别是四中全会明确了以权力清单的形式，从决策公开、执行公开、管理公开、服务公开、结果公开等方面全面推进政务公开。具体而言，十八届三中全会《关于全面深化改革若干重大问题的决定》规定："推行地方各级政府及其工作部门权力清单制度，依法公开权力运行流程。完善党务、政务和各领域办事公开制度，推进决策公开、管理公开、服务公开、结果公开"。十八届四中全会《关于全面推进依法治国若干重大问题的决定》规

定："全面推进政务公开。坚持以公开为常态、不公开为例外原则，推进决策公开、执行公开、管理公开、服务公开、结果公开。各级政府及其工作部门依据权力清单，向社会全面公开政府职能、法律依据、实施主体、职责权限、管理流程、监督方式等事项。"尽管并未直接明确责任清单，但是，从权力与责任的统一性来看，上述重大决定明确的权力清单，不但关涉责任清单，而且具有以责任清单实现政务公开的当然内容。党的十九届三中全会《关于深化党和国家机构改革的决定》规定，"全面推行政府部门权责清单制度，实现权责清单同'三定'规定有机衔接，规范和约束履职行为，让权力在阳光下运行"，进一步明确和丰富了政务公开的形式，将权力清单和责任清单作为机构编制公开的承载形式。其次，《指导意见》和《法治政府建设实施纲要（2015—2020年）》除了明确权力清单之外，进一步明晰了责任清单在推进政务公开中的地位及其实现方式。具体而言，《指导意见》规定："将地方各级政府工作部门行使的各项行政职权及其依据、行使主体、运行流程、对应的责任等，以清单形式明确列示出来，向社会公布，接受社会监督。"与此类似，《法治政府建设实施纲要（2015—2020年）》规定："在全面梳理、清理调整、审核确认、优化流程的基础上，将政府职能、法律依据、实施主体、职责权限、管理流程、监督方式等事项以权力清单的形式向社会公开，逐一厘清与行政权力相对应的责任事项、责任主体、责任方式。"再次，继中央办公厅、国务院办公厅《关于全面推进政务公开工作的意见》之后，《试点方案》直接明确了责任清单是实现政务公开标准化、规范化的重要载体。《试点方案》规定："依据权责清单和公共服务事项进行全面梳理，并按条目方式逐项细化分类，……确保公开事项分类科学、名称规范、指向明确。"同时，从总体要求、试点范围、重点任务、工作进度、保障措施等层面，最为全面、最为直接地设计了政务公开标准化、规范化的具体内容。

在制度文本之外，责任清单的内部构造契合政务公开标准化、规范化的形式要求。从31个省级政府部门的实践来看，当前有江苏、浙江、河北、山东、湖南、海南、吉林、福建、四川、江西、山西、青海、黑龙江、河南等14个省份的省级政府部门已编制了独立的责任清单。依据责任清单中职责和追责要素的构成不同，可将责任清单分为单一职责型清单和职责追责型清单。经过梳理，我们发现多数省级（如江苏、浙江、河北、湖南、海南、黑龙江、吉林、河南、山西等）政府采用单一职责型清单，其内部构造因表现形式不同而有所差异。单一职责型清单的内部构造有二元构造

(部门职责+职责边界)、三元构造(责任事项+责任事项依据+行政职权廉政风险防控图)、四元构造(部门职责+职责边界+事中和事后监管+公共服务事项)、五元构造("部门职责+职责边界+事中和事后监管+公共服务事项+职权对应的责任事项和问责依据"或"责任事项+责任处室+承诺时限+法定时限+收费及依据")、七元构造(部门职责+职责边界+部门职责对应的权力事项+事中和事后监管+公共服务事项+权力运行流程图+中介盖章收费)共5种型态;而职责追责型清单只存在于少数省级(如山东、青海、福建、江西、四川)政府,其内部构造主要表现为四元结构("主要职责+职责边界+事中和事后监管+责任追究机制"或"责任事项+责任岗位+追责情形+责任设定依据")、六元结构(实施对象+承办机构+公开范围+收费依据及标准+承诺时限+追责情形及依据)、两表多元结构("表1:主体责任+职责边界,表2:责任主体+责任事项+追责情形+监督电话"或"责任事项表:部门职责+主要依据+责任事项+事项类型+责任处室+追责情形,多部门监管责任划分表:监管事项+主要依据+本部门及责任事项+相关部门及责任事项+追责情形")共3种型态。可见,尽管责任清单的编制内容有所不同,但是基本上与《试点方案》要求的"至少应包括公开事项的名称、依据以及应公开的内容、主体、时限、方式等要素"是一致的。

三 政务公开需要什么样的责任清单

可见,责任清单之于政务公开标准化、规范化的意义重大。那么,全面推进政务公开需要建构什么样的责任清单?笔者以为,应当明确责任清单的外部型态和内部构造,如此方能明晰责任清单的整体面相。

(一)外部型态:政务公开需要何种类型的责任清单

经过对31个省级政府责任清单的实践考察和类型甄别,我们发现,如果以责任清单独立性程度不同为标准,我国责任清单存在依附型责任清单、一体型权责清单、独立型责任清单三种型态。[8]依附型责任清单是指责任清单并非独立存在,而是依附于权力清单,并且在权力清单之中只有关涉责任的相关元素,如责任事项、追责依据,主要存在于安徽、重庆、新疆等3个省级政府。一体型权责清单是指,以"一表两单"的形式同时呈现权力清单和责任清单,主要存在于湖北、广西、辽宁、甘肃、云南、广东、天津、西藏、陕西、上海、贵州、宁夏、北京、内蒙古等14个省级政府。独立型责任清单并不受制于权力清单，以单独表单的形式独立存在，前文已述，不再赘述。需要追问的是，在当下我国尚未对责任清单的外部型态做统一规定的情形下，已经在实践中运行的三种责任清单型态，哪种最为符合政务公开的内在要求？

第一，依附型责任清单和一体型权责清单皆不是实现政务公开的最优方案。首先，依附型责任清单基本上为权力事项及其行使规则，对责任并未充分关注或较少涉及，基本上弱化处理或者回避了责任和义务的应有内容。以新疆、重庆、安徽三地分别公布的《新疆维吾尔自治区本级政府部门行政权力清单和责任清单》、《重庆市政府部门和有关单位行政权力清单和责任清单（2015年版）》、《安徽省省级政府权责清单目录（2016年本）》为例，尽管上述规范性文件中已有"责任清单"的相关称谓，但是，在其省级政府官网公布的清单类型中，仅有权力清单之名而无"责任清单"的字样。对此，新疆在其政务服务网上做出这样的解释："权力清单、责任清单所列事项都是政府各部门必须履行的法定职责，既是权力，也是责任。"可见，依附型责任清单有名无实，但依然是权力清单。然而，从政务公开的制度体系来看，并不仅仅限于权力事项，还包括自我规制的责任事项，比如作为责任或义务事项的国家公务财产申报和公开并不属于权力事项。[9]很显然，依附型责任清单并不能完全呈现政务公开的应有意涵。其次，当前中央对于全面推进政务公开的核心要求可以归纳为两点：一是公开的全面性和系统性；二是要把群众"看得到、听得懂、信得过、能监督"作为评价公开是否成功的标准。[10]一体型权责清单与上述要求存有距离，这是因为，一体型权责清单主要是在权力清单的基础上依循其型构模式编制而成，这就导致"9+X"型构模式的缺陷在一体型权责清单中得以承继。[11]譬如，对"其他类别的分类方式"不置可否的规定，不仅为实施主体懈怠执行留有制度空间，进而影响政务公开的标准化、规范化，更会造成在9类行政权之外的其他新兴权能的责任情形无法得到体现，由此无法满足政务公开的全面性要求。除此之外，需要注意的是，政务公开并不限于行政权的公开，还涉及立法、司法以及党务公开问题，而行政权规制背景下的权力清单"9+X"型构模式已然无力做出回应。由此看来，一体型权责清单并不能满足政务公开的核心要求。

第二，相较于依附型责任清单和一体型权责清单，独立型责任清单更为符合政务公开的核心要求。首先，独立型责任清单摆脱了权力清单型构模式的束缚，致力于独立建构责任清单。在规范意涵上，源自职责和追责的内在构成，责任清单涵盖职责清单和追责清单。实际上，职权与职责只是一个问题的两个方面，它们来源相同、内涵相关、外延一致、互为依托。[12]因此，职责清单即为权力清单的具象体现。可见，独立型责任清单因为追责清单的存在，而比以权力清单为载体的依附型责任清单和一体型权责清单内容更为丰富。由此，独立型责任清单既能全面规定政务主体的责任和义务，又能系统规定积极职责和消极责任，可以很好地实现"公开的全面性和系统性"。其次，有别于权力清单对法律、法规、规章的机械梳理，责任清单具有服务于民众、以实践为面向的制度功能。责任清单并不留恋具有一定滞后性的固有规范，而是游走在固化规范与现实需要之间，不论是有关职责和追责情形的清单式或流程图式的简易呈现，还是对公共服务事项或事中、事后监管事项的清晰列举，皆易于实现"看得到、听得懂、信得过、能监督"。

（二）内部构造：政务公开需要什么样的独立型责任清单

综上可知，独立型责任清单应当成为政务公开的最佳选择。接下来需要思考的是，独立型责任清单的内部构造应当如何设计呢？前文已述，当前独立型责任清单的内部构造呈现多元化，尚无章可循。无论如何，其内部构造的展开都应致力于政务公开的基本内容的实现，亦即责任清单的内容应当充分体现"五公开"，即决策公开、执行公开、管理公开、服务公开、结果公开。在依照"五公开"设计责任清单内部构造之前，需要首先明确两个问题。其一，作为独立型责任清单两大实践模式的单一职责型清单和职责追责型清单，哪一种更适合政务公开？缘于责任清单的规范意涵和"公开的全面性和系统性"要求，职责追责型清单应作为独立型责任清单的理想构建模式。由此，独立型责任清单的内部构造可以进一步分解为职责的内部构造和追责的内部构造。其二，除了"五公开"的基本要求外，确立责任清单内部构造还应当遵循什么标准？笔者以为，对衔接性、操作性和服务性应予以格外重视，如此才能让群众"看得到、听得懂、信得过、能监督"。上述两大问题既是独立型责任清单内部构造的标准，又是确保责任清单最大化实现政务公开的核心要素。事实上，政务公开的要义在于最优化地实现职责和义务，进而获致社会正义。倘若借鉴从形式、过程、实质三个层面解构正义内部构造的思路，[13]结合"五公开"的具体内容，我们可以为职责的内部构造做出如下设计。首先，"管理公开"是履行管理职能的方式，这应当属于形式正义的实现方式。形式正义的基本要求是：实现机构设置和权能配置的初衷，以及完成本职性职责和法定义务。由此观之，部门职责应是责任清单的当然内容。基于操作性和服务性要求，对部门职责还应当进一步细化，除了明确部门机构的职责事项，对部门机构之间、上下级机构之间的职责情形也应当明确，因此，职责边界亦应成为责任清单的内容之一。当然，出于监督的需要，为了实现权力清单与责任清单的衔接，与部门职责对应的权力事项应纳入形式正义下的责任清单之中。其次，"决策公开、执行公开、结果公开"是指权力运行主要环节的公开。[14]这是过程正义的实现方式，即当前责任清单实践中具有过程性的事中、事后监管，以及同样具有过程性的职责行使流程图。最后，"服务公开"是实质正义的重要体现方式，这在当前责任清单实践中表现为公共服务事项。

此外，虽然"五公开"并未涉及追责事宜，但是，基于权责一致原则和对权力主体课加责任可以督促更好地实现公共利益的考虑，对追责的内部构造应当予以设置。同时，基于服务性和操作性考量，追责的内部构造应当进一步细化为追责情形和追责依据。

通过前文的论析，我们可以基本感知责任清单内部构造的应然状态。为更好地回应责任清单建构的实践需要，特别是回应新时代政务公开标准化、规范化的试点工作，有必要解答并合理安置当前责任清单实践中独立存在的其他要素。结合前文的论述，经过比对，在14个省级政府部门的责任清单中，如下要素并不能顺利纳入责任清单内部构造的应然状态之中："权力运行中的中介盖章收费"（江苏）、"责任处室+承诺时限+法定时限+收费及依据"（河南）、"责任岗位"（江西）、"实施对象+承办机构+公开范围+收费依据及标准+承诺时限"（青海）、"责任事项+事项类型"（福建）、"监督电话"（四川）、"行政职权廉政风险防控图"（山西）。

笔者以为，"权力运行中的中介盖章收费"、"责任处室+承诺时限+法定时限+收费及依据"、"责任岗位"、"实施对象+承办机构+公开范围+收费依据及标准+承诺时限"、"责任事项+事项类型"等属于前文述及的"形式正义上的职责"。这是因为，上述要素基本上为职责主体（责任处室、责任岗位、承办机构）和职责内容（实施对象、权力运行中的中介盖章收费、责任事项、事项类型、公开范围、收费依据及标准、承诺时限、法定时限等）。而"监督电话"和"行政职权廉政风险防控图"是对权力的具体监督方式，很显然，属于前文述及的"过程正义上的职责"。

此外，需要说明的是，公共服务事项在很多地方独立于责任清单而被另外编制。那么，到底应该对其独立编制，还是将其内置于责任清单之中？笔者认为，将公共服务事项独立编制更为妥当。理由如下：其一，基于便民、高效的政务服务原则，独立编制公共服务事项，更利于民众查询与获知公共服务清单和办事指南。其二，随着政务服务的深入推进，除了法律规范和国家政策要求的公共服务事项外，国家任务民营化后提供的以及部门文件要求提供的且已经常态化的公共服务事项，逐步被纳入公共服务事项的队列。可以预见的是，公共服务事项的内容将日益丰富，如果仍将其编制在责任清单之中，责任清单将臃肿不堪。当然，公共服务事项的独立编制，只是基于功能主义的需要，并不影响责任清单的内部构造。

四　政务公开需要什么样的责任清单编制规则

（一）责任清单规范效力的内外部性及其实现路径

在理论上，缘于责任清单的自制属性，责任清单主要是面向政务机关权力控制的规则设计，应当给予政务机关在法制框架内良性自制责任清单的空间，完全不必担心责任清单之于公民的侵权性。如此看来，对其加以行之有效的制度规制并无必要。然而，责任清单编制内容直接关涉公民基本权利，这从政务机关依托责任清单实现政务公开进而实现民众知情权的过程中可见一斑。可以说，责任清单外部型态、内部构造与编制规则的完善与否，直接影响甚至决定公民基本权利的实现程度。因此，应当重视责任清单效力的外部性，并对其施以有效的规则设计。

重构责任清单编制规则之前，需要首先明确两点。其一，责任清单规范效力的内部性和外部性的比重并不相同。责任清单的自制属性决定了其规范效力必然主要面向政务机关内部，虽然责任清单规范效力具有外部性，但是，这不应成为影响编制规则设置的主要因素。因此，编制规则的重构还是应当注重责任清单效力的内部性。申言之，责任清单的统一化建构，应当尊重政务机关基于职能定位和机构设置而进行的标准化、规范化努力。其二，即便因尊重责任清单规范效力的内部性而给予政务机关一定的编制自由，责任清单编制活动也应当在法治框架内进行。这是因为，在全面依法治国的背景下，政务机关的所有活动应当以法律为准绳。

那么，以责任清单实现政务公开的制度框架应当如何确立？笔者以为，可以参照党的十八届四中全会确定的依据权力清单实现政务公开的战略部署。十八届四中全会规定："各级政府及其工作部门依据权力清单，向社会全面公开政府职能、法律依据、实施主体、职责权限、管理流程、监督方式等事项。"具体可以从编制主体、编制依据、编制内容、编制程序等四个层面展开责任清单的法治化建构。需要说明的是，之所以借鉴权力清单设计政务公开的思路，是因为在规范意涵上，责任清单不但涵盖权力清单，而且意涵更丰富。鉴于编制内容已在前文内部构造中详细阐释，以下主要围绕编制主体、编制依据、编制程序三个方面论析责任清单的重构规则。

（二）编制主体应接受合宪性调控

通过梳理31个省级政府部门的责任清单，我们发现责任清单的编制主体为省级政府，只是处于审核和合法性审查阶段的编制行为主体存在一定差异。这主要表现为：大部分省级政府采取"编制办+法制办"模式，具体分布在湖北、湖南、广西、黑龙江、新疆、辽宁、吉林、河南、广东、西藏、贵州、宁夏、青海、江西、山西、山东、天津、上海等18个省份；一定数量的省级政府采取"编制办"模式，具体分布在甘肃、浙江、北京、陕西、河北、云南、江苏、福建等8个省份；其他模式都单独存在于1个省份，具体有"法制办"模式（内蒙古）、"政务中心+编制办 + 监察厅 + 法制办"模式（四川）、"政务服务中心 + 编制办 + 法制办"模式（海南）、"编制办+法制办+监察厅"模式（重庆）、"集中审核办公室"模式（安徽）。

在法理上，除了编制行为主体在编制自己的责任清单时，可能存在应当回避而未回避的程序瑕疵，更应当引起注意的是，行政机关作为编制主体是否正当。答案是否定的，理由如下。

行政机关在法治框架内展开积极向善的自制行为本无可厚非，问题是，行政机关编制责任清单涉及的职责和追责事项，特别是职责事项，并非行政机关可以指摘的，而是由权力机关介入，或者行使方具有正当性。这是因为，行政权力的纵向和横向配置皆属于权力机关的权限范围，其他公权力机关皆不能行使。因此可以理解，有学者在研究清单效力之时提出权力机关作为编制主体的思路。[15]是不是只有权力机关作为编制主体，才能确保责任清单编制工作的正当性？无疑，在理论上这是最优方案。

但是，在我国宪法框架下，这不是最优选择。倘若如此，不仅仅需要在我国现行立法体制之外重新建构一套立法规则，更需要面对由此制定出来的责任清单与现有职权职责配置的兼容问题。实际上，这存在将简单问题复杂化之嫌。行政机关的职权职责本已法定化，只需将其梳理出来，由权力机关加以诸如备案审查式的审核和确认即可，大费周章地启动权力机关的批准程序大可不必。在当前法治框架下，权力机关的备案审查之所以是应对责任清单编制主体正当性欠缺的最优选择，主要是基于两点理由。其一，"备案审查制度是对权力扩张带来的弊端之一即国家法制不统一的补救性措施"[16]，备案审查制度可以将行政机关宣称的诸如"清单之外无权力"等可能导致的法制不统一的风险，予以有效地法治化规制。其二，将所有规范性文件纳入备案审查，是党和国家推进合宪性审查的重要举措，作为自制规范的责任清单也属于规范性文件的当然内容，对其备案审查自不待言。

需要注意的是，当前我国备案审查多限于事后，审查实效有待提高。因此，有必要考虑借鉴实践中人大常委会提前介入的做法，[17]让相应级别的人大常委会提前参与到编制活动中去。

（三）编制依据应扩展至规范性文件

不同于职权法定下权力清单编制依据的固定性，责任清单的编制依据似乎背离职权法定原则的要求，表现出一定的随意性。31个省级政府的责任清单编制依据不同，如果以法律法规规章和规范性文件分别作为编制依据的来源基准，我们可以发现：①大多数省级政府以法律法规规章作为编制依据，具体分布在湖北、湖南、海南、广西、新疆、内蒙古、辽宁、吉林、河南、上海、云南、西藏、陕西、青海、山西等15个省份；在基准之外，增加规范性文件或"三定"规定或国务院规定作为编制依据，具体分布在内蒙古、河北、甘肃、浙江、福建、天津、重庆、江苏、山东、四川、贵州等11个省份。②以法律法规作为编制依据基准的，主要分布在广东、北京、宁夏3个省份；在基准基础上增加政策规定作为编制依据的，分布在江西、安徽等2个省份。

不难发现，以法律法规规章为来源基准，辅以规范性文件或"三定"规定或国务院规定，由此责任清单所承载的职责和追责事项，比《立法法》之下法律法规规章设定的职责和追责事项更为丰富；以法律法规为来源基准，辅以政策规定，责任清单所承载的职责和追责事项，也因来源依据缺乏规章而变得有限。面对上述两种截然不同的情况，责任清单的编制依据究竟应当如何设定呢？

笔者以为，责任清单编制依据应扩展至法律法规规章之外的一切规范性文件。从根本上来说，这取决于责任清单的自制性质。事实上，责任清单属于行政保留的范畴，行政保留亦为责任清单的理论依据。在德国行政法中，法律保留被认为是行政机关开展行之有效的良性自制的授权法依据。行政保留存在的重要原因在于，"行政机关在无宪法依据或授权依据的情况下，出于保障公务的需要，也可制定在内部行政系统有实际约束力的规则，但它们一般不构成对法院的约束力"。[18]当然，即便有"宪法依据或授权依据"，如果相关依据较为死板，缺乏操作性，亦可有行政保留存在的空间。

不过，责任清单的行政保留属性是有限度的，应当是在法治框架内的行政保留。详言之，由于责任清单是由职责事项和追责事项组合而成，责任清单需要涵盖《立法法》明定的法律法规规章所设定的职责事项和追责事项，以实现"国家政务权力行使者在履行职务的职权范围内应承担的义务"。[19]还需要寄希望于行政机关"自觉自发地约束规范行政行为，消减行政权的负面效应，将之限制在合法合理且符合比例原则的范围内，进而也可在此基础上，对正确的行政政策予以自我推进，对行政正义和行政文明的实现展开自觉的追求"。[20]如此，方能达到行政的公正、效率、负责的目的，这也是法律所认可和赞许的。[21]因此，在法律法规规章之外，其他一切以实现公共利益为目的的规范性文件，皆应成为责任清单的编制依据。

需要进一步回答的是，作为责任清单编制依据的规范性文件，是否包括有学者提到的行政先例、合同的约定、公务组织的先行行为、生效法律文书等对法律规范的运用结果？[22]笔者以为，这些不应作为责任清单的来源依据，主要原因在于，上述内容是对法律规范和自制规范的动态运用，并未在法律规范和自制规范之外创设新的职责事项。

（四）编制程序应有别于正当程序

需要首先说明，在正当程序的避免偏私、行政公开和行政参与三大基本要求中，[23]之所以选择行政公开和行政参与作为分析工具，主要是因为政务机关自己编制责任清单，本已违背避免偏私原则。如果以正当程度之行政公开和行政参与来检讨责任清单编制程序，我们不难发现：在行政公开上，除了新疆、内蒙古2个省份有事前公开和事后公开，其他29个省份只有事后公开；在行政参与上，福建、贵州、青海、安徽、甘肃等5个省份只规定了事前参与，辽宁、天津、陕西、江西、山东等5个省份只规定了事后参与，湖北1个省份规定了事前参与和事后参与，其他省级政府对行政参与并未涉及。可见，编制程序与正当程序还有较大距离。既然责任清单编制行为是行政保留的表现形式之一，那么是否可以由此认为，责任清单编制程序无须遵从拘束行政机关外部性行为的正当法律程序？鉴于责任清单效力的外部性，"通过以一种公众认可公平的方式做出决定，当政者可以获得对这些决定的更大认可，就使得决定涉及的各方更容易服从"[24]。因此，责任清单编制行为应当遵守必要的正当程序。那么，责任清单编制过程中行政公开和行政参与的限度是什么？

首先，行政公开是否只限于事后公开？按照国务院办公厅《关于做好政府信息依申请公开工作的意见》（国办发〔2010〕5号）中有关过程性信息的界定，编制过程中的责任清单应当属于过程性信息，而过程性信息一般是豁免公开的。由此看来，责任清单的编制过程无须公开。然而，事实上并非如此，责任清单编制的整个过程应当全部公开，主要是基于如下原因。其一，责任清单只是对现有法律规范和政策文件中有关职责和追责事项的归纳和梳理，这些事项在被纳入责任清单之前都是客观成熟的，因此，责任清单只能属于过程性信息中的事实性信息。而事实性信息"被排除在豁免公开之外，这得到理论界和立法的一致认同"[25]，因此，编制过程中的责任清单应当公开。其二，"如果包含形式裁量权的纲领，行政规则即使没有实质法律特征也必须公开发布"[26]。实际上，从责任清单形态各异的外部型态和内部构造可以看出，编制主体具有形式上的裁量权。不仅如此，责任清单内容因为由法律规范构成而具有"实质法律特征"，由此，应当将责任清单予以公开。其三，按照"政务公开为原则，不公开为例外"的要求，责任清单并不属于国家秘密、商业秘密、个人隐私，并不在"例外情形"范围内。事实上，对责任清单编制过程全方位公开，"既是民主国家的要求，也是人权保障的要求，还是信息化时代的需求"[27]。

其次，行政参与是否应当作为责任清单编制过程中的一项强制性义务？根据参与主体的专业性和参与能力不同，而将参与主体分为专家参与和普通民众参与，是一种较为常见的分类方式。这两种参与方式在责任清单编制过程中应当区别对待：应当注重专家的全程参与；普通民众参与不应作为政务机关的一项强制性义务，将其限定为事后监督为妥。主要原因如下：一是，责任清单编制活动是一项对专业性和技术性要求较高的工作，譬如，需要从法律规范和政策性文件中梳理职责事项、厘清职责边界、绘制职责流程图等。面对如此高的质量和技术要求，普通民众并不能胜任，而专家参与的专业水准远胜于普通民众。最重要的是，专家具有行政参与的专业优势，因此，专家参与适宜于责任清单的编制活动。并且，专家参与应当贯穿编制活动的整个过程，如此一来，可以增强责任清单编制活动的民主性和科学性。二是，不应将普通民众参与作为强制性义务施加于政务机关，除了缺乏专业技术而无法确保参与实效外，另一个重要因素是，普通民众参与的低效性过于明显。当然，有学者可能会提出，普通民众参与可以增强责任清单的可接受性。的确如此，不过，需要注意的是，作为责任清单组成内容的法律规范和政策文件，在纳入责任清单之前，已经按照相应规定完成普通公众参与程序，因此，再次引入普通民众参与并无必要。笔者以为，将普通民众参与限定为责任清单编制完成后的事后监督，既尊重了责任清单制度的基本特性，又是践行宪法赋予公民监督权的一种制度选择。

五 结语

在现代社会中，国家活动的每一方面都涉及责任问题，而确定国家责任原则的需要也日益强烈。[28]政务公开标准化、规范化即为积极实现国家责任原则的重要方式，同时，责任清单的功能和价值亦体现为实现国家责任，因此，政务公开标准化、规范化与责任清单的功能实现具有天然的一致性。遗憾的是，长期以来，政务机关热衷于权力，较少谈及责任与义务，一定程度上导致责任清单特别是独立型责任清单并未被大部分地方政务机关所接纳。"我国经济和社会的发展，基本上是跨越式发展，行政法治也必须与经济社会的发展同步。"[29]无疑，以责任清单实现政务公开标准化、规范化相关制度的法治化建构，也必须与全面建成小康社会的新时代要求和全面推进依法治国的战略布局同步进行。

当前较为迫切的是，在法治框架内尽快建构起责任清单制度，如此一来，如火如荼的地方政务公开标准化、规范化试验才不至于"昙花一现"。《试点方案》所期许的"可复制、可推广、可考核的基层政务公开标准和规范"的目标，将因责任清单标准化、规范化的实现而不再遥远。

对于以责任清单推进政务公开标准化、规范化的制度安排，结合前文分析，我们出具如下方案：①独立型责任清单应当作为政务公开标准化、规范化的理想型态；②责任清单的编制内容应当包括部门职责、职责边界、部门职责对应的权力事项、公共服务事项、事中和事后监管、职责行使流程图、追责情形和追责依据；③行政机关不应享有编制责任清单"自说自话"的独断权力，应接受人大常委会的备案审查，并应尝试提前介入式的备案审查方式;④多数地方以法律法规规章为责任清单编制依据的做法并不可取,包括政策规定在内的一切设定积极义务的规范性文件,都应成为责任清单的编制依据;⑤责任清单编制程序疏离正当程序的实践虽有一定的正当性,但还是需要从编制过程公开、专家全程参与、普通民众事后参与等方面完善相关程序和制度。

参考文献

[1] 姜明安. 论政务公开 [J]. 湖南社会科学, 2016 (2).

[2] 刘启川. 行政权的法治模式及其当代图景 [J]. 中国行政管理, 2016 (2).

[3] 哈特穆特·毛雷尔. 行政法学总论. 高家伟, 译. 北京: 法律出版社, 2000: 591.

[4] 盐野宏. 行政法总论 [M]. 杨建顺, 译. 北京: 北京大学出版社, 2008: 64.

[5] 崔卓兰, 于立深. 行政自制与中国行政法治发展 [J]. 法学研究, 2010 (1).

[6] 章剑生. 现代行政法基本理论: 第2版 [M]. 北京: 法律出版社, 2014: 527-528.

[7] 刘飞宇. 转型中国的行政信息公开 [M]. 北京: 中国人民大学出版社, 2006: 7.

[8] 刘启川. 行政机关责任清单的外部型态与内部构造 [J]. 中外法学, 2018 (2).

[9] 温晓莉. 论政务公开的法律体系 [J]. 中国法学, 2004 (2).

[10] 周汉华. 打造升级版政务公开制度 [J]. 行政法学研究, 2016 (3).

[11] 中国行政管理学会课题组. 权责清单制定中的难题与对策 [J]. 中国行政管理, 2017 (7).

[12] 柳砚涛. 论职权职责化及其在授益行政领域的展开 [J]. 山东社会科学, 2009 (2).

[13] 周佑勇. 行政法原论: 第3版 [M]. 北京: 北京大学出版社, 2018: 55.

[14] 杨小军. 补齐全面推进政务公开决胜阶段的短板 [J]. 中国党政干部论坛, 2016 (2).

[15] 林孝文. 地方政府权力清单法律效力研究 [J]. 政治与法律, 2015 (7).

[16] 钱宁峰. 规范性文件备案审查制度: 历史、现实和趋势 [J]. 学海, 2007 (6).

[17] 孙成. 地方人大常委会规范性文件备案审查程序探析 [J]. 武汉理工大学学报 (社会科学版), 2015 (6).

[18] 沈岿. 解析行政规则对司法的约束力 [J]. 中外法学, 2006 (2).

[19] 温晓莉. 政务公开法治化的基本问题 [J]. 法学, 2004 (6).

[20] 崔卓兰, 于立深. 行政自制与中国行政法治发展 [J]. 法学研究, 2010 (1).

[21] 杨小军. 怠于履行行政义务及其赔偿责任 [J]. 中国法学, 2003 (6).

[22] 沈岿. 论怠于履行职责致害的国家赔偿 [J]. 中外法学, 2011 (1).

[23] 周佑勇. 行政法的正当程序原则 [J]. 中国社会科学, 2014 (4).

[24] 谷口安平. 程序公正 [M] // 宋冰. 程序、正义与现代化. 北京: 中国政法大学出版社, 1998: 376.

［25］孔繁华．过程性政府信息及其豁免公开之适用［J］．法商研究，2015（5）．

［26］汉斯·J.沃尔夫，奥托·巴霍夫，罗尔夫·施托贝尔．行政法：第1卷［M］．高家伟，译．北京：商务印书馆，2002：250.

［27］金承东．公开的价值及行政机关自身的使命［J］．行政法学研究，2018（1）．

［28］莱恩·狄骥．公法的变迁法律与国家［M］．郑戈，冷静，译．沈阳：辽海出版社，1999：179.

［29］应松年．中国行政法发展的创新之路［J］．行政法学研究，2017（3）．

基于二维分析框架的我国国家层面政府数据开放政策分析*

唐 珂　范丽莉**

　　随着我国政府数据开放进程的推进，国家不断加强在政策层面的保障。本文以罗斯韦尔和泽哥菲尔德的政策工具理论和数据生命周期为基础建立二维分析框架，以我国出台的有关政府数据开放政策为研究对象，采用内容分析法，运用政策工具对相关政策进行分析，将定性的政策以定量的方式客观呈现。这有助于我们更深入地把握我国现行政策的内容特点与发展趋势，做出客观的评价与建议，拓展我国政府数据开放的广度和深度。

一　引言

　　随着信息社会的快速发展，数据逐渐显露出其潜在的巨大价值。政府对拥有的数据不再独享，民众开放数据的呼声越来越高。2009年是全球政府数据开放运动的起点，以美国为首的西方国家走在政府数据开放的前列。我国参与政府数据开放的时间较晚，且地方比中央先行，相比之下还处于数据开放的初级阶段。2015年《关于印发促进大数据发展行动纲要的通知》（国发〔2015〕50号）出台，真正拉开了我国国家层面开放政府数据的序

---

* **基金项目**：国家社科基金西部项目"政府信息资源开发中的公私合作研究"（编号：13XTQ005）

** **作者**：唐珂，长安大学政治与行政学院硕士研究生；范丽莉，长安大学政治与行政学院副教授。

幕。此后，政府数据开放的脚步明显加快。专家学者从多方面进行了研究，包括平台建设、技术与法律、推进机制等。现有研究成果颇多，如郑磊、高丰《中国开放政府数据平台研究：框架、现状与建议》，张勇进《我国地方政府数据开放现状研究》等，但是从政策文献量化角度对我国政府数据开放政策进行研究的少之又少。

政策文献量化研究作为公共政策研究的新方向，是将内容分析法、统计学、文献计量学等学科方法引入，围绕政策文献进行研究，对政策文献的内容与外部结构要素进行量化分析。[1]通过政策文献量化研究可以获得客观准确的研究结论，同时也可以重复地验证，帮助研究者正确认识公共政策。因此，本文基于政策文献量化研究，尝试建立一个政策分析框架，从政策工具和数据生命周期两个维度对我国政府数据开放的政策进行分析。

不难理解，政府数据开放共享相关政策的内容必然以政府数据为中心，贯穿于数据生命周期的各个阶段。在国家层面政府数据开放共享的政策文件中，对政府数据生命周期的各阶段均做出了相关的规定。[2]此外，政府数据开放涉及数据产生、组织、发布、利用多个环节，每个环节都有可能因为标准不一、处理不当而产生诸多问题。[3]因此，国家层面的开放政府数据政策在数据开放的过程中扮演着工具性的角色，指导各级政府推进政府数据的开放共享。[4]同时，对数据生命周期的研究也影响着我国数据开放政策的制定和数据开放进程。加强对政府数据生命周期的管理，有利于明确政府数据管理的步骤，优化政府数据开发流程。[3]

综上所述，本文将从政府数据开放的政策工具维度和数据生命周期维度构建政策分析框架，如图1所示。

二　政策工具概述

政策工具是政府为达成既定政策目标而采用的一系列方法、技术和手段，是政策目标与结果之间的桥梁，对政府实现既定的政策目标具有重要作用。[5]

（一）政策工具的选择

利用政策工具对政策文献进行研究，已成为公共政策研究中的一大趋势。学术界对政策工具的分类研究和选择研究成果显著，如洛林·麦克唐

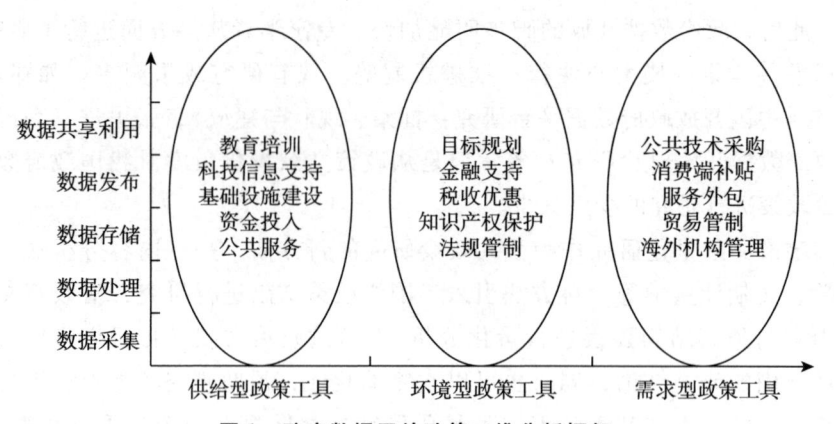

图 1 政府数据开放政策二维分析框架

纳和理查德·埃尔莫尔将政策工具分为命令性工具、激励性工具、能力建设工具和系统变化工具四种。安妮·司纳德和海伦·英格拉姆也提出过类似的工具分类。在众多的政策工具中，本文选用罗伊·罗斯韦尔和沃尔特·泽哥菲尔德的观点，将基本政策工具分为供给型、环境型和需求型（见图2）。供给型和需求型政策工具对政府数据开放分别起到直接推动和拉动作用，环境型政策工具则起到外部影响作用。这种分类方法具有很强的目标针对性和内容导向性，因而在公共政策研究中得到广泛应用。

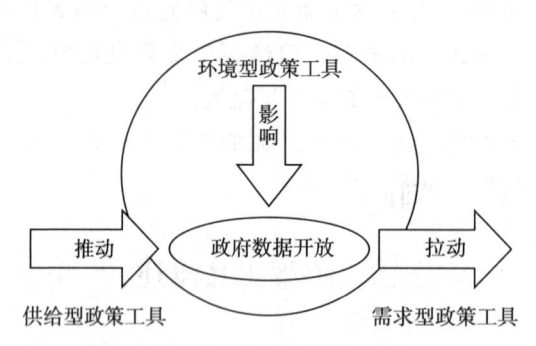

图 2 促进政府数据开放的政策工具

（二）政策工具的应用

早在 2000 年，国内学者苏竣即采用上述三种类型政策工具划分方法研究了我国政府激励软件产业发展政策工具的适用性，指出政策工具的不合理应用降低了政策的总体实效[6-7]；又在 2007 年利用政策工具对公共科技政策的分析框架进行了研究，并在其著作中对罗斯韦尔的政策工具进行了细致的分析和总结。[8]学者黄萃在其著作中也大量运用该方法，对风电产业政策、光伏产业政策、少数民族双语教育政策、新能源汽车政策等政策文本进行量化研究。2011年，黄萃和苏竣等合作完成了《政策工具视角的中国风能政策文本量化研究》[9]，进一步推动对罗斯韦尔的政策工具的运用。之后的学者更是运用政策工具分析并研究了我国多个行业的政策。如李健、王博在《基于政策工具的中国节水政策框架分析研究》[10]中，深入剖析了我国节水政策存在的问题，并对未来节水政策的制定和应用提出了合理化建议。周京娜等人在《政策工具视角下我国大数据政策的文本量化分析》[11]中讨论了现有政策的合理性，探讨完善政策的路径。刘春华、李祥飞、张再生在《基于政策工具视角下的中国体育政策分析》[12]中，深入剖析体育政策在政策工具选择、组织、关联中存在的缺失与冲突。白彬、张再生在《基于政策工具视角的以创业拉动就业政策分析》[13]中分析了政策的合理性和有效性，并提出优化的方法和路径。李健、顾拾金在《政策工具视角下的中国慈善事业政策研究——以国务院〈关于促进慈善事业健康发展的指导意见〉为例》[14]中，深刻揭示了未来慈善事业政策的走向等。

由此可见，罗斯韦尔的政策工具已在国内学术界引起了一股政策研究潮流，其适用性已涉及创新产业、能源、科技、软件、体育、教育、就业、慈善等领域，并取得了丰硕的研究成果，为我国公共政策的创新研究提供了全新的思路。本文主要借鉴苏竣所总结出的架构和已有的研究成果，对我国政府数据开放相关政策进行内容分析。

三 我国政府数据开放政策内容分析

（一）政策文本选择

我国政府数据开放的发展进程有两条主线，一是从信息公开中逐渐发展而来，二是从云计算、物联网等科学技术的发展中衍生出来。本文的政策文本选择侧重于第一条主线。数据开放和信息公开，既有密切的联系，又有区别。基于此，本文的政策选择范围不局限于政府数据开放，而是扩大到与数据开放密切相关的领域。在政策选择上更倾向于数据信息的开放共享，而一些笼统的大数据、云计算政策则不在选择范围内。

本文的检索策略，主要是通过在"中华人民共和国中央人民政府网站"

以及政府各部门网站搜索关键词并进行结果筛选，同时对政策全文进行通读，内容中不涉及政府数据开放相关规定的不予选取，最后再通过广泛阅读各类文献进行政策的查漏补缺。

在选取政策时，为了提高政策的准确性和代表性，按照以下原则进行样本选取：一是发文机构是国务院直属机构，而地方政府的数据开放水平参差不齐，不具有代表性和权威性，所以不予采纳；二是与政府数据开放相关的政策，我国政府到目前为止颁布的直接与政府数据开放相关的政策不是很多，且大多规定散落于其他政策内；三是能直接体现中央政府态度的政策，包括法律、通知、办法等；四是不选取涉及具体行业的数据开放政策，如林业、农业、交通业等。通过以上原则，最终梳理出有效政策17项，具体见表1。

表1 我国中央政府层面开放政府数据政策一览

序号	政策名称	发文字号
1	《关于加强信息资源开发利用工作的若干意见》	中办发〔2004〕34号
2	《2006—2020年国家信息化发展战略》	中办发〔2006〕11号
3	《国家电子政务"十二五"规划》	工信部规〔2011〕567号
4	《关于数据中心建设布局的指导意见》	工信部联通〔2013〕13号
5	《国务院办公厅关于促进电子政务协调发展的指导意见》	国办发〔2014〕66号
6	《关于印发促进智慧城市健康发展的指导意见的通知》	发改高技〔2014〕1770号
7	《国务院关于积极推进"互联网+"行动的指导意见》	国发〔2015〕40号
8	《促进大数据发展行动纲要》	国发〔2015〕50号
9	《关于运用大数据加强对市场主体服务和监管的若干意见》	国办发〔2015〕51号
10	《国家信息化发展战略纲要》	中办发〔2016〕48号
11	《关于组织实施促进大数据发展重大工程的通知》	发改办高技〔2016〕42号
12	《国务院关于印发政务信息资源共享管理暂行办法的通知》	国发〔2016〕51号
13	《国务院关于加快推进"互联网+政务服务"工作的指导意见》	国发〔2016〕55号
14	《"十三五"国家信息化规划》	国发〔2016〕73号
15	《关于全面推进政务公开工作的意见》	国办发〔2016〕80号
16	《政务信息系统整合共享实施方案》	国办发〔2017〕39号
17	《国务院办公厅关于印发政府网站发展指引的通知》	国办发〔2017〕47号

（二）构建分析框架

1. X 维度：政策工具维度

（1）供给型政策工具：主要体现为政策对政府数据开放的推动力。政府通过对人才、信息、技术、资金等要素的支持与直接供给，保障了政府数据开放基础层面的需求，政府扮演了"供给者"的角色，致力于推动政府数据开放的进程。具体工具包括教育培训、科技信息支持、基础设施建设、资金投入和公共服务，如表 2 所示。

表 2　供给型政策工具

工具类型	工具名称	工具含义	国家文件中相应的条文（举例）
供给型政策工具	教育培训	指政府根据工作需要，对相关部门的工作人员进行数据开放方面的培训和指导，提升工作人员的专业技能。同时培养和引进大数据专业人才，完善人才培养体系，建立长期全面的人才发展规划，为进一步开放政府数据提供人力上的供给和保障	"鼓励高校设立数据科学和数据工程相关专业，重点培养专业化数据工程师等大数据专业人才；积极培育大数据技术和应用创新型人才。"[15]
	科技信息支持	指政府建设国家数据基础信息库、资源库、数据网、数据中心等。建立相关部门的数据资源清单、数据目录，规范数据开放标准，为政府数据开放提供公共信息服务	"建立政府部门和事业单位等公共机构数据资源清单"，"制定政府数据共享开放目录"；[15] "统筹建立人口、法人单位、自然资源和空间地理、宏观经济等国家信息资源库"[16]
	基础设施建设	指政府出资或依托现有平台建设的数据开放平台，通过技术上的支持来提高数据中心和平台的利用效率，克服数据专业的技术性问题，加强技术研发，完善各项基础设施建设	"建立国家政府信息开放统一平台和基础数据资源库"；[17] "布局国家大数据平台、数据中心等基础设施。充分利用现有企业、政府等数据资源和平台设施，注重对现有数据中心及服务器资源的改造和利用"[15]
	资金投入	指政府为数据开放的各项工作提供财力上的支持，加强和引导各项研究，如设立专项资金	"政务信息资源共享相关项目建设资金纳入政府固定资产投资，政务信息资源共享相关工作经费纳入部门财政预算，并给予优先安排"[18]
	公共服务	指政府为了保障数据开放的正常有序进行而提供各项配套服务，包括各种便民应用和专业的咨询服务机构	"设立大数据专家咨询委员会"[15]；"开发便民服务应用，优化公共资源配置，提升公共服务水平"[18]

（2）环境型政策工具：主要体现为政策对政府数据开放的影响，更多的是一种外部影响和渗透作用。政府可以通过目标规划、金融支持、法规管制等措施影响政府开放数据的进程，为政府开放数据提供有利的外部环境政策。具体工具包括目标规划、金融支持、税收优惠、知识产权保护、法规管制，如表3所示。

表3 环境型政策工具

工具类型	工具名称	工具含义	国家文件中相应的条文（举例）
环境型政策工具	目标规划	指政府以正当、规范、合法的程序确立数据开放的宏观规划，对要达成的目标做总体的勾勒。这既是政府期望达成的目标，也是各相关工作部门为之努力的目标	"2018年底前建成国家政府数据统一开放平台"[15]；"建设统一开放平台，逐步实现公共数据集开放，鼓励企业和公众挖掘利用"[19]
	金融支持	指政府以融资、补助等方式鼓励相关企业或机构参与到政府数据开放中来，拓宽资金渠道	"鼓励金融机构加强和改进金融服务"[15]
	税收优惠	指政府对参与政府数据开放的关键领域的企业或个人进行赋税上的减免，鼓励社会中更多优秀企业和个人参与到数据开放中	
	知识产权保护	指政府对元数据以及数据利用后形成的知识产品进行明确的产权归属划分，确保产权所有人的利益不受侵害。这也是一种促进数据开放技术发展的政策手段	"完善知识产权保护制度"[20]
	法规管制	指政府为加强监管、规范数据开放相关主体的行为，出台管理规定、数据保护制度等，保障政府数据开放在一个可控、安全、有序、稳定的状态下进行	"建立健全政府大数据采集制度"[16]；"制定公共数据共享开放的制度法规，建立公共数据共享开放的评估、考核和安全审查制度"[21]

（3）需求型政策工具：主要体现为政策对政府数据开放的拉动力。政府通过外包、管制、公共技术采购等方法，减少工作中的阻力，加大数据开放的力度。具体工具包括公共技术采购、消费端补贴、服务外包、贸易管制和海外机构管理，如表4所示。

表4 需求型政策工具

工具类型	工具名称	工具含义	国家文件中相应的条文（举例）
需求型政策工具	公共技术采购	是指政府为加强数据开放中的技术支撑，在市场上采购相关技术产品，以解决开放过程中的技术等问题	"推动政府向社会力量购买大数据资源和技术服务"；[16] "优先采购国产信息技术产品和服务"[20]
	消费端补贴	是指政府对市场需求侧的消费者进行补贴，包括对使用已开放数据的企业和个人，减少他们在数据利用过程中产生的成本，借此拉动数据开放的进程	
	服务外包	是指政府将一些数据处理等方面的问题委托给企业或者科研机构，以缓解政府部门因人员和技术不足产生的压力	"通过政府采购、服务外包、社会众包等多种方式，依托专业企业开展政府大数据应用。"[15]
	贸易管制	是指政府对市场中已流通的数据产品进行各项管制，防止数据垄断和信息不对称	
	海外机构管理	指政府直接或间接在海外设立数据研发机构并出台相应的管理措施	

2. Y维度：数据生命周期维度

数据从产生到被利用经历了不同的阶段。根据国家政策中的相关规定和已有的研究成果，本文认为数据生命周期普遍经历了数据采集、数据处理、数据存储、数据发布和数据开放利用等五个阶段，如图3所示。数据采集是起始阶段，是其他阶段的基础；而数据开放利用又会产生新的元数据，周而复始，使数据生命周期处于不断循环的状态。

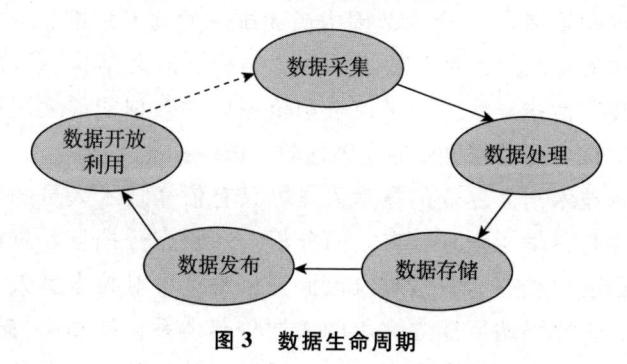

图3 数据生命周期

（1）数据采集。是政府数据开放的工作之首，是后续工作的源头。做好数据采集工作，才能为其他阶段的进行打下坚实的基础，为政府数据开放储备资源。我国从中央到地方的政府机构，无时无刻不在产生新的数据，只要有人们活动，就有新的数据，所以数据采集是一项艰巨而繁琐的任务，涉及人们生活的各个方面和各行各业。有效、及时地采集数据，才能够为人们提供准确的信息，进而做出正确的判断。

在我国，目前的数据采集过程存在两大障碍。一是政府机构的数据意识不足[3]。一些政府机构缺乏"大数据思维"，易造成数据采集不及时、不完整以及数据缺漏，并且意识不到数据对决策的重要作用。然而，在很多政策的落实推进过程中，良好的数据意识会推动政策更好地贯彻和执行，缺乏数据意识则会误入歧途。二是政府部门间的数据壁垒。这与我国传统的内化文化有关，一些部门不愿意将自己拥有的信息分享给其他部门，存在"数据小农意识"，久而久之便形成了信息不共享与"信息孤岛"，从而造成资源浪费，工作效率低下。这种壁垒被一旦打破，则会使各部门间的信息实现共享，避免数据的多次采集，从而为各部门间的合作打下坚实的基础。

（2）数据处理。是政府数据开放工作的重要一环，要想深入挖掘数据的潜在价值，就得对采集到的数据进行科学的处理和分析。在这一阶段，数据处理标准和数据处理技术是两个关键要素。

数据处理标准是为了对采集到的元数据、数据类目进行去格式化、脱敏等规范处理而规定的一系列措施。当前，我国的政府数据开放政策中有关数据处理标准涉及数据集、数据目录、数据清单等，如《促进大数据发展行动纲要》中规定要"制定政府数据共享开放目录"[15]。但是，我国的政府数据开放主要在地方层面展开，各地区、各部门各自为政，尚未实现数据组织的标准化管理[22]。全国范围内尚无统一的技术标准、数据标准、接口标准，系统五花八门，对元数据的内容结构、语义结构、语法结构等细节内容缺乏规范性指导[3]。为了使全国范围内的数据能够无阻碍共享，我国相关部门应该出台范围更广的全国性数据统一标准。

数据处理技术则需专业的技术人员，只有依靠技术人员的专业知识对采集的数据进行科学、合理、有效的分析，才能充分挖掘数据的价值，这对技术水平的要求较高。我国政府数据开放政策中对技术型人才的培养也是大力提倡，多次强调要建立完善的人才培养体系，鼓励高校开设相关课程，为国家输送高质量的大数据人才。通过对数据的深度分析、预测、建模，才能灵活运用开放的数据资源，为政府决策提供科学的咨询报告[3]。

（3）数据存储。看似简单，实则不易。信息技术的快速发展，使得数据存储越来越便捷，获取方式也多种多样。存储载体和存储技术是影响数据存储的两个主要方面。

当前，我国的数据存储多是利用数据库、数据中心来实现的，但这些基础设施的建设多处于初级阶段，存在些许漏洞，有待升级。况且，传统的数据库无论在性能、效率还是安全性上，已远远不能满足当前政府数据开放的需求，需要新型数据处理中心来支撑。所以，政府部门仍需大力投入资源进行完善，保证数据库的质量和安全。

另外，随着云计算技术的迅猛发展，云存储逐步兴起并成为一种趋势。其以强大的计算能力和存储能力成为数据存储的不二之选。云存储的优势不仅在于方便政府收集和使用数据，还在于能帮助政府整合各个部门的数据，对大量数据进行存储、分析，从而为政府决策提供信息和数据支持。这样，不仅能够提升数据存储效率，打破数据壁垒，也有助于开发数据价值，实现对数据的高效管理与共享开放。但是，近年来数据泄露事件的出现也为我们拉响了警报，云存储的数据安全问题亟待解决。

（4）数据发布。这是政府数据开放的关键一步，数据只有发布了，才能被用户所利用，从而发挥它的价值。数据发布过程不仅涉及政府数据开放平台，还涉及个人隐私保护和数据开放的版权许可等法律问题。

我国目前的数据发布主要是借助地方的数据开放平台和政府的官方网站来实现，国家级的数据开放平台仍然缺位。从各地政府数据开放平台来看，绝大多数平台以统一专有的方式呈现，即开放数据统一汇聚在一个专门的平台上进行开放[23]，如北京市政务数据资源网、贵州省政府数据开放平台、数说南海网等地方数据开放平台。各地分别建设数据开放平台，不仅提高了日常维护的成本，也易造成数据的重复采集，不利于政府数据开放工作的高效开展。为了解决这个问题，急需建立国家层面统一的数据开放平台。同时，还需进一步丰富数据发布的途径，如通过微信、微博、政府机构的手机 App 等方式发布政府数据，使公众更方便、及时地获取所需要的数据[2]。

数据发布过程中的个人隐私保护问题也是大众关注的焦点。个人隐私安全问题很大程度上影响着公众对政府数据开放的认可和接受程度，甚至关系到对政府施政的信任[24]。我国现阶段不管是在法规保护方面还是在个人隐私的机构保护方面都不够完善，甚至有些政策规定互相矛盾，给个人数据安全造成威胁。若个人数据隐私安全问题不能有效解决，数据开放的目标将很难实现。除此之外，我国数据开放平台多通过"网站申明"或者"版权声明"的形式来规定用户使用开放数据资源的权限[3]，而对于国家政策中对数据开放的版权许可问题几乎未提及，给政策完善留下很大的空白。

（5）数据开放利用。是数据价值实现的环节，也是公民获取数据的阶段，是数据开放的最终目的。企业或个人利用已开放的数据做成各种商业产品，最大化实现数据的价值，达到服务大众的目的。

为了提高数据的利用效率和公众对开放数据的热情，国家政策还规定要设立相应的服务机构，如设立大数据专家咨询委员会，并且要加大资金、技术等投入，鼓励开发各种便民应用。各地方政府也响应政策号召，积极组织各类数据应用比赛。

另外，由于数据本身的可复制性和可重复利用性，数据与著作权保护便存在千丝万缕的联系。值得注意的是，著作权保护的只是具有独创性的数据产品，如利用数据形成的 App，而非原始数据本身。因为其开发者投入了大量财务和精力对数据进行挖掘和分析，如果竞争者可以无偿使用这些数据成果，将会给开发者带来极大损害，不利于数据的开发和利用。

综上所述，数据生命周期在政府数据开放过程中影响重大。政府在制定政策时，只有将数据生命周期作为重要参考因素，才能制定出适应时代发展的数据开放政策。数据生命周期各阶段所对应的政策如表 5 所示。

表 5　数据生命周期各阶段政策举例

数据生命周期各阶段	国家政策文件中相应的条文（举例）
数据采集	"动态完善地理、人口、法人、金融、税收、统计等基础信息资源"[25]；"建立健全政府大数据采集制度"[16]
数据处理	"建立政府部门、事业单位等公共机构的数据标准和统计标准体系"[10]；"加强数据中心标准化工作，研究制定能源效率、服务质量、安全保障等方面的标准及相应测评方法"[26]；"梳理制定政府数据资源共享目录体系"[19]；"鼓励高校设立数据科学和数据工程相关专业，重点培养专业化数据工程师等大数据专业人才"；"积极培育大数据技术和应用创新型人才"[15]
数据存储	"布局国家大数据平台、数据中心等基础设施。充分利用现有企业、政府等数据资源和平台设施，注重对现有数据中心及服务器资源的改造和利用"[15]；"建立国家治理大数据中心"[27]；"加快人口、法人单位、地理空间等国家基础信息库的建设"[20]
数据发布	"整合已建政务信息系统，统筹新建系统，建设信息资源共享设施"[28]；"整合各类政府信息平台、信息系统和数据中心资源，依托现有平台资源，集中构建统一的互联网政务数据服务平台和信息惠民服务平台"[19]；"打通各地区各部门政府网站，加强资源整合和开放共享"[29]

续表

数据生命周期各阶段	国家文件中相应的条文（举例）
数据开放利用	"通过政府采购、服务外包、社会众包等多种方式，依托专业企业开展政府大数据应用"[15]；"强化中央财政资金引导"[15]；"加大国家对信息化发展的资金投入"[20]

（三）定义分析单元与类目

本文的内容分析单元为单份政策文本的有关条款，按照"政策序号－具体章节－条款"进行编码。每条政策内容都有相应的编码，并可以根据编码快速确定其在原政策中的位置，方便后续检查和更正，避免重复性。具体如表6所示。

内容分析类目根据上文的政策工具框架定义为"供给型"、"环境型"、"需求型"："教育培训"、"科技信息支持"、"基础设施建设"、"资金投入"、"公共服务"；"目标规划"、"金融支持"、"税收优惠"、"知识产权保护"、"法规管制"；"公共技术采购"、"消费端补贴"、"服务外包"、"贸易管制"、"海外机构管理"。每条编码会有对应的分析类目，对内容分析类目的统计形成最终的分析结果。

在这一分析过程中，主要采用定量分析，客观性强，主观干扰因素较少，统计结果有一定的准确性。

表6 政策文本内容分析单元编码（部分）

序号	政策文号	政策文本内容分析单元	编码
1	中办发〔2004〕34号	建立健全政府信息公开制度	[1-5]
2	中办发〔2006〕11号	加快人口、法人单位、地理空间等国家基础信息库的建设	[2-4-6]
3	工信部〔2011〕567号	建立政务信息资源产生、传输、存储、管理、维护、服务等环节的管理规范和标准	[3-4-4-2]
4	工信部联通〔2013〕13号	加快数据中心安全技术研发	[4-4-4-1]
……	……	……	……
17	国办发〔2017〕47号	建立政府网站信息数据安全保护制度	[17-7-3-3]

（四）结果分析

1. 政策工具维度结果分析

我们在政策文本内容分析单元编码表的基础上，对17项政策、87项条款在不同政策工具下进行频数统计。统计结果显示，从整体来看，选取的17项政策兼顾了供给型、环境型和需求型政策工具，从多个方面促进和激励了政府数据开放。但是，这三种政策工具在具体运用上出现了明显的差异化。供给型政策工具共有50项条款，占总条款数的57%；环境型政策工具共有30项条款，占34%；需求型政策工具共有7项条款，仅占8%（图4所示）。这表明中央政府目前更倾向于采取直接推动政府数据开放的策略，通过人力、物力、财力等基础方面的支持，力求给数据开放提供源源不断的动力。相比之下，环境型政策工具的外部影响力和间接渗透作用则稍逊一筹。而需求型政策工具发挥的作用不大，没有引起政府的足够重视。从某种程度来说，目前在政府数据开放政策工具选择上，中央政府还是以供给型政策工具为主，表现出一定的倾向性。

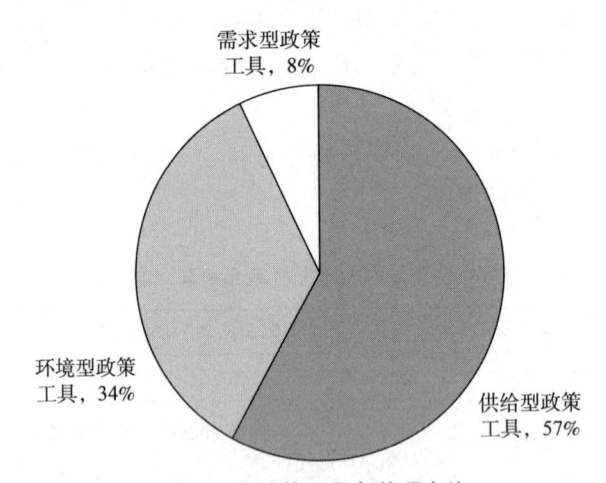

图4 三类政策工具条款项占比

第一，供给型政策工具过溢。

在供给型政策工具中，科技信息支持和基础设施建设类应用最为广泛，分别占38%和34%；其次是教育培训类12%，资金投入类8%，公共服务类8%（图5所示）。这说明我国现阶段的政府数据开放整体还处于落后状态，所以国家十分重视硬件设施的建设，科技信息支持和基础设施建设是政府工作的重中之重。开放政府数据必须具备的两个基本要素就是数据和平台，没有数据只有平台就会导致形式主义，没有平台只有数据也无法更好地开展工作。因此，国家对此投入力度很大。之所以对此重视，一方面得益于我国现阶段的数据开放水平。相比国外一些发达国家如美国、英国、澳大利亚等，我国数据开放才刚起步，数据库、开放平台、开放体系、管理制度等各项工作不够完善，摸石头过河，还有很大的发展空间，所以基础工作必须稳扎稳打做好，才能给数据开放之路奠定良好的基础，才能逐渐赶上发达国家的开放水平。另一方面是借鉴国外经验。在最新公布的《全球开放数据晴雨表报告》[30]中，英国名列第一，美国紧随其后，我国则排名第五十五。英美等国完善的数据开放平台和数据开放系统给了我们很深的启发和思考，值得我们借鉴并取其精华。基于以上两方面原因，中央政府才大力加快人口、法人单位、地理空间等国家基础信息库的建设[20]，制定政府数据共享开放目录[11]，建立国家政府信息开放统一平台和基础数据资源库[17]等。

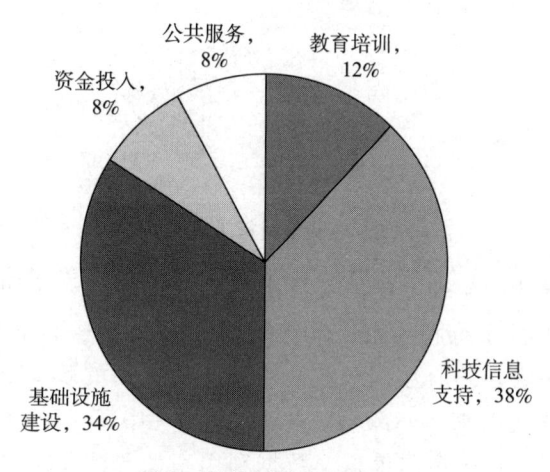

图 5 供给型政策工具分布

相比之下，教育培训、资金投入和公共服务则处于劣势地位。我国现在实行人才强国战略，人是生产力的第一要素，是推进政府数据开放的关键要素。政策中虽然对人才培养有所体现，却不足，应引起政府的足够关注，积极发挥人的主观能动性。政府数据作为一种特殊的公共产品，既具有私人产品的特征，也具有公共产品的特征。但是对于政府开放数据总体而言，更多的是公共性在发挥主体作用，这与政府职能相吻合，所以政府必须严格履行提供公共服务的职能。中办和国办在《关于加强信息资源开发利用工作的若干意见》中明确提出，要"增加资金投入并提高其使用效益"[31]。其余政策也规定要"加大国家对信息化发展的资金投入"[20],这就要求相关部门必须切实履行,贯彻落实,加强资金引导,加大扶持力度,扩大资金来源,保证资金对数据开放的支持。

第二,环境型政策工具弱势。

在环境型政策工具中,法规管制占的比重最大,达58%。随后依次是目标规划33%、知识产权保护6%、金融支持3%,而税收优惠则没有涉及(图6所示)。这表明在政策工具的延伸利用上,税收优惠是一个空白。

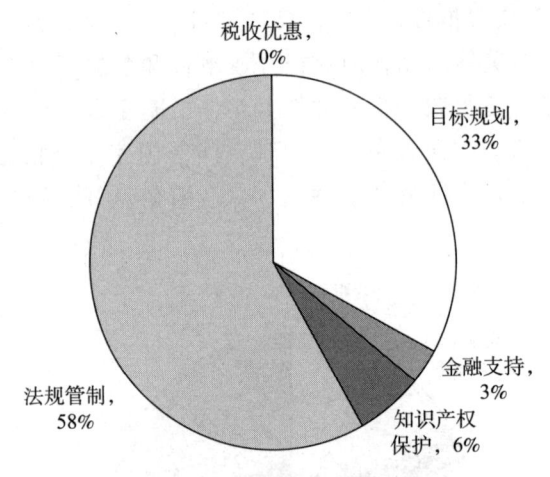

图6 环境型政策工具分布

政府数据开放的初级阶段,推行法规管制无疑是一个明智的措施。通过对各项工作进行规范和约束,政府数据开放处于一个井然有序的状态,这也是大多数国家在政府数据开放的初级阶段常用的政策工具之一。我国政府进行数据开放以来,外部环境并不稳定,相关部门权责不清晰、工作职能界定不明显、社会参与度低、数据利用率低等问题给政府造成了很多困扰。为了解决这些问题,减少数据开放的阻碍,于是在政策上更多地倾向于法规管制,规范开放主体的行为。事实上,法规管制的频繁运用,一方面反映了加强数据开放环境建设和维护的紧迫性和重要性,体现了政府"建立数据开放、产权保护、隐私保护相关政策法规和标准体系,制定政府数据资源管理办法,推动数据资源分类分级管理,建立数据采集、管理、交换、体系架构、评估认证等标准制度"[19]的急切心理。政府急于从政策上引导数据环境的构建,也暗示了数据开放在政府工作和国家发展中的重要地位。另一方面法规管制是一种较为长期的行为,说明我国政府正在有计划、有步骤地逐步推进政府数据开放,使政府工作有法可依、有章可循,避免工作的重复和无序，使政府数据开放在顶层设计上具有保障和方向指引，避免短期政策的不连续等弊端。

目标规划方面，政府在《促进大数据发展行动纲要》中就提出，2018年底前建成国家政府数据统一开放平台[15]。各项政策也都为了这个目标而努力。根据现状来看，政府数据统一开放平台的建成指日可待。

在数据开放过程中，对知识产权的保护目前存在比较大的漏洞，仅占6%。政策中很少提及，很多地方的数据开放官方网站只是声明该网站包含的所有内容归该市人民政府所有，国家政策中对知识产权也没有进行详细的界定，这也是亟待解决的问题。

金融支持方面，政策中仅提及要"鼓励金融机构加强和改进金融服务"[15]。对税收优惠则缺乏实际具体的政策，难以吸引社会组织、企业等对数据开发的投入，难以形成社会各方共同致力于数据开放和开发工作的繁荣局面。对于这些政策上的缺失，今后需要采取适当的办法进行纠正，综合考虑数据开放体系的建设。

第三，需求型政策工具缺位。

针对需求型政策工具，仅有6项条款，涉及公共技术采购和服务外包，分别占比67%和33%。而贸易管制、消费端补贴、海外机构管理则并未涉及。需求型政策工具对政府数据开放所起的拉动作用甚微。

政府在数据开放工作中，不可避免地需要与企业进行合作，单凭政府的力量无法做到尽善尽美，所以《关于运用大数据加强对市场主体服务和监管的若干意见》中规定，要"推动政府向社会力量购买大数据资源和技术服务"[16]，以此提高技术水平。在《促进大数据发展行动纲要》中则规定，"通过政府采购、服务外包、社会众包等多种方式，依托专业企业开展政府大数据应用"[15]服务外包不仅能够解决政府数据开放平台建设问题，还能减轻政府在人员不够、技术不够等方面的压力。平台建设若充分利用外包政策，不但可以使相关技术、管理问题得到解决，还能提升民众对于政府数据开放的积极性，使企业、公民都能够利用政府开放的数据，避免政府在数据开放中唱"独角戏"。而其他未涉及的政策条款则为后续工作预留了填补的空间和余地。

在之后的政策制定和调整过程中，应该关注对这些政策的运用，平衡各种政策工具之间的利弊。需求型政策工具的运用应该成为政府之后工作的重点。

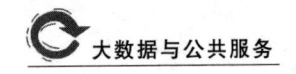

2. 数据生命周期维度结果分析

在基本政策工具维度分析的基础上，引入数据生命周期维度的影响因素，得到表7所示的政策工具在数据生命周期各阶段的分布统计结果。

统计结果显示，本文所选的政策文本涉及数据开放的各个阶段，其中数据采集占3.4%，数据处理占37.9%，数据存储占9.2%，数据发布占27.6%，数据开放利用占21.8%。根据政策条款的分布情况，可以发现大部分政策都应用在数据处理阶段，其次是数据发布和数据开放利用阶段，然后是数据存储阶段，数据采集阶段政策工具应用最少。这说明现阶段，政府数据开放的工作重点是将采集到的数据进行科学合理的处理。

表7 政府数据开放各阶段频数分布统计

单位：项，%

	教育培训	科技信息支持	基础设施建设	资金投入	公共服务	目标规划	金融支持	税收优惠	知识产权保护	法规管制	公共技术采购	消费端补贴	服务外包	贸易管制	海外机构管理	占比
数据采集	0	1	0	0	0	1	0	0	0	1	0	0	0	0	0	3.4
数据处理	6	13	4	1	0	2	0	0	0	5	2	0	0	0	0	37.9
数据存储	0	3	4	0	0	0	0	0	0	1	0	0	0	0	0	9.2
数据发布	0	2	9	0	0	4	0	0	0	2	7	0	0	0	0	27.6
数据开放利用	0	0	0	3	4	4	1	0	0	3	2	0	2	0	0	21.8

在数据采集阶段，政策规定较少，仅涉及3项政策条款，说明在数据采集阶段国家并没有投入过多的资源，或者说数据采集的意识不足。政策文件中很少提及数据采集的途径，这给相关人员的工作造成了不便。在之后的政策完善中应规定具体的采集途径和采集方法。

数据处理阶段是整个数据生命周期中关键的一段，在所有的政策条款中占33项。对采集到的数据进行标准化、格式化、去敏感、去隐私等处理，使发布出来的数据能够为绝大多数人所用，而不危害个人和国家的安全。

这一阶段对技术和人才的要求十分严格,也是我国目前正在攻坚克难的阶段。没有技术和人才,数据处理就无从着手。《促进大数据发展行动纲要》中规定:"鼓励高校设立数据科学和数据工程相关专业,重点培养专业化数据工程师等大数据专业人才;积极培育大数据技术和应用创新型人才。"[15]《关于运用大数据加强对市场主体服务和监管的若干意见》中也规定,要"鼓励高校、人力资源服务机构和企业重点培养跨界复合型、应用创新型大数据专业人才;加强政府工作人员培训"等[16]。

经过处理的数据利用数据库等存储起来,再通过各方平台进行发布,使数据的更多价值被挖掘。现有的政策条款中对数据存储的要求较为单一,仅涉及8项政策内容,基本是通过建设各项基础设施、数据中心等来存储数据。这与我国处于数据开放初级阶段有关。我国目前政府数据开放进程还没有发达国家快,只能一步一个脚印地进行,而建设和完善基础数据库、数据中心则是我国目前有把握可以做好的。如《2006—2020年国家信息化发展战略》中规定:"加快人口、法人单位、地理空间等国家基础信息库的建设。"[20]《促进大数据发展行动纲要》也规定:"布局国家大数据平台、数据中心等基础设施。充分利用现有企业、政府等数据资源和平台设施,注重对现有数据中心及服务器资源的改造和利用。"[15]

相比于数据存储阶段,在数据发布阶段,政策内容涉及24项,仅次于数据处理阶段。数据发布一直都是各个国家政府数据开放的重要内容,"发布什么,怎么发布"是需要解决的关键问题。我国数据发布现在主要是依托各个地方的政府官方网站,如北京市政务数据资源网、上海市政府数据服务网、贵阳市政府数据开放平台等,截至2017年底,还没有建立起一个国家级的数据统一开放平台,各地方的政府数据还不能汇集到统一的平台,各地各自为政,地方间的政府数据开放程度也是参差不齐,不利于中央统一管理。《国务院关于积极推进"互联网+"行动的指导意见》中规定,要"建立国家政府信息开放统一平台和基础数据资源库"。[17]这是我国目前在数据发布阶段亟待解决的重要问题。

数据开放利用是政府数据开放的最终目的,在政策条款中占19项,主要涉及数据开发和周边服务。这一阶段是数据价值实现环节,国家从资金、技术购买等方面的投入力度都不小,力图激发大众挖掘数据价值的激情。有的地方政府鼓励数据开发的措施是通过举办各类数据开发大赛,吸引各方有志之士参与。如《关于组织实施促进大数据发展重大工程的通知》中规定要"开发各类便民应用,优化公共资源配置,提升公共

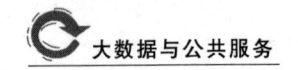

服务水平"。[21]

四 政策建议

(一) 优化供给型政策工具组合结构

在进行"供给侧改革"时，应该关注到教育培训、资金投入和公共服务类政策工具对数据开放的积极推动作用。未来数据的发展主要是信息和技术的发展，在保证科技信息支持和基础设施建设完善的前提下，应适当降低二者的使用频率，调整政策结构，合理运用其他政策工具。此外，要加大对数据人才的培养力度，对相关工作人员进行培训，提高其工作技能，加强意识形态领域对政府数据开放工作的认可，提高工作的积极性。同时，在资金投入上应加强投入力度和细化政策内容，规定具体的负责部门，检查落实情况，定时汇报资金的使用进度等。

另外，政府部门要切实履行其提供公共服务的职能，为数据开放提供一系列必要的配套服务，使科技信息支持、基础设施建设、教育培训、资金投入和公共服务等政策工具能够发挥最大的作用，形成稳固的政策工具结构。

(二) 重视环境型政策工具的辐射性

不同于供给型和需求型政策工具对数据开放的直接作用，环境型政策工具的外部影响和渗透作用需要经过一个周期的考验才能显现。我国政府经历着从管理型向服务型转变的过程。管理型政府倡导政府更多地进行管制和干预，这也体现在法规管制政策工具运用的频繁上。因此，政府要适当控制对法规管制政策工具的运用，细化相关政策内容，提高政策的可实施性，发挥各部门的能动作用。

除了合理运用法规管制政策工具外，还要加大金融支持、税收优惠等政策工具的使用力度。合理进行目标规划，把一些宏伟的目标细化为每个阶段可实现的小目标，加强政策执行力。积极鼓励民间资本、企业、机构团体等参与到政府数据开放中，增加财政补贴，加强税收优惠，提高其参与的积极性。

除此之外，对知识产权的保护应给予足够的重视。我国现在对所开放的数据归属权没有清晰的界定，对二次利用已开放的数据所形成的知识产权并没有严格的规定,存在一系列漏洞,不利于激发人们挖掘数据价值的热情。这些应该在之后的政策调整和制定时多加考虑,完善产权保护,明确标准和界限,建立数据使用专利制度,惩罚侵权行为,保护个人利益不受侵害。

(三)提高需求型政策工具的使用率

政府现阶段面临的主要问题之一就是数据开放平台的建设。《国务院关于印发促进大数据发展行动纲要的通知》中规定,我国在2018年底前建成国家政府数据统一开放平台。所以,政府应该加强对需求型政策工具的运用,发挥其拉动数据开放的作用。

政府的精力有限,难以投入全部的人力、财力和物力来建设数据开放平台。而把这种技术性工作外包给拥有足够技术的企业,不但能够减轻政府的压力,还能够增强社会对政府工作的支持。况且,企业有能力将大部分精力投入到政府的外包项目中,以足够的专业技术、人员、知识、资金保障数据开放的基础设施建设。

对于数据的消费者和客户群,政府应进行适当的补贴,减少他们在利用数据时产生的成本,提高数据使用效率;为数据产品的流通提供良好的市场环境,加强管制,出台相应的管理措施,规范生产者和消费者的行为;减少贸易壁垒,避免垄断和强强联合,使数据产品真正能够为使用者服务,提高市场对数据的需求力。

(四)平衡三类政策工具结构,实现政策工具多元化

从上述分析中可以看出,政府目前对供给型政策工具有一定的偏爱。供给型、环境和需求型政策工具现处于一种不平衡的使用状态,这种局面应该尽早打破。政策工具的着力点应该从供给型逐渐扩展到环境型和需求型,在供给端和需求端两侧发力,发挥政策的"推—拉"作用[14]。建立供给型、环境型和需求型政策工具之间的稳定架构,防止政策工具过于倾斜导致的作用失效和政策碎片化。

在之后的政策制定中,要加强政策工具选择的合理性和系统性,完善政策体系,建立数据开放相关部门间的协同机制,提高政策工具的执行力和实施效力。只有这三种政策工具之间配合得当,才能加快我国数据开放的进程。

(五) 平衡和改进政策工具在数据开放各阶段的运用

政策工具在数据开放各阶段的不平衡使用会给数据开放造成隐患，所以必须加强对政策工具的合理运用。应适当控制数据处理阶段的政策工具，加强数据采集和开放利用阶段的政策支持，明确政府各部门的职责，规范采集行为，确定数据采集的范围及内容，对涉及个人和国家安全的数据应加强保密措施，防止泄露，各数据开放网站可以发布相关的使用规则或与用户签订使用协议，保证数据的合法使用，明确相互的责任和义务。

在硬件设施建设方面资金问题无法回避，所以应该加强数据存储阶段的资金投入，避免因资金短缺而造成基础设施不足等问题，为数据发布提供更安全的平台和载体。同时，要加强知识产权保护在数据发布阶段的力度，明确产权的归属问题，保障个人的知识成果不受侵犯，激发人们二次利用的信心，努力挖掘数据的价值。只有将政策工具合理运用到数据开放的各个阶段，才能发挥政策工具的作用，保障政府数据开放顺利进行。

参考文献

[1] 黄萃，任弢，张剑. 政策文献量化研究：公共政策研究的新方向 [J]. 公共管理学报，2015 (2)：129-137.

[2] 黄如花，吴子晗. 中国政府数据开放共享政策的计量分析 [J]. 情报资料工作，2017 (5).

[3] 黄如花，赖彤. 数据生命周期视角下我国政府数据开放的障碍研究. 情报理论与实践，2018 (2).

[4] 汤志伟，龚泽鹏，郭雨晖. 基于二维分析框架的中美开放政府数据政策比较研究 [J]. 中国行政管理，2017 (7).

[5] 黄萃. 政策文献量化研究 [M]. 北京：科学出版社，2016：82.

[6] 苏竣. 公共科技政策导论 [M]. 北京：科学出版社，2014.

[7] 张雅娴，苏竣. 技术创新政策工具及其在我国软件产业中的应用 [J]. 科研管理，2001 (4).

[8] 赵筱媛，苏竣. 基于政策工具的公共科技政策分析框架研究 [J]. 科学研究，2007 (1).

[9] 黄萃，苏竣，施丽萍，等. 政策工具视角的中国风能政策文本量化研究 [J]. 科学学研究，2011 (6).

[10] 李健，王博. 基于政策工具的中国节水政策框架分析研究 [J]. 科技管理研究，

2015（4）.

[11] 周京娜，张惠娜，黄裕荣，等．政策工具视角下我国大数据政策的文本量化分析［J］．情报探索，2016（12）．

[12] 刘春华，李祥飞，张再生．基于政策工具视角下的中国体育政策分析［J］．体育科学，2012（12）．

[13] 白彬，张再生．基于政策工具视角的以创业拉动就业政策分析［J］．科学学与科学技术管理，2016（12）．

[14] 李健，顾拾金．政策工具视角下的中国慈善事业政策研究——以国务院《关于促进慈善事业健康发展的指导意见》为例［J］．中国行政管理，2016（4）．

[15] 国务院．促进大数据发展行动纲要［EB/OL］．（2015-09-05）[2018-1-25]. http://www.gov.cn/zhengce/content/2015-09/05/content_10137.htm.

[16] 国务院办公厅．关于运用大数据加强对市场主体服务和监管的若干意见［EB/OL］.（2015-06-24）[2018-1-25]. http://www.gov.cn/zhengce/content/，2015-07/01/content_9994.htm.

[17] 国务院关于积极推进"互联网+"行动的指导意见［EB/OL］.（2015-07-04）[2018-1-25]. http://www.gov.cn/zhengce/content/2015-07/04/content_10002.htm.

[18] 国务院．关于印发政务信息资源共享管理暂行办法的通知［EB/OL］.（2016-09-05）[2018-1-25]. http://www.gov.cn/zhengce/content/2016-09/19/content_5109486.htm.

[19] "十三五"国家信息化规划［EB/OL］.（2016-12-25）[2018-1-25]. http://www.miit.gov.cn/n1146290/n1146392/c5444529/content.html.

[20] 中共中央办公厅，国务院办公厅．2006—2020年国家信息化发展战略［EB/OL］.（2016-03-29）[2018-1-25]. http://www.miit.gov.cn/n1146295/n1146562/n1146650/c3546488/content.html.

[21] 国家发改委办公厅．关于组织实施促进大数据发展重大工程的通知［EB/OL］.（2016-01-17）[2018-01-25]. http://bigdata.sic.gov.cn/news/510/6456.htm.

[22] 曹雨佳．政府开放数据生存状态：来自我国19个地方政府的调查报告［J］．图书情报工作，2016，6（14）．

[23] 2017 中国地方政府数据开放平台报告［R/OL］.（2017-12-15）[2018-03-19]. https://wenku.baidu.com/view/44b40a7d0a1c59eef8c75fbfc77da26925c596e9.html.

[24] 黄如花，刘龙．我国政府数据开放中的个人隐私保护问题与对策［J］．图书馆，2017（10）．

[25] 工业和信息化部．电子政务"十二五"规划［EB/OL］.（2011-12-13）[2018-1-26]. https://baike.baidu.com/item/%E5%9B%BD%E5%AE%B6%E7%94%B5%E5%AD%90%E6%94%BF%E5%8A%A1%E2%80%9C%E5%8D%81%E4%BA%8C%E4%BA%94%E2%80%9D%E8%A7%84%E5%88%92/16957458?fr=aladdin.

[26] 工业和信息化部．关于数据中心建设布局的指导意见［EB/OL］.（2013-01-13）

[2018 - 3 - 19]. http://www.miit.gov.cn/n1146285/ n1146352/n3054355/n3057674/n3057678/c3863561/ content.html.

[27] 中共中央办公厅, 国务院办公厅. 国家信息化发展战略纲要 [EB/OL]. (2016 - 07 - 27) [2018 - 3 - 19]. http://www.gov.cn/zhengce/2016 - 07/27/content_5095336.htm.

[28] 国家发改委, 工业和信息化部, 科学技术部, 等. 关于印发促进智慧城市健康发展的指导意见的通知 [EB/OL]. (2014 - 08 - 27) [2018 - 3 - 19]. http://www.szum.gov.cn/ zfwg/ cgzt/ zhcg/ zcfg/201705/t20170512_6693200.htm.

[29] 中共中央办公厅, 国务院办公厅. 关于全面推进政务公开工作的意见 [EB/OL]. (2016 - 02 - 17) [2018 - 3 - 19]. http://www.gov.cn/zhengce/content/2016 - 11/15/ content_5132852.htm.

[30] 姜鑫, 马海群. 开放政府数据评估方法与实践研究——基于《全球开放数据晴雨表报告》的解读 [J]. 现代情报, 2016 (9).

[31] 中共中央办公厅, 国务院办公厅. 关于加强信息资源开发利用工作的若干意见 [EB/ OL]. (2014 - 12 - 13) [2018 - 1 - 26]. http://www.caf.ac.cn/html/ xxh/201354/20466.html.

大数据时代政府数据开放与共享研究*
——基于开放政府数据平台中教育数据开放与共享现状的调查

赵润娣**

伴随着大数据时代的到来，国家大力推进政府数据的开放与共享。本文聚焦于开放政府数据平台中的教育数据，从教育数据集的所属主题及类目名称、数量、提供机构分布、主题分布、开放与共享属性，以及教育数据的利用与影响等方面，调查了我国八个平台中教育数据开放与共享的现状，从中总结出我国政府数据开放与共享存在的问题，进而提出我国政府数据开放与共享的发展策略。

一 引言

大数据时代带来全球政府数据开放与共享的新变革。美国以《开放政府备忘录》、《管理作为资产的信息》等一系列相应政策文件的颁布及Data.gov数据平台的上线，引领着全球政府数据开放与共享的变革。我国也大力推进政府数据开放与共享。2016年9月，国务院印发了《政务信息资源共享管理暂行办法》。2017年12月，国务院常务会议决定加快推进部门和地方政务信息系统的整合共享工作。2018年1月，国家发改委宣布全国信

---

* **基金项目**：甘肃省社科规划项目一般项目"开放政府数据背景下甘肃开放政府数据发展策略研究"（编号：YB057）；甘肃省"十三五"教育科学规划重点课题"甘肃省教育数据开放研究"（编号：GS〔2017〕GHBZ038）。

** **作者**：赵润娣，西北师范大学、甘肃省循环经济与可持续发展法治研究中心兼职专家，博士。

息共享已实现71个部门、31个地方与国家共享交换平台的对接,构建了涵盖47万项目录的数据资源体系,初步实现16个重点领域的"数据通"、"业务通"等。我国政府数据开放与共享已取得重大突破,成果斐然。尽管如此,深入探究政府数据开放与共享的几个关键且具基础性的问题,以更好地促进政府数据的开放与共享工作,有效地发挥政府数据的价值,这是非常必要的。

为此,本文选取我国开放政府数据平台中教育数据的建设现状进行调查,通过剖析政府教育数据开放与共享这一点上的问题,以点带面,以点为辐射,提出大数据时代我国政府数据开放与共享的发展建议。调查平台中教育数据建设的现状是因为,纵观全球蓬勃开展的政府数据开放与共享的变革,考察各类开放政府数据的政策法规可以发现,开放的重点是教育、交通、商业、环境等主题的数据。例如,2013年G8峰会召开,八国签署了《开放数据宪章》。宪章明确了14个重点开放领域,教育数据是其中一个重要领域,并指出教育数据集实例包括学校名单、学校表现、数字技能等。2015年8月19日,我国国务院常务会议通过《促进大数据发展行动纲要》,其中明确提出:"率先在信用、交通、医疗、卫生、就业、社保、地理、文化、教育、科技、资源、农业、环境等重要领域实现公共数据资源合理适度向社会开放。"[1]纵观国内外开放政府数据平台可以看到,几乎所有平台都提供教育、健康、交通、商业等主题的数据。教育数据作为关系民生的资源,作为一种无形的国家资产,其开放与共享毫无意外地受到非常广泛的关注。面向社会合理开放教育数据,能够鼓励、壮大教育数据价值挖掘队伍,体现教育数据的价值,增加公众对教育的认知,促进教育的改革发展。[2]

由于以上原因,本文将考察我国开放政府数据平台中的教育数据建设现状,探究政府教育数据开放与共享的几个关键且基础性的问题,从而发现现今我国政府数据开放与共享中存在的问题,期望能更好地促进我国政府数据开放与共享工作,发挥政府数据的价值。

二 对开放政府数据平台中教育数据开放与共享现状的调查

自2011年起,北京、上海等地率先在全国推进政府数据资源开放和共享,一些地方随即跟进,相继推出开放政府数据平台。截至2017年底,我国还未建成国家级开放政府数据平台。2017年5月，国内首个地方政府数据开放指数报告《2017中国地方政府数据开放平台报告》发布。报告显示，在被评估的19个地方政府开放政府数据平台中，表现最好的是上海、贵阳两地。其中，在省级行政区排名中，指数得分最高的是上海，其次是北京、广东、浙江、贵州；在副省级和地级城市排名中，得分最高的是贵阳，其次是青岛、武汉、东莞、佛山等地。[3] 本文选取北京、上海、广东、贵州、青岛、武汉、东莞、贵阳，对这八个地区具有典型性和代表性的开放政府数据平台中的教育数据资源建设情况进行调查（见表1），调查时间限定在2018年4月3日到4月30日期间。

表1 各地开放政府数据平台及网址

地区	平台名称	行政级别	网址
北京市	北京市政务数据资源网	省级	http://www.bjdata.gov.cn/
上海市	上海市政府数据服务网	省级	http://www.datashanghai.gov.cn/cn/home!toHomePage.action
广东省	开放广东	省级	http://www.gddata.gov.cn/
贵州省	贵州省政府数据开放平台	省级	http://www.gzdata.gov.cn/
青岛市	青岛公共数据开放网	副省级	http://data.qingdao.gov.cn/
武汉市	武汉市政务公开数据服务网	副省级	http://www.wuhandata.gov.cn/whdata/index_search.action
东莞市	数据东莞	地级	http://dataopen.dg.gov.cn/dataopen/
贵阳市	贵阳市政府数据开放平台	地级	http://www.gyopendata.gov.cn/city/index.htmdex.htm

（一）教育数据集建设

1. 教育数据集所属主题及具体名称

目前，开放政府数据平台开放的数据内容涉及众多领域，教育数据是其中一个重要领域。例如，北京市对数据集按照主题、机构这两种方式进行分类，其中在"主题"这一类目下，共分为经济建设、信用服务、财税金融等20个主题，"教育科研"是其中一大主题。上海市对数据集按照数据领域、提供机构、综合评价进行分类，其中在"数据领域"类目下，共有12个领域，"教育科技"是其中一大领域。广东省、贵州省、武汉市、贵阳市与北京、上海的方式大致相同，按照主题、提供机构等进行数据集分类，教育数据是其中一类。青岛市将数据集按照领域、部门、格式、接入方式进行分类,"教育"是17个领域中的一大领域。东莞市别具特色,采用"部门数据"、"主题数据"、"法人数据"、"自然人数据"、"地理数据"的分类方式,"主题数据"又分为"资质认定"、"红榜"、"信用警示"、"黑榜"。从其数据分类中,看不到对教育数据的揭示,但从部门数据中可以看到东莞市教育局提供的教育数据资源。

在教育类数据集所属主题方面,调查显示:①8个平台中有6个平台(即北京市、上海市、广东省、贵州省、武汉市、贵阳市)的教育数据集所属主题名称或为"教育科技",或为"教育科研",或为"教育文化";②青岛市的教育类数据集属于"教育"主题。③东莞市的平台没有教育数据集的相应主题(见表2)。

表2 各地开放政府数据平台中教育数据集所属主题(领域)名称

地区	教育数据集所属主题(领域)名称	地区	教育数据集所属主题(领域)名称
北京市	教育科研	青岛市	教育
上海市	教育科技	武汉市	教育科技
广东省	教育科技	东莞市	无具体名称
贵州省	教育文化	贵阳市	教育科技

注:资料检索时间为2018年4月8日。

2. 教育数据集数量

教育数据集是开放政府数据平台向用户提供的教育类数据的集合。因为依据"数据东莞"提供的数据资源分类方式无法了解其准确的教育数据集数量,所以不对其进行数量统计。所调查的开放政府数据平台中,开放数据集最多的是武汉市,共有2105个数据集,最少的是贵州省,有442个。开放教育数据集最多的是贵阳市,共有202个,最少的是贵州省,只有10个。武汉市、上海市、贵阳市、青岛市、广东省发布的教育数据集数量达到50个以上,其他的则少于50个(见表3)。

表3 各地开放政府数据平台中教育数据集及各类数据集的数量

单位:个

地区	教育数据集	各类数据集	地区	教育数据集	各类数据集
北京市	17	796	青岛市	55	1088
上海市	94	1611	武汉市	132	2105
广东省	52	611	东莞市	不详	767

续表

地区	教育数据集	各类数据集	地区	教育数据集	各类数据集
贵州省	10	442	贵阳市	202	2751

注：资料检索时间为2018年4月11日。

3. 教育数据集的提供机构分布

目前，许多政府机构参与了开放政府数据平台资源建设。例如，北京市将参与教育科研的机构分为：教育机构，只包括北京市教育委员会；科研单位，只包括北京市科学技术委员会；培训机构，只包括北京市社会建设工作办公室。但是调查显示，北京市统计局、北京市发展和改革委员会提供的数据集也在教育科研类别中，因此，北京市实际上有5个机构参与了教育数据集的发布。广东省有52个教育数据集，参与提供数据集的省级机构共有6个，发布的教育数据集为34个，参与提供教育数据集的市级机构共有7个，发布的教育数据集为18个。贵州省发布的10个教育数据集中，只有1个是省教育厅发布的（见表4）。

表4 各地开放政府数据平台中教育数据集的提供机构情况

单位：个，%

地区	各类数据集发布机构总数	教育数据集发布机构总数	教育数据集发布机构占比	发布机构具体名称（发布数）
北京市	38	5	13	市委（6）、市科委（1）、市社会建设工作办公室（4）、市统计局（1）、市发改委（5）
上海市	41	10	24	市发改委（1）、市教委（69）、市科委（18）、市民宗委（2）、市财政局（2）、市农委（2）、市新闻出版局（1）、市知识产权局（5）、市住建委（3）、市绿容局（2）
广东省	26	13	50	省发改委（1）、省教育厅（6）、省科技厅（23）、省文化厅（1）、省农业厅（2）、省质检局（1）、广州市（3）、江门市（1）、惠州市（2）、梅州市（1）、清远市（1）、东莞市（2）、中山市（8）
贵州省	15	4	27	省文化厅（7）、省档案局（1）、省教育厅（1）、省统计局（1）
青岛市	13	5	38	市教育局（50）、市安监局（1）、市物价局（2）、市体育局（1）、市科技局（1）

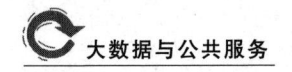

续表

地区	各类数据集发布机构总数	教育数据集发布机构总数	教育数据集发布机构占比	发布机构具体名称（发布数）
武汉市	99	21	21	市教育局（29）、武昌区（2）、市卫计委（1）、东湖生态旅游风景区管委会（1）、市科技局（39）、武汉经开区管委会（1）、东湖新开区管委会（8）、市人社局（1）、市质监局（9）、市财政局（8）、市国资局（1）、市发改委（1）、武汉共青团（2）、汉南区（7）、黄陂区（1）、洪山区（1）、市民宗委（8）、武汉临空港经开区管委会（东西湖）（1）、蔡甸区（4）、新洲区（1）等
东莞市	71	不详	不详	不详
贵阳市	65	35	54	市统计局（14）、市科技局（124）、市教育局（26）、市人社局（2）、市档案局（1）、市工信委（2）、市商务局（1）、市发改委（2）、市民宗局（1）、市安监局（1）、市公安交管局（1）、市民政局（1）、市体育局（1）、经开区人力资源局（2）、清镇市教育局（20）、清镇市统计局（4）、清镇市法制局（1）、市质监局（1）、息烽县文旅局（4）、息烽县财政局（1）、开阳县教育局（19）、市财政局（1）、南明区文体局（2）、南明区教育局（2）、南明区档案局（1）、修文县教育局（8）、云岩区教育局（16）、云岩区档案局（1）、云岩区农业水利局（1）、乌当区教育局（23）、乌当区工信局（2）、乌当区科技局（7）、乌当区人社局（2）、乌当区农业局（1）、市大数据委（1）

注：资料检索时间为 2018 年 4 月 11 日。

调查显示：①在 8 个开放政府数据平台中，武汉市平台参与提供数据集的机构最多，达到 99 个机构。青岛市参与提供数据集的机构最少，只有 13 个机构。②对于教育数据集，贵阳市有 35 个机构参与提供，数量最多；贵州省只有 4 个机构参与提供，数量最少。③关于教育数据集发布机构在各类数据集发布机构中的占比，贵阳有 54% 的机构提供教育类数据集，广东省、青岛市参与数据集提供的机构中分别有 50%、38% 的机构提供教育类数据集，等等。

4. 教育数据集的主题分布

目前，开放政府数据平台开放了一些教育数据资源。教育数据集的具体主题和具体内容可以反映教育数据的内容范围和覆盖面。2018 年 4 月 11 日的调查显示：

有的平台教育数据集主题分布相对较为集中，就是围绕教育管理、教育行政等方面，如青岛市。

有的平台因为本身提供的教育数据集就不多，所以涉及的具体主题也非常少，但有限的主题中既包括教育类，也包括文化类或其他类等。如贵州省，其提供的 10 个具体数据集为：贵州省博物馆名录、第三批省级非物质文化遗产生产性保护示范基地公示名单、贵州省艺术科学规划课题立项名单、贵州省非物质文化遗产传承人名单、贵州省档案局馆藏档案全宗一览、贵州省 2015 年教育事业统计表、年度教育统计，以及贵州省艺术系列、文物博物系列、群众文化系列高（中、初）级评审委员会通过人员名单。北京市的 17 个教育数据集内容分别为：5 个是关于各类教育不同项目的收费标准，如"北京地区高校中职学校学生住宿费标准数据集"；1 个是关于教育统计信息，"常住人口受教育程度（2015 年）统计信息数据集"；10 个是关于各类教育机构及学校的基本信息，如"市民学校数据集"、"社区教育培训机构数据集"；此外，还有"实验动物使用许可单位数据集"，是由北京市科学技术委员会提供的实验动物使用许可单位信息。

有的平台教育数据集主题分布较为广泛，如涉及幼儿园、中小学、大学、社区等众多教育机构的相关教育数据以及其他教育数据，也有文化类数据集、科技类数据集等。武汉市的 132 个教育数据集内容非常丰富，既有市教育局提供的涉及教育主题的众多数据集，又有市质量技术监督局提供的数据集，如"2015 年 4 季度建筑材料质量抽查不合格产品名单"，还有武汉市科学技术局提供的"2016 年技术转移服务和技术交易奖励补贴拟补贴项目公示"等。上海市 94 个教育数据集具体内容分别为：各类教育机构及学校基本信息，其中包括各类教育机构名单或名录、一些院校的具体信息，如"上海市学前教育机构名单"、"上海电机学院基本信息"、"上海第二工业大学文献资源信息"、"上海理工大学专任教师人数等"；此外，还包括科技信息，如科普教育基地信息、科学技术奖信息、上海市国家大学科技园信息等。

5. 教育数据集的开放与共享属性

目前，开放政府数据平台的免责声明或使用条款阐述了授权情况，规定了用户的权利与义务等，从而可以看到开放政府数据平台教育数据集的开放和共享属性。2018 年 4 月 27 日的调查显示：

在收费方面：各平台现阶段都可免费获取数据。北京市、广东省、青岛市、东莞市表述基本一致，表明用户可免费获取网站的数据资源，对数据资源享有非排他性的使用权。贵阳市提出需注册成为用户，方可享有数据资源免费访问、获取等权利。

在数据的访问、获取、传播与分享等权利方面：各平台都保障用户有自由利用、自由传播与分享数据资源的权利，但上海市、广东省、青岛市、贵阳市都明确提出用户不得有偿或无偿转让在本网站中获取的各种数据资源，不得违反国家相关法律规定。在共享属性方面，开放政府数据平台上的数据是可共享的，不是受限共享（只能按照特定方式共享，或提供给指定对象共享），也不是非共享（依照法律、法规、规章的规定不能共享）。

在数据利用产生成果方面：北京市、广东省、武汉市、东莞市都提出，在用户应用网站政务数据资源产生的成果时，需要注明政务数据资源的来源；北京市、广东省、武汉市、贵阳市都提出，用户在发布基于本网站获取的政务数据资源开发的 App 应用时，应确保发布内容不会侵犯任何第三方的合法权益等。

在用户发布数据资源方面：广东省提出，用户发布的数据资源需要注册并遵守《广东省开放数据平台数据开放协议》，平台管理方审核通过后可在平台上进行展示。

（二）教育数据的利用与影响

开放政府数据平台上教育资源的下载量，以及依据开放数据开发的教育类相关应用，展现了平台教育数据开放与共享的影响力。

1. 教育数据集的下载

开放政府数据平台多在主页上以"最热"资源栏目揭示浏览量、下载量很高的数据资源，或对数据资源按浏览量、下载量的多少进行排序展示。在 2018 年 4 月 28 日的调查中，东莞市的平台因为没有专门的教育数据，而无法展示教育数据集的下载量；武汉市平台当天无法打开，所以也访问不到；其他平台都有揭示。

自平台建成以来，贵阳市统计局提供的社会发展领域的"统计年鉴"下载量最多，达到 54941 次，上海市统计局提供的城市建设领域的数据集"1978 年以来住宅投资和竣工建筑面积"下载量次之，达到 41375 次。

各平台教育数据集下载量较多，其中上海市教育局提供的教育科技领域的"体育设施对外开放学校名录"下载量高达 33942 次。

北京市、上海市、贵州省下载量位居前三位的数据集中都有教育数据集，其中北京市的前两名、上海市的第二和第三名、贵州省的第三名都是教育数据集。北京市、上海市、贵州省教育数据集下载量位居前列。

各平台开放的教育数据集在全部数据集下载量排名中整体名次较高，青岛市、贵阳市、广东省的数据集下载量排名也都不错（见表5）。

表5　各地开放政府数据平台中教育数据集下载情况

地区	下载量排名前三的数据集（次）	下载量排名前三的教育数据集（次）及在全体数据集中的排名
北京市	1. 小学（2708） 2. 中学（2556） 3. 土地用途分区（2363）	1. 小学（2708），第1名 2. 中学。(2556)，第2名 3. 民办高校及独立学院（872），第5名
上海市	1.1978年以来住宅投资和竣工建筑面积（41375） 2. 体育设施对外开放学校名录（33942） 3. 上海市高等教育机构名单（22683）	1. 体育设施对外开放学校名录（33942），第2名 2. 上海市高等教育机构名单（22683），第3名 3. 上海市基础教育机构名单（3950），第21名
广东省	1. 中国民间融资（广州）价格指数（CFI）（7309） 2. P2P网贷平台网贷数据（6322） 3. 小额贷款市场平均利率（5315）	1. 广东专利奖获奖单位信息（758），第25名 2. 梅州市科学技术奖获奖名单（372），第85名 3. 农业标准信息（361），第80名
贵州省	1. 全省户籍人口（8081） 2. 贵州省省本级医疗保险联网结算药店名单（4277） 3. 年度教育统计（3430）	1. 年度教育统计（3430），第3名 2. 贵州省2015年教育事业统计表（424），第24名 3. 贵州省非物质文化遗产传承人名单（46），第131名
青岛市	1. 一、二类机动车维修企业（164） 2. 动产抵押登记数据（144） 3. 青岛市星级饭店名录（127）	1. 小学（112），第6名 2. 青岛市学前教育机构一览表（109），第7名 3. 高级中学（98），第9名
东莞市	1. 工商登记信息（2662） 2. 备案信息（2278） 3. 建筑工程施工许可证（燃气类）（2013）	不详
贵阳市	1. 统计年鉴（54941） 2. 贵阳市主要粮油副食品每日监测表（14734） 3. 花溪区非正常户信息（8951）	1. 贵阳市教育事业概况信息（1490），第14名 2. 贵阳市幼儿园信息（829），第24名 3. 贵阳市中职学校信息（700），第29名

注：资料检索时间为2018年4月28日。

2. 教育数据的服务与应用

在数据的社会化应用方面，2018年4月28日调查的8个平台中，东莞市因为资源揭示方式与众不同，所以无法看到具体的数据接口和数据应用相关内容，其他 7 个平台都开放了 API 接口，展示了数据应用。上海市提供的数据应用最多，达到了 98 款，其中包括移动应用 38 款、教育类服务应用 5 款。5 款教育类应用皆受欢迎，其中，"上海市会计从业资格考试成绩查询"下载次数最多，达 487 次，还提供了"示范高中"这款移动应用。北京目前发布了 16 款应用，其中"E 上学"、"我的校园"这两款为教育类应用，皆为个人开发，下载量分别为 42072 次和 22989 次。广东发布了 22 款数据应用和 28 个数据接口，其中教育科技领域的数据应用 1 款、数据接口 4 个，4 款应用当前均未得到下载。贵州省目前提供了 17 款应用，其中教育文化领域的有贵州省人民防空办公室提供的"黔人防云"App、贵州省档案局提供的"贵州省级公开现行文件档案、地方志书、年鉴、音视频数据"两款应用，下载次数分别为 38 次和 37 次，居数据应用下载榜第一和第二位。青岛市提供 14 款数据应用和 2178 个数据接口，其中教育数据接口为 55 个，教育应用还没有。贵阳市提供了数据应用 15 款，还没有教育类数据应用，提供了 303 个数据接口，其中教育科技类的 32 个。此外，开放政府数据平台支持用户提交 App 应用，鼓励基于平台的数据创新。

三 大数据时代政府数据开放与共享存在的问题

我国开放政府数据平台建设已经逐渐走上了正轨。通过调查开放政府数据平台教育数据资源的建设现状，可以看到平台在政府数据开放与共享方面成果显著。从对教育数据集开放与共享属性的调查可见，我国开放政府数据平台的数据资源已全面向公众开放，开放是免费的，公众访问、获取、传播与分享数据的权利得到了充分保障。开放政府数据平台的数据资源实现了无条件共享，可提供给所有政务部门使用。调查还发现，政府数据开放与共享还存在许多问题与不足。

（一）对数据资源的分类不规范，相应类目名称不确定

2017 年 6 月，国家发改委和中央网信办为了加快建立政府数据资源目录体系，推进政府数据资源的国家统筹管理，制定了《政务信息资源目录编制指南（试行）》（以下简称《指南》）。《指南》提出："政务信息资源目录按资源属性分为基础信息资源目录、主题信息资源目录、部门信息资源目录等三种类型。"其中，"基础信息资源目录是对国家基础信息资源的编目。国家基

础信息资源包括国家人口、法人单位、自然资源和空间地理、社会信用和电子证照基础信息资源等。主题信息资源目录是围绕经济社会发展的同一主题领域，由多部门共建项目形成的政务信息资源目录。部门信息资源目录是对政务部门信息资源的编目。"此外，还明确了政务信息资源代码结构规则，提出政务信息资源代码由前段码、后段码组成，前段码由"类"、"项"、"目"、"细目"组成。[5]显而易见，教育数据属于"主题信息资源"。我们按照《指南》的规定，审视开放政府数据平台中教育数据的分类体系。从对教育数据集所属主题及具体名称的调查可见：调查的8个平台提供了教育类数据资源，其中7个提供了按主题的分类，清楚地显示出教育类数据资源。虽然平台对主题数据资源以及部门数据资源做了揭示，主题数据资源目录、部门数据资源目录都很清晰，但是对基础数据资源揭示不足，没有基础数据资源目录。东莞市提供的"部门数据"、"主题数据"、"法人数据"、"自然人数据"、"地理数据"等一级分类，以及"主题数据"下的二级分类，没有显示出教育类数据资源。东莞市对不同类型的数据资源的揭示存在问题，将基础数据资源与主题数据资源交织在一起了。此外，从表2可见，教育类数据资源究竟应该归属于哪一类主题，是归属于教育科技类、教育科研类、教育文化类，还是单独列为教育类，各平台对此没有确定的划分。显而易见，教育科技、教育科研、教育文化、教育这些不同的主题类别所代表的含义不同，所包含的内容也一定是不同的。由此可见，开放政府数据平台资源的"类"还没有明确，后面的"项"、"目"、"细目"的划分是否科学合理就成了问题。

（二）数据资源提供机构之间的协同存在不足

2016年9月国务院制定的《政务信息资源共享管理暂行办法》提出，"按照国家政务信息资源相关标准进行政务信息资源的采集、存储、交换和共享工作，坚持'一数一源'、多元校核，统筹建设政务信息资源目录体系和共享交换体系"。[4]2017年5月，国务院《政务信息系统整合共享实施方案》（国办发〔2017〕39号）提出，建设"围绕落实国家政务信息化工程相关规划，'大平台、大数据、大系统'，形成覆盖全国、统筹利用、统一接入的数据共享大平台，建立物理分散、逻辑集中、资源共享、政企互联的政务信息资源大数据，构建深度应用、上下联动、纵横协管的协同治理大系统"。[6]开放政府数据平台资源建设是一个大系统，需要数据资源开放主体之间通过一定过程、作用方式和程序进行协同、共同努力，实现开放政府数据的目标。数据开放主体包括政府部门、事业单位及其他可提供公共数据的机构等。数据开放主体的协同需要对各主体的职责、权利与义务进行明确，从而界定开放主体之间的职能和业务范围。从表4可见，各地开放政府数据平台上教育数据的提供机构之间的协同存在不足。

第一，同一个省份的省级机构与所辖的副省级和地级市的政府机构之间协同不足：贵州省的省级开放政府数据平台与其省会城市贵阳市的数据平台在教育数据建设中没有显示出有任何关系。广东省的省级开放政府数据平台与其所辖的七个城市（广州市、江门市、惠州市、梅州市、清远市、东莞市、中山市）的开放政府数据平台在教育数据建设中有关系，七个城市向广东省的平台提供了教育数据资源，但除了中山市提供了8个数据集，其他城市提供的数据集非常少，只有1~2个。广东省的省级开放数据平台与东莞市也没有显示出在教育数据建设中的任何关系。

第二，城市与所辖的下一级机构之间也存在协同不足。在所调查的平台中，除了武汉市、贵阳市与所辖的区级机构之间在教育数据资源提供上有协作，其他平台则没有。武汉市的市级机构和所辖的区级机构参与了教育数据资源的提供，但也仅限于六个区，除了汉南区、蔡甸区分别提供了7个和4个数据集，其他的也只提供了1~2个数据集。此外，被调查的各平台都有教育厅、教育局或教育委员会的参与。

第三，各平台同一主题的数据资源的参与机构也是各不相同的，有的平台教育数据的参与机构有些杂乱。例如，武汉市的平台教育数据的提供机构有武汉临空港经济技术开发区管委会（东西湖）等。有的平台教育局或教育厅不是教育数据提供的主要机构，例如贵阳市。

（三）教育数据资源数量有限，具体数据项涉及众多主题，有的内容与教育主题不符

2015年8月，国务院制定的《促进大数据发展行动纲要》（国发〔2015〕50号）提出"稳步推动公共数据资源开放"，并提出"完善教育管理公共服务平台，推动教育基础数据的伴随式收集和全国互通共享。建立各阶段适龄入学人口基础数据库、学生基础数据库和终身电子学籍档案，实现学生学籍档案在不同教育阶段的纵向贯通。推动形成覆盖全国、协同服务、全网互通的教育资源云服务体系。探索发挥大数据对变革教育方式、促进教育公平、提升教育质量的支撑作用"[1]。开放政府数据平台首先要建设数据资源，实现公共数据资源开放。离开数据资源，则平台就是无源之水、无本之木。开放政府数据平台不同主题下应有相应的数据资源，教育主题下应有教育类数据

资源。从表3可见，目前，我国开放的数据集数量不多，教育数据集数量也非常有限。教育数据集在所有数据集中的占比也不高。在所调查的平台中，数据集数量超2000个的只有贵阳市、武汉市，数据集数量在1000~2000个之间的只有上海市和青岛市，其他平台的数据集数量都在1000个以下；教育数据集的数量都在300个以下。由此可见，开放政府数据平台的资源建设有待提高，教育数据集建设也需要不断推进。另外，从表4的调查可见，在教育数据集主题类目下，由不同的政府机构提供了相关数据集，包括教育管理基础数据、教育行政管理数据、普通中小学校管理信息、教育统计信息等，但是，各阶段适龄入学人口基础数据、学生基础数据、终身电子学籍档案等数据资源还是不足。此外，虽然具体内容涉及众多主题，但是也有许多数据集与教育主题关系不大。调查平台提供的许多数据集，如"实验动物使用许可单位数据集"、"2015年4季度建筑材料质量抽查不合格产品名单"、"2016年技术转移服务和技术交易奖励补贴拟补贴项目公示"等与教育主题不符。教育数据这一大类下的"项"、"目"、"细目"构成存在问题。

（四）数据利用不充分，数据应用差

国务院制定的《促进大数据发展行动纲要》提出："适应国家创新驱动发展战略，实施大数据创新行动计划，鼓励企业和公众发掘利用开放数据资源，激发创新创业活力，促进创新链和产业链深度融合。推动万众创新、开放创新和联动创新。"[1]

从表5可见，开放政府数据平台的社会关注度有限。数据集下载量和教育数据集下载量可以反映社会公众对开放政府数据的关注度与需求度，也可以反映开放政府数据平台的吸引力。开放政府数据平台提供的数据价值，也体现出开放数据利用群体的广泛度。从数据集下载量来看，所调查平台的下载量并不高，只有上海市排名前三、贵阳市排名在前二的数据集下载量达到上万次。教育数据集虽然受到用户很大关注，但是其下载量也不多。例如青岛市的教育类数据集中，"小学"这个数据集的下载量为112次，在所有数据集下载量排名中位列第六。可见，青岛市数据集总体下载量偏低，教育数据集也不例外。

此外，数据应用差。开放政府数据平台提供的App，是基于数据集的衍生增值产品。数据接口可实现计算机软件之间的相互通信，程序员通过调用数据接口函数就可以对应用程序进行开发，从而减轻编程任务，推动社会创新。同时，它也是一种中介，为各种不同平台提供数据共享。调查的平台中提供的数据应用不多,最多的是上海,总应用达到了98款,其他平台的数据应用数量都是一二十个。平台提供的教育类应用非常少,上海市教育类服务应用共有5款,青岛市、贵阳市还都没有教育类数据应用。此外,平台提供的数据接口数量也不多。当前,开放政府数据平台提供的应用主要为政府开发,类别也比较少,例如,广东提供的应用多为道路交通类,社会参与数据应用非常有限。

四 我国政府数据开放与共享的发展策略

(一)明确不同类型政府数据的内涵与结构

当今世界进入到网络化的大数据时代。信息技术的发展促使人、机、物的融合不断紧密,从而使得数据规模爆炸式增长、数据模式高度复杂化,同时使得采集、存储和利用这些数据成为可能。现今世界各国政府都已积累了海量的政府数据。政府数据类型众多,可按不同的方式进行分类。从不同角度审视政府数据,则不同分类下的政府数据结构及所包含的内容就各不相同。根据我国的《政务信息资源目录编制指南(试行)》,政务信息资源目录按资源属性分为基础信息资源目录、主题信息资源目录、部门信息资源目录三种类型,可将政府数据划分为基础数据资源、主题数据资源、部门数据资源三种类型。[5]

单就主题数据资源而论,《促进大数据发展行动纲要》明确提出:"优先推动信用、交通、医疗、卫生、就业、社保、地理、文化、教育、科技、资源、农业、环境、安监、金融、质量、统计、气象、海洋、企业登记监管等民生保障服务相关领域的政府数据集向社会开放。"[1]那么,"教育"是一类,还是"教育科技"、"教育文化"各为一类?首先须明确政府数据的范围与内容、分类体系、各类的内涵。对"教育数据"需要做出定义,可以将其定义为:整个教育活动过程中所产生的,以及根据教育需要采集到的,一切用于教育发展并可创造巨大潜在价值的数据集合。"政府的教育数据",可以定义为:政府部门在履行职责过程中制作或获取的,以一定形式记录、保存的教育类数据资源。通过这样的界定,明确"教育数据"的内涵,从而确定政府数据资源的"类"。

此外,需要确定数据结构。教育数据可以分为四层,由内到外分别是基础层、状态层、资源层和行为层。其中,基础层存储国家教育基础性数据;

状态层存储各种教育装备、教育环境以及教育业务的运行状态数据；资源层存储教育过程中建设或生成的各种形态的教学资源；行为层存储广大教育相关用户的行为数据。[5]

（二）建立部门数据清单，摸清政府数据家底，梳理政府数据资源目录

在明确了不同类型的政府数据的内涵并梳理数据结构的基础上，即可以明确有哪些政府数据这一问题。还要解决政府数据开放与共享中政府数据资源管理的其他基本问题，需要确定社会需要的政府数据究竟在哪里、谁提供、谁使用，为此应建立政府部门数据清单。

在建立部门数据清单工作中需要注意：围绕公众服务的需求，明确业务流程，理顺部门内部、跨部门之间提供数据资源的业务流和数据流；明确政府数据共享的需求，确定数据采集责任；提出部门业务应用系统整合方案，确定基于职能的开放与共享数据资源体系、基于业务活动的开放与共享数据资源体系、基于机构的开放与共享数据资源体系。建立部门数据清单的具体流程为：各部门梳理与整合业务、分析服务流程，弄清业务的承办需要依赖哪些数据资源、共享哪些数据资源，会产生哪些数据资源以及数据资源的流向，形成部门业务目录、权力清单、责任清单、数据清单，其中包括各部门的数据资源目录、数据资源需求目录、数据资源共享目录。

建立部门数据清单，梳理政府数据资源目录，需要依据一定的标准和规范。2017年6月，国家发展改革委和中央网信办下发了《政务信息资源目录编制指南（试行）》。该《指南》提供了政务信息资源目录（模板）及政务信息资源元数据说明。建立政府数据资源目录，是政府数据资源识别与控制和跨部门协同数据资源建设与服务的有效手段。我国已开展政务信息资源目录编制试点，首批试点省市有北京、上海、青岛等。政务信息资源目录梳理工作意义重大，可以摸清基础类、主题类、部门类三类政务信息资源的"底数"，从而为政务信息资源实现跨地区、跨层级、跨部门互认共享奠定基础[7]。

各地在开展政务信息资源目录编制工作时，应注意准确描述数据资源的特征：数据资源分类、数据资源名称、数据资源提供方、数据资源摘要、数据资源格式、数据项信息、共享属性、开放属性、更新周期、发布日期、关联资源代码、数据项名称、数据类型等。通过准确描述数据资源的特征，为数据在开放政府数据平台的发布做好准备，为实现政府数据资源共享和

业务协同奠定基础。

（三）建立协同式的数据开放与共享机制，推动数据利用与创新应用

数据开放与共享的目的是数据的充分利用及数据价值的发挥，为此需要建立起多元协同创新式的数据开放、共享与应用机制。

一方面，要明确协同的必要性。开放政府数据是一个多元主体相互作用的过程。从开放政府数据到政府数据发挥效用，这中间存在很长的链条。数据采集方、数据提供方、数据利用者等，角色各有定位，职能也互有交叉，只有在相互协作中，才能保障利益相关者的权益，发挥政府数据的潜能。开发者通过使用平台的可用数据集，营建了积极的公民参与的良好环境。反过来，公众为现有应用程序的有效运作又贡献和分享了必要的附加信息，这是一个相互贡献的互动过程，并最终创建了一个政府和公民之间新的合作环境，提供了一个鼓舞跨界交叉的创新涌现舞台。

另一方面，在开放、共享与应用的实践中形成协作。政府之间统筹建设政务数据资源和共享交换体系，通过统一数据开放与共享的标准、规范，协作共建开放政府数据平台中的数据资源，避免平台建设中出现各自为政、"信息孤岛"、重复分散的问题。在政府与公众之间，政府的工作要以公众的需求为导向，面向公众开展政府数据的需求调查。数据建设应围绕公众需求和公众服务，加强数据资源建设，增加数据量，丰富资源格式，即时更新资源。开放政府数据平台需完善数据组织功能，创建多种互动功能，提供各类API（应用程序编程接口），举办应用开发竞赛，优化用户体验，汇集用户智慧，支持政府部门和公众围绕该平台建立双向的互动交流模式。为用户设置平台合作者的角色，鼓励用户表达数据需求、监督数据质量、利用数据、传播数据、开发应用，让用户可以投入数据资源建设和平台建设中，使平台有持续的更新动力和强大的生命力。公众的多元需求和应用，在社会化的利用中将从不同维度发现并挖掘数据的价值。政府与企业、社会机构开展广泛合作，以政府采购、服务外包、社会众包等多种方式，依托专业企业开展政府数据应用，降低社会管理成本。

五 结语

总的来说，大数据时代我国政府的数据开放与共享正在进行中，国家及一些地方政府已出台了相关的政策。开放政府数据平台作为政府数据开

放与共享的重要载体已在全面建设之中,中央大力支持,各地有序推进。开放政府数据平台中的数据资源建设,既展现了我国政府数据开放与共享的风貌,也反映出数据开放与共享的不完善,因此,还需要进一步明确政府数据的内涵和结构,建立科学的分类体系,完善数据组织功能,加强数据资源协作建设。

参考文献

[1] 国务院. 关于印发促进大数据发展行动纲要的通知 [EB/OL]. (2015 – 09 – 05) [2018 – 04 – 06]. http://news.163.com/15/0906/09/B2QO1JKJ00014SEH.html.

[2] 杨现民,唐斯斯,李冀红. 发展教育大数据:内涵、价值和挑战 [J]. 现代远程教育研究, 2016 (1): 50 – 61.

[3] 复旦发布国内首个地方政府数据开放指数 上海开放程度全国第一 [EB/OL]. [2018 – 04 – 15]. http://shzw.eastday.com/shzw/G/20170605/u1ai10626299.html.

[4] 国务院. 关于印发政务信息资源共享管理暂行办法的通知 [EB/OL]. [2016 – 09 – 05]. http://www.gov.cn/zhengce/conbent/2016 – 09/19/content_5109486.htm.

[5] 国家发展改革委,中央网信办. 关于印发《政务信息资源目录编制指南(试行)》的通知 [EB/OL]. (2017 – 06 – 307) [2018 – 04 – 10]. https://www.gzdata.com.cn/c69/20170714/i1963.html.

[6] 国务院办公厅. 关于印发政务信息系统整合共享实施方案的通知 [EB/OL]. [2018 – 04 – 16]. http://www.gov.cn/zhengce/content/2017 – 05/18/content_5194971.htm.

[7] 青岛入选国家政务信息资源目录编制试点城市 [EB/OL]. [2018 – 04 – 17]. http://qd.ifeng.com.

税收数据开放研究

董 镇 许光建[*]

大数据时代来临,数据价值凸显。政府数据开放运动得到世界各国和研究机构的广泛关注。我国实施国家大数据战略,全面推进政务公开,政府数据开放成为促进政府透明、提升国家治理能力、发展数据经济的重要创新与实践。税收是经济的晴雨表,税收数据具有独特的价值。本文借鉴部分国家税收数据开放的实践经验,结合我国地方政府税收数据开放的实际情况,建议加强顶层设计,完善税收数据开放政策,加强组织领导,协同推进,理顺开放机制,全面推进税收数据开放。

数据概念的外延拓展和数据处理技术的快速发展,使得数据的内在价值凸显,数据成为重要的战略资源。长期以来,各国政府收集、制作和保存海量的公共数据,政府成为数据资源的最大持有主体。开放政府数据运动得到世界各国和研究机构的多方关注和普遍赞誉。税收数据是政府数据的重要组成部分,与企业经营活动息息相关,与民众生活紧密相连,是经济属性与民生属性高度集中统一的高价值数据集。对税收数据开放进一步研究,具有十分重要的理论和实践意义。

一 背景与意义

(一) 数据爆炸与政府数据开放

近年来,大量内容被数据化,数据的概念从单纯由数字组成,逐渐扩

---

[*] 作者:董镇,中国人民大学公共管理学院公共管理硕士研究生;许光建,中国人民大学公共管理学院常务副院长、教授、博士生导师。

展到声音、图像、文本等电子化记录。数据的概念不断扩大,在数据爆炸式增长引发各界关注的同时,数据需求也被迅速放大。如2017年人脸识别技术的成功应用,使人脸照片数据成为数据交易市场的热门产品;大量街景照片被有效标识后,成为无人驾驶研发和训练的重要资源。高价值数据集一旦被市场高效利用,就有可能迅速催生一系列产品,甚至会直接推动技术进步、产业进步。

随着摩尔定律失效,信息技术正向云计算、大数据、人工智能等方向发展。2016年,谷歌研发的AlphaGo(阿尔法围棋)人工智能程序在没有任何让子的情况下战胜人类棋手,人工智能走到全球风口,成为世界各国新一轮技术竞争的战略高地。人工智能的成功有赖于大量数据训练,数据是人工智能的宝贵燃料。人类正试图通过利用数据赋予机器智能,超越自身认知上的困境。

数据概念的外延与信息技术的快速发展,使数据的价值凸显出来,而海量政府数据成为各方关注的焦点。政府是数据资源的最大持有主体,世界正在发生深刻的变化,开放政府数据具有很强的现实意义。

(二)公民运动与政府数据开放

政府与公民的关系是不断演变的。从国际上看,两大公民运动致力于促进政府公共部门在信息、文件、数据库方面实现更大的开放。第一个是知情权(或者信息权)运动(Right to Information),它是从人权角度出发,实现公众对政府信息的获得,如1966年美国出台《信息自由法》,允许任何人申请联邦政府机关公开政府信息。第二个是开放政府数据运动(Open-Government Data)。20世纪80年代,西方国家逐渐兴起"新公共管理运动",形成了一系列关于公民参与、开放政府、政府再造的理论。[1]近年来,进一步推动政府开放与透明成为各方共识,开放政府数据运动逐渐兴起。它更多是从社会效益角度,试图将政府数据开放给公共领域,促使产生更多样化的社会服务,促进参与式民主制度的形成。开放政府数据运动也被认为是刺激经济的一种方式,有利于促使第三方(个人、企业、社会团体)通过利用政府数据,提供更好的产品和服务。两大运动的显著共同点在于希望提高政府透明度,所有社会成员都可以共享政府在履职过程中收集和制作的各类政府信息,释放其内在的社会价值和经济价值。但知情权运动更多关注以各类文档形式存储的定性和定量信息;而开放政府数据运动则聚焦于政府掌握的数据库,以及在利用数据和复用数据方面存在的技术和

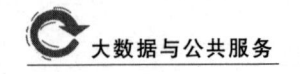

法律问题。[2]

从文档到数据库，从信息到数据，开放政府数据运动迅速赢得世界各国广泛的认同，正在深刻地改变政府与民众的关系，改变世界经济形态。美国、英国、欧盟等发达国家和地区纷纷制定开放政府数据的战略、原则、行动计划，已经在政治、社会、经济方面取得显著成果。我国十九大报告指出，"人民美好生活需要日益广泛，不仅对物质文化生活提出了更高要求，而且在民主、法治、公平、正义、安全、环境等方面的要求日益增长"，要求"保障人民知情权、参与权、表达权、监督权"。我国近年来提出全面依法治国，坚持法治国家、法治政府、法治社会一体建设，全面推进政务公开，政府数据开放工作成为全面推进政务公开的重要创新。

（三）数字经济与政府数据开放

在过去的20多年中，以互联网技术为代表的"数字革命"创造了"数字红利"，重塑了全球经济。2017年全球市值最高的十家公司是苹果、谷歌母公司、微软、脸书、亚马逊、伯克希尔－哈撒韦、腾讯、美国强生、埃克森美孚和阿里巴巴。以脸书、腾讯为代表的互联网企业取代了传统能源企业和银行的地位，数字经济占据全球经济的重要位置。我国高度重视发展数字经济。2017年3月，政府工作报告中首次提出"促进数字经济加快成长"，《十三五规划纲要》、《G20数字经济发展与合作倡议》等文件对发展数字经济均做出了重要部署和论述。2017年12月8日下午，习近平总书记在中共中央政治局第二次集体学习中指出："要构建以数据为关键要素的数字经济。"2018年4月20日，习近平总书记在全国网络安全和信息化工作会议上提出，"释放数字对经济发展的放大、叠加、倍增作用"。在2018年4月22日首届数字中国大会主论坛上，国家互联网信息办公室发布了《数字中国建设发展报告（2017年）》，据统计，2017年我国数字经济规模达27.2万亿元，同比增长20.3%，占GDP的比重达到32.9%。

近年来，国内数字经济蓬勃发展，国内数据交易也逐渐成熟，催生了大量数据交易平台，如贵州大数据交易所、京东万象、浪潮天元数据等。现阶段数据市场主要以互联网数据、社会数据为交易对象，数据加工及应用开发企业为主要参与主体。尽管大数据应用不断发展，但政府部门拥有的数据资源还没有有效向社会开放，形成了政府部门数据资源挖掘不足，以及社会对政府的数据资源需求不能得到满足的矛盾。[3]从数据供给侧来看，政府数据成为数据市场的短板，现阶段出现了灰色交易、冒牌数据、价格畸高等乱象，如各平台中大量企业提供城市空气质量历史数据，真假难辨，参差不齐，收费不一。从数据需求侧来看，政府对数据的收集和利用，没能通过数据市场有效释放，不利于数据市场扩大规模、提升活力。数据市场亟待政府深度参与。政府应该主动参与数据市场，开放政府数据，促进政府数据与社会数据碰撞，释放数据红利，促进经济增长；要释放数据需求，尝试通过社会化、市场化途径解决数据采集、数据整理、数据分析等一系列工作中的问题，降低政府获取数据和利用数据的总成本，同时促进我国数据经济快速发展。

（四）国家治理与政府数据开放

公权力运行的模式经历了从统治、管理到治理的演进过程。"统治"是农业社会的产物，"管理"是工业社会的必然要求，"治理"是后工业社会的要求。[4]后工业社会中，信息的传递和知识的传播成为推动社会发展的最主要动力，而我国总体上还处于农业社会、工业社会、后工业社会并存的社会发展阶段。[4]我国正着力加强国家治理能力建设，党的十八届三中全会提出："全面深化改革的总目标是完善和发展中国特色社会主义制度，推进国家治理体系和治理能力现代化。"党的十九大报告中指出，"国家治理体系和治理能力现代化水平明显提高"，但仍存在一些问题，"国家治理体系和治理能力有待加强"。2016年4月，习近平总书记在网络安全和信息化工作座谈会上指出："信息是国家治理的重要依据，要发挥其在这个进程中的重要作用。"2017年12月8日，在中共中央政治局第二次集体学习时，习近平总书记要求"运用大数据提升国家治理现代化水平"。数据在国家治理中发挥的作用越来越重要。数据不仅是治理的工具、治理的资源，也是治理的对象。[5]特别是数字经济的快速发展和数字社会的快速到来，更是倒逼政府转型，加强数据治理能力，推进国家治理体系和治理能力现代化。治理体现的是协商与合作的原则和过程，更多依靠政府与公众、社会组织的互动、共同参与和平等协商。[4]国家治理更强调"多元"与"互动"，需要政府、市场、社会协同发力，而数据开放则是沟通政府、市场、社会大规模协作的基础。政府数据开放应成为国家治理体系的重要组成部分，提升国家治理能力的重要途径。

（五）税收数据与政府数据开放

税收是经济的晴雨表。税收数据关系到大量纳税人及扣缴义务人，其中涉及各类企业和经营主体的商业秘密及形形色色自然人的个人隐私。如通过企业发票数据可以了解原材料成本、销售利润、进销存情况，通过个人所得税数据可以推算个人的收入情况。我国税务系统深刻认识到税收数据的独特价值及数据开放面临的种种风险，税收数据长期处于保护为主、开放为辅，内部共享利用为主、外部开放使用为辅的局面。

近年来，金税三期各系统上线，大量数据从各省份集中模式转变为国家税务总局集中模式。国家税务总局成为税收数据的最大持有者，较好地扭转了过去由数出多门造成的口径不一致、汇总不及时等长期制约税收数据利用的局面，税收数据治理迎来崭新的历史机遇。近年来，总局不断加强税收数据综合利用，利用金税三期核心征管数据、发票数据及千户集团直报数据等，打造了一系列预测、分析的相关产品，逐渐形成了特有的税收话语权。

在提升国家治理能力现代化、全面推进政务公开、建设现代财政制度和实现税收现代化的大背景下，税收数据开放逐渐赢得各方关注。从信息层面的公开拓展到数据层面的公开，对税务机关的数据治理能力提出很高要求，并将改变长期以来坚持保密为主的信息保护政策。而通过数据开放，提高了纳税便捷度，提升了税收部门的透明度，促进了公众对税收的理解，引入了社会监督，进一步促进了办税公开，拓展空间巨大。

二 税收数据开放的国际实践

开放政府数据运动不是无根之水、无本之木，而是源自对信息自由及开放政府的长期探索及坚守，得益于电子政府的长期积累。税收数据开放，不仅是开放政府数据运动的一部分，而且是税务机关长期以来对透明、开放理念的坚持与勇敢实践。

从行业比较来看，开放气象、交通、环境、空间地理位置等数据集具有显著的公益性质，开放财政、选举数据集则具有明显的政治透明化意图。从自身属性来看，税收数据详细、全面、准确地记录了市场中各行为主体的市场行为，不仅数据量很大，而且因数据造假成本高而不易造假，但与商业秘密、个人隐私的关联度也比较高。综合来看，税收数据与医疗、金融、信用等行业的数据有很强的相似性，社会效益和商业效益高度富集，涉及的商业机密和个人隐私比较多，市场成熟的数据加工产品及应用案例还比较少，因此税收数据含金量很高，但在实际开放层面尚面临较多问题。

八国集团签署的《开放数据宪章》确定优先开放14个重要领域的数

据，税收数据并不在其中，仅与其中的财政、企业数据有一定的相关。笔者收集整理了比较有代表性的国家或地区数据开放平台中税收数据集的开放情况（见表1）。2009年以后，世界各国逐步上线数据开放平台，税收数据也陆续开放，以 tax 为关键字进行搜索，得到的数据集基本代表了各平台开放的税收数据集。这些数据集一部分由税务主管机构发布，一部分由地方政府发布。如美国 data. gov 网站开放 tax 关键字数据集 1470 个，其中大量数据集由财政部和州政府发布。表1中美国税务机构开放的数据集中，美国国家税务局（IRS）发布6个，联邦酒精烟草税务贸易局（TTB）发布59个。从平台占比情况看，税收数据占比并不高，如英国总计开放数据集43579个，tax 关键字数据集457个，仅占1%左右。从区域分布来看，北美、欧洲是数据开放的先行者，亚洲国家也在逐步跟进，日本、印度等国家发展较快。

表1 部分国家或地区税收数据集的开放情况

单位：个

国家或地区	所属地区	总开放数据集数量	tax 关键字数据集数量	当地税务机构开放的数据集数量	网址	上线时间
美国	北美洲	233267	1470	66	data. gov	2009年5月
英国	欧洲	43579	457	432	data. gov. uk	2010年1月
加拿大	北美洲	79002	223	82	open. Canada. ca/en	2011年4月
欧盟	欧洲	799693	30557	Null	Europeandataportal. eu	2012年5月
澳大利亚	大洋洲	28648	74	14	data. gov. au	2012年12月
新西兰	大洋洲	5377	98	4	data. govt. nz	2009年12月
新加坡	亚洲	1278	52	28	data. gov. sg	2011年6月
印度	亚洲	160023	56	9	data. gov. in	2011年
韩国	亚洲	22236	128	26	data. go. kr	2013年9月
日本	亚洲	20195	36	441	data. go. jp	2013年12月

注：①数据采集于2018年2月26日。②欧盟税收数据集由各成员国政府提供，网站无法细化至各国机构，故税务机构公开的数据集数量暂无法得知。

（一）英国税收数据开放实践

英国政府被公认为是世界上最开放的政府之一。英国税务主管机构是英国税务海关总署（HRMC）。透明与开放是变革公民与国家关系的核心，这已经成为英国税务海关总署的一项重要原则。英国税务海关总署坚信提高部门透明度有助于产生更高的经济价值，并促进公众对部门问责，他们多年来一直在收集和制作数据，并发布年度报告和官方统计数据。随着英国政府不断迈向透明的更高阶段，2012年6月，英国税务海关总署发布了开放数据战略，涵盖了绝大多数开放数据计划和最受关注的数据。

1. 英国税收数据开放的基本原则

英国税务海关总署默认的立场是数据应该尽可能公开。但1998年的《数据保护法》（Data Protection Act）规定，英国税务海关总署有保护纳税人信息的法律责任，不能发布可识别个人客户或实体的信息。

2. 英国税收数据开放的机构设置

英国税务海关总署成立税收透明部门委员会（Tax Transparency Sector Board），统筹推进税收数据开放战略。该委员会成为政府、学术界、私营企业和社会部门等各方高级代表讨论数据开放的平台。该委员会由局内高级代表担任主席，主席与各部门的代表一同负责有关纳税人信息的保密和数据保护工作。同时建立了数据实验室，为学术研究人员开放一系列匿名的数据集，包括公司税、增值税、贸易统计税和印花税；建成一个税务和行政管理研究中心，努力与学术团体分享数据，最大限度地利用数据，并促进基于分析目的的数据复用。

3. 英国税收数据集开放及主要做法

（1）BIG DATA系列。是由英国税务海关总署定期收集和保存的海量信息，主要包括六类数据。一是官方统计，有100多个关于税收、福利和贸易的官方统计数据集。二是采购数据。三是组织数据，如薪水超过15万英镑的各类公务员职位的详细信息。四是实验室数据，允许经批准的学术研究人员访问部分匿名的数据。五是个人收入调查数据。六是进出口数据。

（2）MY DATA系列。允许公民获得自己想要的数据，显然会使公众获得更好的信息，对社会和经济增长产生积极影响。该计划致力于提高个人税收的透明度，让个人纳税人知道他们要缴纳多少税，以及政府如何花费。长期目标是建立更透明的个人税制，使个人更容易与税务机构接洽，提高对税收的认识和了解，改善客户体验。

（3）满意度和体验数据。税务机构拥有广泛多样的客户群，包括公民、各种规模的企业和公共部门。英国税务海关总署定期收集和分析客户满意度和体验数据，并予以发布。

（4）建立动态信息市场。不断与学术界、商业界、公共数据和应用程序开发人员接触，以最大限度地挖掘数据的价值，获得他们的反馈并探索新的机会。最终目标是促进移动应用、信息图形、数据新闻等新型创新应用的发展，帮助公众充分利用英国税务海关总署的服务，或促进公众对税收的理解。

（二）加拿大税收数据开放实践

长期以来，加拿大政府将政府开放和问责作为现代民主的强大基石。加拿大政府制定了《开放政府行动指令》（Directive on Open Government），于2014年10月9日开始生效，要求2020年3月31日前完成计划，并为此制定了为期五年的分阶段实施时间表。该指令的目标是在尊重隐私和公共安全的前提下，最大限度地发布政府信息和商业价值数据，以提高政府透明度，促进政府问责，支持公民参与，通过数据复用来产生社会、经济效益。主动发布数据和信息是所有政府开放活动的起点。加拿大政府要求政府各部门最大限度地开放数据（结构化数据）和开放信息（非结构化文档和多媒体资产），建立部门持有的商业价值数据和信息资源清单，编写部门实施计划。加拿大税务局（Canada Revenue Agency）积极响应，在加拿大秘书处财务委员会（Treasury Board of Canada Secretariat）的指导下，增设了一系列开放政府和开放数据工作组，并相应制订了部门行动计划。

1. 加拿大税收数据开放的机构设置

按照加拿大政府《开放政府行动指令》中默认的公开（open by default）原则，加拿大税务局认为这将导致一个重大的文化转变，需要强有力的领导、高效的沟通和跨部门的通力合作。加拿大税务局局长直接负责开放政府的日常管理，并在总理授权下执行法案，批准开放数据，纠正一切不当行为。加拿大税务局成立了跨部门的信息管理高级委员会（Information Management Senior Official），统筹数据和信息公开工作，并直接向税务局局长汇报。

2. 加拿大税收数据开放的具体行动

按照加拿大秘书处财务委员会为各部门制订的具体时间表，加拿大税务局具体推进计划的情况如下。

（1）2014年10月至2015年10月，扫描加拿大税务局内部和外部网站以获取现成的数据集，建立数据清单，并建立一个共享平台来维护和管理数据清单，确定开放数据门户上的高价值数据集，并对其进行优先级排序。

制订并发布部门行动计划,成立一系列管理机构,推进和监督行动计划的执行。

(2) 2015年11月至2016年10月,确定数据发布流程,即数据集的识别、提交、审查和批准,验证数据集,并在open.canada.ca上发布高价值数据集;评估及更新部门行动计划。

(3) 2016年11月至2018年10月,继续在open.canada.ca上发布高价值数据集;评估及更新部门行动计划。

3. 加拿大税收数据开放及主要做法

(1) 在加拿大数据开放门户(open.canda.ca)上主动发布高价值信息表和数据集。主要有个人所得税分地区统计、企业信息统计、免税账户统计、税收优惠等。

(2) 有效的信息管理。加拿大税务局承诺保护纳税人信息的机密性,永远不将可识别纳税人的信息作为政府数据开放的一部分。加拿大税务局在发布数据和信息时,必须不断确保其完全符合法律、政策的相关规定。因此,加拿大税务局在参与开放政府时不会公开任何属机密的纳税人数据或信息。

(3) 加拿大税务局发布了许多高价值数据集,出版了一系列信息表和数据集,还向加拿大统计局提供大量数据,然后以多份报告的形式向公众提供。这些数据在加拿大统计局数据中心经进一步处理,用于社会经济报告的制作以及其他创新用途。

(4) 建立机构数据计划。建立一个数据程序,以协调一致的方法,获取、管理、使用和共享结构化数据。这有助于提高数据的互操作性,提高商业智能活动数据的可访问性,并提高数据生产者和消费者之间的透明度等。

(5) 加强数据管理。确保数据达到质量和可访问的最高标准。

从国外税收数据开放的具体实践来看,世界各国税务机构通过创新组织机构,加强数据治理,扩大与研究机构合作,发布了数量可观的数据集,在自身履职、促进问责等方面收效显著。保护纳税人隐私,不发布可以识别特定纳税人的数据,成为世界各国的一贯准则。从行业比较和自身数据比较两个角度看,各国税收数据集仍有待进一步扩充,现阶段开放主题主要集中在纳税政策、纳税服务、税收统计等方面。从整体上看,世界各国税收数据开放工作尚处于起步阶段,还没有十分成熟的经验及路线图可以借鉴。但是国外在数据开放的组织机构设置,与社会组织、科研机构的合作,积极倡导和参与开放政府数据的各项活动等方面，值得我们借鉴与学习。

三 我国税收数据开放的主要政策沿革

目前，我国开放政府数据工作主要是为了建设法治政府，推进从政府信息公开到全面政务公开，这是实施国家大数据战略的重要组成部分和重要创新。我国税收数据开放相关政策的发展主要经历了以下三个阶段。

（一）建设法治政府，全面推进政务公开

自 2008 年 5 月 1 日《政府信息公开条例》（以下称《条例》）施行以来，政府工作透明度不断提高。但随着信息技术的发展、大数据时代的到来，社会公众对知情权、参与权及监督权也提出了更高要求。2014 年 10 月，《中共中央关于全面推进依法治国若干重大问题的决定》要求"坚持以公开为常态、不公开为例外原则"，"全面推进政务公开"。2016 年 11 月，中共中央办公厅、国务院办公厅联合印发《关于全面推进政务公开工作的意见》，其中第三部分"扩大政务开放参与"要求推进政府数据开放，"实施政府数据资源清单管理，加快建设国家政府数据统一开放平台，制定开放目录和数据采集标准，稳步推进政府数据共享开放"。国务院现已启动《条例》修订工作，并在 2016 年的立法工作计划中将《条例》的修订工作列为全面深化改革的急需项目。国务院办公厅印发的《2018 年政务公开工作要点》指出，2018 年将"修订出台《中华人民共和国政府信息公开条例》"，要求"严格落实新条例各项规定"，"营造社会公众充分知情、有序参与、全面监督的良好氛围"。中国社会科学院周汉华研究员认为，"中央对全面推进政务公开的核心要求也比《条例》更高"，我国正在从政府信息公开向全面推进政务公开转变，数据开放成为全面推进政务公开的重要创新，是推进国家治理体系与治理能力现代化的重要途径，是"四个全面"战略布局的必然要求，有助于扩大公众参与，对权力进一步监督制约，建设服务型政府。[6]

（二）实施国家大数据战略

我国政府已经认识到"数据已成为国家基础性战略资源"，明确提出实施国家大数据战略。2015 年 9 月，国务院发布《促进大数据发展行动纲要》，要求"大力推动政府信息系统和公共数据互联开放共享，加快政府信

息平台整合，消除信息孤岛，推进数据资源向社会开放"，"2018年底前建成国家政府数据统一开放平台，率先在信用、交通、医疗、卫生、就业、社保、地理、文化、教育、科技、资源、农业、环境、安监、金融、质量、统计、气象、海洋、企业登记监管等重要领域实现公共数据资源合理适度向社会开放，带动社会公众开展大数据增值性、公益性开发和创新应用，充分释放数据红利，激发大众创业、万众创新活力"。2017年5月，国务院办公厅下发《政务信息系统整合共享实施方案》，要求面向社会开放"政府部门和公共企事业单位的原始性、可机器读取、可供社会化再利用的数据集"。2017年12月8日，在中共中央政治局第二次集体学习时，习近平总书记做出推动大数据技术产业创新发展、构建以数据为关键要素的数字经济、运用大数据提升国家治理现代化水平、运用大数据促进保障和改善民生、切实保障国家数据安全五项工作部署。

（三）税收数据保护与开放政策发展

税收数据长期处于保护为主、开放为辅，内部共享利用为主、外部开放使用为辅的局面。

《中华人民共和国税收征收管理法》（以下称《征管法》）第八条规定，扣缴义务人有权要求"纳税人、税务机关为纳税人、扣缴义务人的情况保密。税务机关应当依法为纳税人、扣缴义务人的情况保密。"《中华人民共和国税收征收管理法实施细则》（以下称《实施细则》）第五条指出："税收征管法第八条所称为纳税人、扣缴义务人保密的情况，是指纳税人、扣缴义务人的商业秘密及个人隐私。纳税人、扣缴义务人的税收违法行为不属于保密范围。"《征管法》及《实施细则》明确要求为纳税人及扣缴义务人的商业秘密和个人隐私保密，但对税收违法行为不予保护。

2008年10月国家税务总局发布《纳税人涉税保密信息管理暂行办法》，明确规定："纳税人涉税保密信息主要包括纳税人的技术信息、经营信息和纳税人、主要投资人以及经营者不愿公开的个人事项，税务机关和税务人员应依法为其保密。纳税人的税收违法行为信息不属于保密信息范围。"该办法强调尊重纳税人的公开意愿，初步明确了纳税人涉税保密信息的范围。

2012年国家税务总局制定下发了《税务工作秘密管理暂行规定》，要求保证工作秘密安全，不得将工作秘密公开。第十四条明确规定两项与纳税人相关的工作秘密：一是纳税人生产流程、专利技术、投资经营、财务预算、客户资料事项；二是纳税人税款缴纳、发票使用、减免缓退税、特定纳税人收入事项。上述两项工作秘密的范围基本涵盖了纳税人的涉税信息及纳税人报送税务局的资料，是对《征管法》及其《实施细则》中有关商业秘密和个人隐私的进一步明确及补充，体现了税务系统对税收数据强烈的保护意识。

2016年2月国家税务总局发布了《关于全面推进政务公开工作的意见》，其中第八条要求："积极参与政府数据统一开放平台建设，制定税收数据开放目录，优先推动民生保障、公共服务和市场监管等领域的税收数据向社会有序开放。""定期公示双定户定额，便于社会各界了解、监督。全面建立纳税人信用记录，将纳税人的信用记录纳入统一的信用信息共享交换平台，依法向社会公开，充分发挥纳税信用在社会信用体系中的基础性作用。"2017年5月国家税务总局下发《全面推进政务公开工作实施办法》，要求2020年以前税务部门政务公开工作总体迈上新台阶，鼓励公众、企业和社会机构开发利用税收数据，以更加公开透明赢得社会公众更多理解、信任和支持。文件还要求"加大税收征管事项公开，主动公开纳税信用A级纳税人名单及相关信息，省以下税务机关及时发布欠税公告、非正常户公告、个体工商户定额公示（公布）公告、税务登记证件失效公告、限期申报公告、限期纳税公告、委托代征公告等"。现阶段，我国税收数据开放的主要政策依据来源于与政务公开相关的一系列文件。上述文件不仅首次提出税收数据开放，而且要求各地积极参与政府数据统一开放平台建设，制定税收数据开放目录，这是我国税收数据开放的里程碑式文件。文件还明确税收数据开放的主要方向为民生保障、公共服务和市场监管，这符合开放政府数据以民生、公益为主，也发挥了税收数据贴近市场、靠近民生的特点。文件对征管事项，一改《征管法》强调保护、严格保密的政策基调，转向加大公开力度，不仅公布部分纳税人的违法行为数据，还要开放与税收信用、税收核定、便民办税等相关的数据。

四 我国地方政府税收数据开放现状

（一）研究对象

1. 网站选取

我们通过百度搜索，使用"政府"、"数据"、"开放"、"城市名称"、"数据资源"、"数据服务"、"公开"等关键词，逐一搜索我国各省（区、市）、省会城市、计划单列市是否建有政府数据开放平台。剔除没有开放税收数据平台的北京、南京、厦门等地，引入无锡市政府数据服务网、佛山市数据开放平台，被纳入研究范围的地方开放政府数据平台共18个，详见表2。

表2 我国部分地方政府数据开放平台

序号	地点	平台名称	平台域名
1	哈尔滨	哈尔滨市开放政府数据平台	http://data.harbin.gov.cn/
2	上海	上海市政府数据服务网	http://www.datashanghai.gov.cn
3	无锡	无锡市政府数据服务网	http://etc.wuxi.gov.cn/opendata/
4	浙江	浙江政务服务网	http://data.zjzwfw.gov.cn/
5	宁波	宁波市政府数据服务网	http://www.datanb.gov.cn
6	福州	福州市开放政府数据平台	http://data.fuzhou.gov.cn
7	江西	江西省开放政府数据网站	http://data.jiangxi.gov.cn
8	济南	济南市开放政府数据平台	http://jndata.gov.cn/
9	青岛	青岛市开放政府数据网	http://data.qingdao.gov.cn/data/
10	武汉	武汉市政务公开数据服务网	http://www.wuhandata.gov.cn
11	广东	开放广东	http://www.gddata.gov.cn
12	广州	广州市政府统一开放平台	http://www.datagz.gov.cn
13	深圳	深圳市开放政府数据平台	http://opendata.sz.gov.cn
14	佛山	佛山市数据开放平台	http://www.fsdata.gov.cn
15	东莞	数据东莞网	http://dataopen.dg.gov.cn/dataopen/
16	贵州	贵州省开放政府数据平台	http://www.gzdata.gov.cn
17	贵阳	贵阳市开放政府数据平台	http://www.gyopendata.gov.cn/
18	宁夏	开放宁夏	http://ningxiadata.gov.cn

2. 数据收集

数据收集时间为2018年1月3~8日。由于开放数据集数量不多，但各网站差异较大，故全部通过人工采集方式收集，共收集18个地方政府网站的236个数据集开放记录，重点关注税收数据集开放数量、主题分布、利用情况。

（二）主要发现

1. 国税、地税分布

在18个开放平台中，各地税务机构开放的数据集共236个，其中由国税局开放的数据集有93个,由地税局开放的数据集有143个,地税局开放的数据集数量高于国税局。在18个地方政府网站中,15个有国税局开放的数据集,17个有地税局开放的数据集。其中,上海市政府数据服务网开放21个税收数据集,网站标明提供方为上海地方税务局。由于上海国税局与上海地税局本是一个机构,剔除这个影响因素后,国税局、地税局开放数量基本持平。

2. 地区分布

18个开放平台主要集中在东部地区,特别是东南沿海地区,中西部地区比较少。中西部地区数据开放平台中开放的税收数集据数量也比较少。

3. 数量分布

各地税务机构开放的数据,在各自数据开放平台中占比均较低,多数单位开放的数据集少于5个,详见表3。开放数据集最多的无锡市国税局开放19个,无锡市地税局开放17个,共计36个,占无锡市政府数据服务网开放数据集数量的3.49%。其次是济南市国税局与地税局,分别开放13个、16个,总计29个,占济南市开放政府数据平台已开放数据集总量的2.87%。从绝对数量上看,已开放的税收数据集还比较少;从相对数量上看,各地税务机构开放的数据集在各自开放平台中占比较低。

4. 使用情况

由于各网站没有详细介绍数据的利用情况,笔者收集并分析了数据集的浏览和下载量,因为部分网站下载量没有披露,所以统一使用浏览量作为指标。236个开放数据集中有143个数据浏览量不超过100次,集中反映出已开放税收数据集乏人问津。这可能与地方政府数据开放平台上线时间较短、宣传力度不够有关,但一定程度上也反映出社会及公众对已开放的税收数据集不感兴趣,甚至不满意。

表3 我国地方政府数据开放平台税收数据集开放情况

单位:个,%

平台名称	数据集总量	国税局数据集数量	地税局数据集数量	国地税合计	税收数据集占比
哈尔滨市开放政府数据平台	800	4	4	8	1.00
上海市政府数据服务网	1552	0	21	21	1.35
无锡市政府数据服务网	1032	19	17	36	3.49

续表

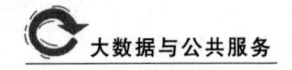

平台名称	数据集总量	国税局数据集数量	地税局数据集数量	国地税合计	税收数据集占比
浙江政务服务网	293	1	1	2	0.68
宁波市政府数据服务网	410	1	0	1	0.24
福州市开放政府数据平台	498	5	8	13	2.61
江西省开放政府数据网站	86	2	2	4	4.65
济南市开放政府数据平台	1010	13	16	29	2.87
青岛市开放政府数据网	1452	1	12	13	0.90
武汉市政务公开数据服务网	2097	13	11	24	1.14
开放广东	360	3	2	5	1.39
广州市政府统一开放平台	657	4	8	12	1.83
深圳市开放政府数据平台	2122	0	13	13	0.61
佛山市数据开放平台	392	5	10	15	3.83
数据东莞网	776	10	3	13	1.68
贵州省开放政府数据平台	710	0	6	6	0.85
贵阳市开放政府数据平台	1184	7	8	15	1.27
开放宁夏	168	5	1	6	3.57

5. 主题分布

参照国家税务总局发布的《全面推进政务公开工作实施办法》对税务局各类政务信息和数据的分类，笔者将236个开放数据集分为行政权力、机构信息、征管执法、纳税服务、政策法规、其他六大类（见图1）。行政权力主要包括税务局权责清单、行政许可。机构信息主要包括收入统计、职能信息、人事管理、财政资金。征管执法主要包括欠税、非正常户、核定、行政处罚、重大案件、登记信息、发票、委托代征。纳税服务主要包括办税服务、纳税信用、涉税查询。政策法规主要指现行或废止的文件清单。其他主要指税务师事务所、社保费收取等。

目前，已开放的税收数据集主要集中在征管执法、纳税服务、机构信息这三类，政策法规和行政权力等还比较少。其中，征管执法类税收数据集主要包括登记信息、非正常户、欠税、核定、行政处罚、发票等主题（见图2）。

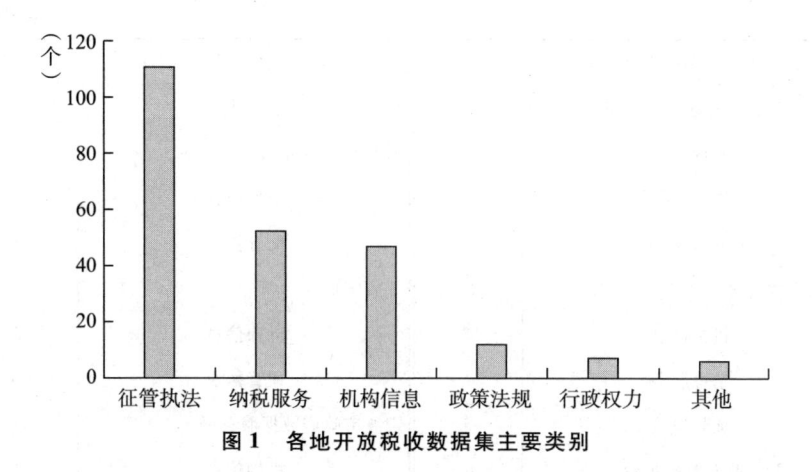

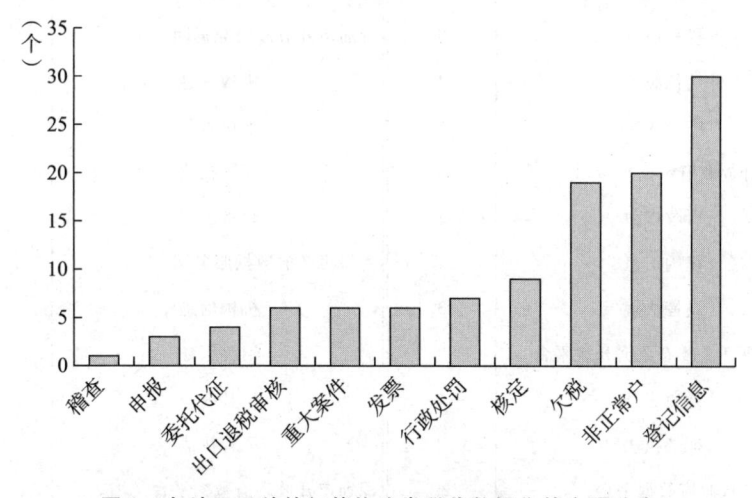

图 1 各地开放税收数据集主要类别

图 2 各地已开放的征管执法类税收数据集的主题分布

6. 主题覆盖率

多数地方数据开放平台没有实现六大类税收数据全公开，大部分平台只开放一至三类数据，只有深圳开放了全部六大类数据，济南、无锡开放五大类数据（见表4）。

表 4 各地方政府开放的税收数据集的主题覆盖情况统计

单位：个

各地方政府数据开放平台	数量	各地方政府数据开放平台	数量
佛山市数据开放平台	15	其他	1
纳税服务	2	征管执法	12

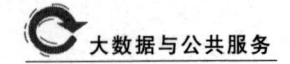

续表

各地方政府数据开放平台	数量	各地方政府数据开放平台	数量
福州市开放政府数据开放平台	13	征管执法	5
机构信息	2	浙江政务服务网	2
纳税服务	2	纳税服务	1
征管执法	9	征管执法	1
广州市政府统一开放平台	12	开放宁夏	6
机构信息	6	机构信息	5
纳税服务	1	征管执法	6
征管执法	5	宁波市政府数据服务网	1
贵阳市开放政府数据平台	15	机构信息	1
机构信息	5	青岛市开放政府数据网	13
纳税服务	4	机构信息	1
征管执法	6	纳税服务	5
贵州省开放政府数据平台	6	征管执法	6
行政权力	1	政策法规	1
机构信息	2	上海市政府数据服务网	21
政策法规	3	机构信息	1
哈尔滨市开放政府数据开放平台	8	纳税服务	10
纳税服务	1	其他	1
征管执法	7	征管执法	9
济南市开放政府数据平台	29	深圳市开放政府数据平台	13
行政权力	2	行政权力	1
机构信息	1	机构信息	3
纳税服务	5	纳税服务	4
征管执法	16	其他	1
政策法规	5	征管执法	3
江西省开放政府数据网站	4	政策法规	1
机构信息	2	数据东莞网	13
纳税服务	2	行政权力	1
开放广东	5	纳税服务	5

续表

各地方政府数据开放平台	数量	各地方政府数据开放平台	数量
征管执法	7	政策法规	1
无锡市政府数据服务网	36	武汉市政务公开数据服务网	18
机构信息	8	行政权力	2
纳税服务	6	机构信息	10
其他	2	纳税服务	5
征管执法	19	其他	1

7. 数据开放格式

数据开放格式主要集中在 xls、csv、json、doc 文件，少量数据集使用 api 接口，或支持在线查询和使用。大部分数据集需要用户注册后下载，少数网站无须注册即可下载。

8. 更新频率

多数网站税收数据集更新不及时，不能按照数据集更新承诺进行更新。大量数据集上线之后，后续再也没有更新，如武汉税收数据自 2014 年以后就没有更新。深圳、上海等少数地方政府网站更新较为及时。

9. 关键词分布

笔者对网站税收数据集名称、备注进行词频分析，关键词主要集中在"纳税人"、"非正常"、"国地税"、"地税局"等（见图3）。

图3 开放税收数据集关键词分布

(三) 总结及分析

各地税收数据集开放数量较少，在开放平台中占比较低。国税、地税分布差异不明显，东西部地区间差距较大。已开放数据集主要集中在征管执法和纳税服务类别。大部分税务机关已开放的数据主题尚未完全覆盖政策所允许和要求开放的领域。数据集乏人问津，利用效果不佳，整体反映出各地税务机关开放数据集意愿不足，尚没有从传统的、长期的、强化税收保密的观念中转变过来。国内税收数据开放工作处于起步阶段，尚需各方细心呵护、精心培育。

五 政策建议

（一）加强顶层设计，完善税收数据开放政策

我国与数据开放及保护相关的立法工作相对滞后，应深刻把握国内政治、经济、科技发展动向，立足实际，放眼长远，加强顶层设计，完善开放政策，积极推动税收数据开放工作落地落实。

1. 按照默认开放原则完善税收数据开放政策

现有税收数据开放政策尚未按照"默认开放、例外保密"的原则进行组织，而是按照优先开放的原则确定了一系列数据主题优先开放，这符合重点突破、先行先试的改革精神。但从长远来看，税收数据开放政策有待进一步完善，需要按照法治政府"默认开放、例外保密"的原则与要求，加大开放力度，扩大开放范围。目前国家税务总局尚未出台专门的数据开放政策，税收数据开放工作需要厘清的关系和问题比较多，建议出台专门政策，进一步细化和推进。

2. 尽力厘清税务局与纳税人之间的数据权利边界

从全球来看，数据权利边界尚比较模糊，数据所有权成为数据伦理的重要难题，如 Facebook 泄露大量用户数据，引起全球广泛关注。现阶段税务局与纳税人之间数据所有权边界没有划清，在我国数据所有权相关法律还不完备的情况下，税收数据开放政策应尽力划清税务局与纳税人之间的数据权利边界。纳税人在税收活动中产生的跟经营省份紧密相关的信息，如发票信息，在我国税收工作和制度安排下，被税务局掌握，而所有权应该归属纳税人，税务局无权处置。如果税务局处置，会造成民众

对各类税控设备、税收系统极大的不信任。税务工作人员在日常工作中自主制作和整理的各类数据，如各类征管数据，所有权应该归属税务局。

3. 妥善处理税收数据开放与纳税人隐私保护之间的关系

税收数据开放应注重保护纳税人隐私，不应发布可识别特定纳税人的税收数据。如征管数据在所有权上归税务局所有，但纳税人申报的税额等关键数据应属于纳税人隐私的范畴，不能开放。避免通过数字身份确认现实身份，数据开放一定会过滤掉身份标签，但通过不同领域的数据碰撞，仍有可能绘制出用户画像，并极大可能确认现实身份，造成用户信息泄露和困扰。一旦泄露纳税人的隐私，税务局应当给予充分的补救。对纳税人的隐私保护是税收数据开放政策中的重要部分，在税收数据的政策设计中，应该充分保护纳税人隐私，设置全受理渠道应对其诉求，对纳税人争议数据进行救济，并使其常态化。

（二）加强组织领导，构建税收数据协同开放体系

税收数据开放是一项全新的工作，这项工作涉及税务局的方方面面，是一项长期性、基础性工作，也是一项充满新意、面临巨大挑战、有利于促进税务局自我革新的重要工作。应该进一步提高重视程度，加强领导，构建税务总局、各司局及各省级机构协同开放体系。

当前，税收数据开放工作作为政务公开的一部分，由各单位办公室统筹开展。但数据开放更多面对的是数据组织、数据脱敏、数据发布等工作，鉴于数据利用及开放的复杂局面，建议借鉴国外经验，创新组织机构，成立跨部门的税收数据治理领导小组，由国家税务总局领导直接担任领导职务，办公室设在总局办公厅，协调各司局及省级以下单位协同推进；由电子税务中心具体统筹开展工作，以数据为中心，以数据利用提绩效，以数据开放促透明，分层次、有重点地开展税收和数据内部综合利用，税收数据跨部门共享利用，税收数据面向社会开放等工作，提升税收数据治理能力。在税收数据开放方面，梳理税收数据资源清单，制订数据开放计划，制定数据开放政策，审核数据开放，并直接向总局主要领导汇报，推进总局与地方协同，互补互动，扩大数据开放，避免数据打架。引进数据社区工作机制，吸引更多数据科学迷、数据利用爱好者参与到税收数据开放利用工作中来。

(三) 加强数据安全，理顺税收数据开放机制

1. 协同推进税收数据部门间数据开放共享

近年来，政府数据共享理念兴起，特别是政府各机构建设大数据平台，各机构都需要更多的数据源进行数据比对、分析等工作。如金融机构希望获取社保数据、税收数据等印证企业经营情况，评估企业风险；国家税务总局与公安部门就车辆购置进行数据交换，与海关部门交换报关信息；数据在政府部门间共享越来越普遍。而开放政府数据面向的对象是社会公众，是所有公众都可以便捷地利用政府数据，这其中普通民众与第三方机构是平等的。数据在部门间共享与面向社会开放是数据利用的两个方面，不能混淆、一概而论，更不能偏废。

2. 探索税收数据利用场景

当前，制约税收数据开放的重要因素是各地税务机构的数据开放意愿不足。促进税收数据开放及社会利用，要注重探索税收数据利用场景，促进数据价值与商业价值结合。如公安部成立"全国公民身份证号码查询服务中心"，向各政府部门、社会公众提供公民身份信息认证和统计分析服务，向各互联网应用提供实名认证接口。税务数据也可以优先从基础数据开始，如发票真伪查验、纳税人信用等级查询，可以进一步尝试探索使用场景，促进税收数据商业化应用。

3. 加强数据安全，开展机构间合作

政府数据的价值已经得到社会各方的极大认可，成为一种可变现的巨大财富。当前，数据非法交易产业化，数据掮客、数据黑客进行地下交易现象值得警惕，应着力加强数据安全。同时，税收数据开放及利用离不开机构间合作。开展机构间合作，应该牢牢把握住数据所有权，不能向特定机构让渡数据所有权。税务系统应把握住数据合作的主动权，尽力确保税收数据在内部落地，通过大量数据训练，提高人工智能产品的成熟度，机构不应以获取数据为目的，应该以获取人工智能产品为目的。

参考文献

[1] 张成福、党秀云. 公共管理学 [M]. 北京：中国人民大学出版社，2013：16-23.
[2] OECD Barbara Ubaldi. Towards Empirical Analysis of Open Government Data Initiatives [EB/

OL]．http：//www.oecd-ilibrary.org/governance/open-government-data_5k46bj4f03s7-en.

［3］胡鞍钢，王蔚，周绍杰，鲁钰锋．中国开创"新经济"——从缩小"数字鸿沟"到收获"数字红利"［J］．国家行政学院学报，2016（3）．

［4］吕艳滨，田禾．中国政府透明度（2009—2016）［M］．北京：社会科学文献出版社，2017：2-3.

［5］黄璜．美国联邦政府数据治理：政策与结构［J］．中国行政管理，2017（8）．

［6］宋烁，王青斌．政府信息公开的理论与实践发展［R］．中国法治政府发展报告（2016）．北京：社会科学文献出版社，2017：134-161.

地方政府数据开放平台建设导向及选择规律分析*

张廷君 曹慧琴**

  为了分析各地方政府数据开放平台的建设现状与发展特点，并探索不同发展模式背后可能存在的影响因素，推动地方政府数据开放平台的建设与完善，本文选取截至 2018 年 4 月 7 日我国已建立的较为完善的 25 个地方政府数据开放平台作为分析单位，运用内容分析法，从平台层、数据层两个维度进行建设现状的分析与比较，总结并提出当前地方政府数据开放平台发展的四类模式，即并进发展型、平台优先发展型、数据优先发展型、缓进发展型。同时，探讨各地对不同发展模式可能的抉择规律，提出进一步推进地方政府数据开放平台建设的相关建议。

  2009 年，美国联邦政府数据开放门户网站 Data. gov 的建立掀起了开放政府数据的浪潮。我国上海市于 2012 年也进行了政府数据开放平台的建设，截至 2018 年 4 月 7 日，已有 20 余个地方政府陆续推出了政府数据开放平台。在中国，地方政府数据开放平台的建设，不仅有助于为企业与个人开展政务信息资源的社会化开发利用提供数据支持，推动相关数据分

---

* **基金项目**：福建省社科基金一般项目"大数据时代公共服务绩效信息质量优化研究"（编号：FJ2018B027）、福建省高校新世纪优秀人才支持计划"大数据在公共服务绩效管理中的应用"（闽教科〔2017〕52 号）、福建网龙计算机网络信息技术有限公司与福建师范大学合作课题"大数据与城市公共服务绩效管理"（编号：HJ-716）的阶段性成果。
** 作者：张廷君，福建师范大学公共管理学院副教授、博士、硕士生导师；曹慧琴，福建师范大学公共管理学院行政管理研究生。

析与研究工作的开展，而且有助于地方政府政务信息公开工作的进一步深化。中国的地方政府数据开放平台建设至今，是否已实现以上建设目标？各地已推出的数据开放平台之间存在怎样的建设差异、发展特点，它们是否存在不同的发展模式与路径？其背后可能的影响因素又是什么？这些都是亟待回应与研究的问题。虽然已有部分学者开始对政府数据开放平台的建设现状进行研究，但这些研究更多是分析数据开放平台普遍存在的问题，或建立指标体系对数据开放平台的绩效进行评估，缺乏对已建立的数据开放平台的比较与模式总结，更没有对发展模式间的差异与模式选择背后的规律进行探索。因此，本研究拟以目前已建成的地方政府数据开放平台为研究对象，选取平台层与数据层两个分析维度，对现有的政府数据开放平台的建设情况进行比较研究，试图回答两个问题：①现有的地方政府数据开放平台在发展模式上存在什么样的差异，有哪些发展路径？②导致地方政府数据开放平台间发展水平与模式存在差异的可能影响因素包括哪些？

一 文献回顾

（一）地方政府数据开放平台建设现状的相关研究

Bertot 对美国政府开放数据的现状与问题展开研究，指出数据在获取、发布、隐私、安全、准确性和归档方面存在的问题，并提出了相应的改善意见[1]，但研究主要聚焦于数据层面所存在的不足。还有学者在对美、加、英、法等国政府数据开放平台比较和研究后提出，现有政府数据开放平台存在数据质量保障机制缺失等问题，容易造成一种错觉，即政府只要简单发布大量可用的数据集，政府和公共部门就会变得更加透明和富有责任[2]。在中国，也有学者对政府数据开放平台的建设现状及问题进行了研究，如陈涛等分析了武汉市政府数据开放平台建设的政策环境、建设目标、内容以及面临的挑战，并从数据开放范围、数据质量、协调力度和用户需求等方面提出了解决对策[3]。然而，研究仅关注了武汉市的情况，具有特殊性，缺乏不同地区的对比分析。此后，部分学者开始基于多地区比较视角，对政府数据开放平台建设现状进行研究。如黄思棉等分析了北京、上海等市政府数据开放平台的建设和运营情况，针对平台存在的开放数据范围窄、更新周期长、含金量及利用率低等问题，提出了促进政府数据开放平台建设的有关建议[4]。杨瑞仙、毛春蕾等人，对武汉、北京、浙江、无锡等地 7 个有代表性的地方政府数据开放平台进行分析和研究，然后将其与美国政府数据开放平台 Data. gov 进行比较，发现国内平台存在数据数量少、实用性和规范性差、缺乏完善的与系统的数据描述等 6 个问题，并针对问题提出了相应的解决对策[5]。2017 年，由复旦大学和提升政府治理能力大数据应用技术国家工程实验室联合发布的《2017 中国地方政府数据开放平台报告》指出，我国政府数据开放平台存在地区分布不均、数据开放度不足、数据更新慢、与公众互动少等问题，并根据问题提出了相应的解决对策[6]。虽然学者观点各不相同，但他们普遍提及了数据开放平台建设中存在的数据质量和平台设计问题。这为本研究进行比较框架设计提供了借鉴。

（二）地方政府数据开放平台绩效评价的相关研究

英国开放知识基金会组织实施的"开放数据指数"，主要用于对关键数据集的内容进行评估。近年来的评估结果显示，大部分关键数据集仍未能以满足企业和公民访问利用的格式向公众开放[7]。Baker 建构了含有六个可用性评估维度和 87 项评估指标的政府网站可用性评估指标体系[8]。还有人提出了质量、完整性、可获取性和可见性、可用性和易懂性、时效性、价值与有用性、颗粒度、可比性等 8 项数据透明度评价准则，评估各国的政府数据开放门户，并根据这 8 项准则对各平台提出了相应的建议[2]。万维网基金会的"开放数据晴雨表"（Open Data Barometer），则从准备度、执行度和影响力三个维度来构建评价指标体系，对各国开放数据平台的建设现状和发展情况，以及开放数据对国家政治、经济和社会生活产生的影响和效果进行了客观的分析和评价[9]。近年来，中国学者有关政府数据开放平台绩效评估的研究也逐渐增多。岳丽欣等基于中国政府数据公开信息整合服务平台构建了与政府数据开放平台相关的评价体系，对已有平台进行评估，将该体系分为数据管理（元数据、组织方式、质量控制）、数据服务（数据获取、API、App）、交流共享（订阅服务、反馈功能、界面体验）[10]。姬卓君和马海群通过建立评价体系，使用层次分析法，从数据层面、开放平台以及开放数据政策三个方面的 10 个指标，对我国北京、上海、浙江等 9 个省（市）的开放数据政策及平台开放状况进行评价研究[11]。亦有学者建立了基于"基础"（组织和管理、政治和法律、经济和社会）、"数据"（数据数量、开放性、元数据、时效性、易用性）、"平台"（数据引导、数据获取、数据应用、互动交流、界面体验）三大维度共 13 个指标的评估框架[12]。虽然学者们提出的维度与指标之间存在差异，但大部分学者基于数据层、平台层、基础层三个维度建立评价框架，这为本研究提供了一定的参考。

综观以上文献，可以发现，现有的关于地方政府数据开放平台发展现状的研究，虽然在单个案例或多平台比较的基础上发现问题并提出了对策，但或因平台数量选取较少，使得分析具有明显的局域性，或因仅仅是对问题的分析，缺乏用于比较分析的统一框架与指标，未能对发展模式的类型加以归纳。若要进行比较研究并归纳类型、模式，需要建立一套比较框架。虽然目前有关数据开放平台绩效评估体系中的维度与指标框架可以借鉴，但由于研究目的不同，不宜简单照搬。本研究旨在对政府数据开放平台的发展现状及模式做出总结与分类，并不涉及更深入的平台质量评估，因此拟选取"数据层"、"平台层"两个维度建构比较框架。

二 研究设计与比较框架

（一）研究设计

研究选取截至 2018 年 4 月 7 日我国已建立的较为完善的 25 个地方政府数据开放平台作为分析单位，运用内容分析法挖掘地方政府数据开放平台的发展模式、路径及抉择规律，在总结规律与发现问题的同时，进一步提出完善地方政府数据开放平台的建议。因此，本研究未采用假设检验的研究框架，而是通过描述性研究加以展示与讨论。

本研究采用内容分析法和分类归纳法相结合的分析方法。首先，借鉴现有国内外相关研究，建构基于平台层、数据层的比较框架及指标体系。其中，数据层包括开放部门数、主题覆盖数、数据可视化、下载方式 4 个指标，平台层包括公众互动、数据搜索引导、网站数据统计信息、数据应用 4 个指标。之后，通过内容分析法，对 25 个地方政府数据开放平台建设的相关指标信息进行编码与统计。其次，采取分类归纳法对内容分析之后的结果加以研究，对各地方政府数据开放平台的发展模式进行类型学分析，并探索内在规律，回答拟讨论的问题，完成对本研究的理论探索与对研究内容的规律性描述。

（二）比较框架与指标说明

本研究在现有国内外学者研究的基础上，建构了地方政府数据开放平台发展现状的比较框架与指标体系（见表1）。

1. 数据层维度

① "开放部门数"指的是平台中提供了各类开放数据的部门数量。

② "主题覆盖数"指的是以《2017中国地方政府数据开放平台报告》圈定的14个主题[①]为基准，统计地方政府数据开放平台涵盖的主题与之重合的数量。

③ "数据可视化"指的是该平台是否提供数据预览、数据信息、数据统计量等功能或内容。

④ "下载方式"指的是该平台的数据文件是可以直接下载，还是需注册登录后下载。

2. 平台层维度

① "公众互动"指的是平台是否提供咨询建议、需求调查等功能。

② "数据搜索引导"指的是平台中的高级搜索功能，进行数据搜索时可根据数据主题、数据开放部门等详细筛选条件进行设定。这不仅可以让使用者以最快的速度找到自己需要的数据，也有利于使用者通过这些筛选条件对整个平台有个大致了解。

③ "网站数据统计信息"指标在不同平台有不同名称，如广州政府数据开放平台称之为"网站统计"，济南称之为"开放数据"，江门称之为"数据分析"。但实际内容一样，均指平台上提供的数据下载量和浏览量、主题开放量、部门数据提供量、关键词等图表信息。

④ "数据应用"包含两个内容，一是"网页应用"，二是"移动应用"。"网页应用"指的是与公开数据相关的网页链接，如数据提供部门的网站链接或相关办事平台的链接；"移动应用"指的是平台为使用者提供的各类App。研究中"数据应用"指标的数量是"网页应用"和"移动应用"两者数量之和。

---

① 14个主题包括财税金融、经贸物流、交通出行、机构团体、文化休闲、医疗卫生、教育科技、社会民生、资源环境、城建住房、公共安全、农业农村、社保就业、信用服务。

表1 比较框架与指标体系

维度	指标	编码与取值说明		依据或来源
数据层	开放部门数	平台本身提供的部门数量		a. 文献[6]
	主题覆盖数	平台开放的主题与规定的14个主题的重合数		b. 文献[13]
	数据可视化	0	未提供该指标	c. 文献[11]
		1	提供该指标	
	下载方式	0	需注册登录后下载	d. 地方政府数据开放平台自带搜索项
		1	直接下载	
平台层	公众互动	0	未提供该指标	a. 文献[12]
		1	提供该指标	b. 文献[10]
	数据搜索引导	0	未提供该功能	c. 文献[11]
		1	提供该功能	d. 地方政府数据开放平台自带搜索项
	网站数据统计信息	0	未提供该版块	
		1	提供该版块	
	数据应用	平台本身提供的数量		

资料来源：此表为本研究自行整理。

三 分析单位选取及其基本特征

（一）分析单位选取的依据

本研究使用"地区（省、市）+政府大数据平台"、"地区（省、市）+政府大数据开放平台"、"地区（省、市）+开放平台"等关键词进行搜索，搜索截至2018年4月7日我国已经上线运行的所有地方政府数据开放平台。基于复旦大学和提升政府治理能力大数据应用技术国家工程实验室联合发布的《2017中国地方政府数据开放平台报告》中对数据开放平台筛选的标准，并结合研究目的，确定本研究分析单位的筛选条件。

（1）数据开放平台的域名中出现gov.cn，作为确定其为政府官方数据开放平台的依据[6]。

（2）数据开放平台须为"统一专有式"。现有的数据开放平台包括"统一专有式"与"统一嵌入式"两种。前者是指开放数据统一汇聚在一个专门的平台上进行开放；后者是指开放数据统一汇聚为一个栏目版块，并嵌入政府门户网站或政务服务网站[6]。考虑到为了对各平台更好地比较并加以类型学分析，"统一嵌入式"平台不被纳入本研究的分析单位内，如梅州市、肇庆市、广安市的相关数据开放平台。

（3）开办数据开放平台的政府行政级别需为地级市以上。但鉴于学者们多认为广东佛山市南海区的"数说南海网"作为最早的区级平台有较大的代表性[6]，常将之纳入比较分析，因此本研究遵循这一思路。

（4）数据开放平台须开放电子格式的、可通过下载或链接形式获取的、结构化的数据集[6]。如河北石家庄市数据开放平台只对专人开放，一般公众无法通过注册进入，福建南平市政府数据开放平台无下载功能，这类数据开放平台皆不纳入分析单位中。

基于以上筛选标准，作为研究分析单位的地方政府数据开放平台共计25个（见表2）。

表2 分析单位汇总

序号	平台名称	上线年份	地点	行政区划	地理分布	平台域名
1	上海政府数据服务网	2012	上海市	省	华东	http://www.datashanghai.gov.cn/
2	北京市政务数据资源网	2012	北京市	省	华北	http://www.bjdata.gov.cn/
3	无锡市政府数据服务网	2014	江苏省无锡市	市（地级）	华东	http://opendata.wuxi.gov.cn/
4	湛江市政府数据服务网	2014	广东省湛江市	市（地级）	华南	http://data.zhanjiang.gov.cn/
5	数说南海网	2014	广东省佛山市南海区	区级	华南	http://data.nanhai.gov.cn/
6	武汉市政府公开数据服务网	2015	湖北省武汉市	市（副省级）	华中	http://www.wuhandata.gov.cn
7	数据东莞网	2015	广东省东莞市	市（地级）	华南	http://dataopen.dg.gov.cn
8	浙江政务服务网	2015	浙江省	省	华东	http://data.zjzwfw.gov.cn/
9	青岛市政府数据开放网	2015	山东省青岛市	市（副省级）	华东	http://data.qingdao.gov.cn
10	开放广东数据服务网	2016	广东省	省	华南	http://www.gddata.gov.cn

续表

序号	平台名称	上线年份	地点	行政区划	地理分布	平台域名
11	贵州省政府数据开放平台	2016	贵州省	省	西南	http://www.gzdata.gov.cn/
12	广州市政府数据统一开放平台	2016	广东省广州市	市（副省级）	华南	http://www.datagz.gov.cn/
13	哈尔滨市政府数据开放平台	2016	黑龙江省哈尔滨市	市（副省级）	东北	http://data.harbin.gov.cn
14	深圳市政府数据开放平台	2016	广东省深圳市	市（副省级）	华南	http://opendata.sz.gov.cn/
15	长沙市政府门户网站数据开放平台	2016	湖南省长沙市	市（地级）	华中	http://data.changsha.gov.cn/
16	佛山市数据开放平台	2017	广东省佛山市	市（地级）	华南	http://www.fsdata.gov.cn/
17	贵阳市政府数据开放平台	2017	贵州省贵阳市	市（地级）	西南	http://www.gyopendata.gov.cn/
18	苏州市政府数据开放平台	2017	江苏省苏州市	市（地级）	华东	http://www.suzhou.gov.cn/
19	厦门政府数据服务网	2017	福建省厦门市	市（副省级）	华东	http://www.xmdata.gov.cn/
20	珠海市民生数据开放平台	2017	广东省珠海市	市（地级）	华南	http://data.zhuhai.gov.cn/#/
21	开放江门	2017	广东省江门市	市（地级）	华南	http://opendata.jiangmen.gov.cn/
22	济南数据开放网	2018	山东省济南市	市（副省级）	华东	http://www.jndata.gov.cn/
23	开放惠州	2018	广东省惠州市	市（地级）	华南	http://data.huizhou.gov.cn/
24	中山市政府数据统一开放平台	2018	广东省中山市	市（地级）	华南	http://zsdata.zs.gov.cn/
25	山东公共数据开放网	2018	山东省	省	华东	http://data.sd.gov.cn/

（二）分析单位的基本特征

1. 行政层级

从这25个地方政府数据开放平台的行政层级来看，地级的数量最多，达到11个，占比44.0%；副省级7个，占比为28.0%；省级6个，占比24.0%；区级仅1个，占比4.0%。然而，我国共有省级行政区（除港澳台外）31个、副省级城市15个、地级市293个，政府数据开放平台涉及的地区总数与省级行政区、副省级城市、地级市的总数相比，明显偏低。

2. 地理区域

从25个政府数据开放平台的地理分布来看，主要分布在华南和华东地区，占比分别为44%和32%，其余的则分布在西南、华中、东北、华北地区，西北地区暂无政府数据开放平台。从分布特点来看，主要分布在沿海地区，内陆地区分布较少（见图1）。

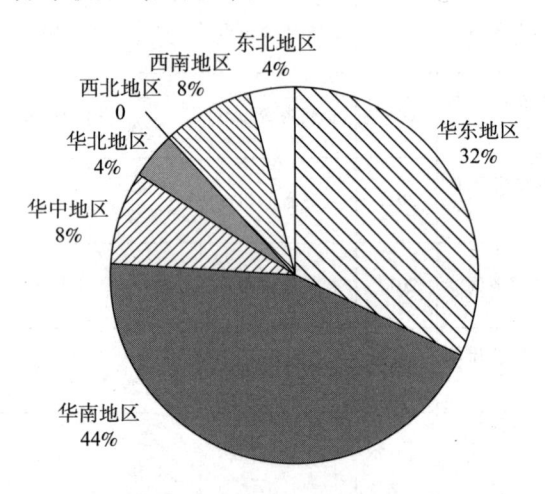

图1　各地方政府数据开放平台的地理分布

3. 上线时间

从各地方政府数据开放平台的上线时间来看，在2015年之前的3年时间里，只有5个地方政府数据开放平台陆续上线，而从2015年开始至2018年4月，共20个地方政府数据开放平台上线。2015年可以说是地方政府数据开放平台建设的分水岭，这与2015年8月国务院发布《促进大数据发展行动纲要》的助推作用不无关系。从图2可见，2016年、2017年均有6个平台上线，2018年截至4月7日便已有4个平台上线。根据各地方政府工作规划的预计，2018年下半年地方政府数据开放平台上线数量将会有新的增长。

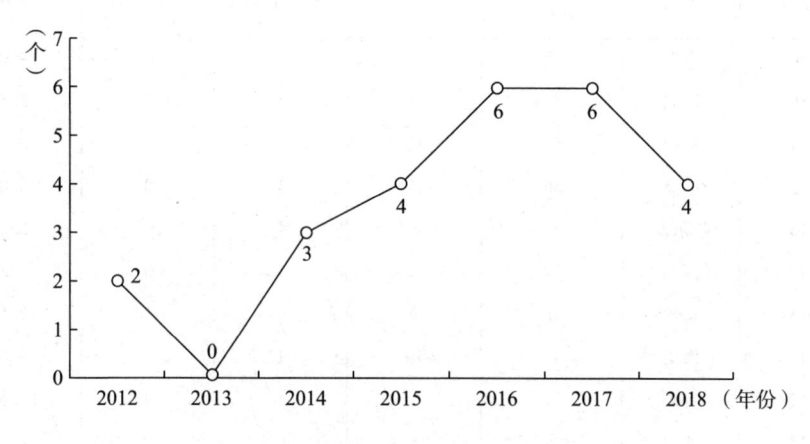

图2 各地方政府数据开放平台历年上线量

四 研究分析与结论

（一）地方政府数据开放平台发展模式的类型学分析

本研究对我国25个地方政府数据开放平台的"数据层"、"平台层"两大维度8个指标的数据进行统计分析，具体见表3和表4。

表3 各地方政府数据开放平台"数据层"维度各指标情况分析

序号	地点	开放部门数（个）	主题覆盖数（个）	数据可视化	下载方式	均值
1	上海	42	11	0	1	13.5
2	北京	45	12	1	0	14.5
3	无锡	48	12	0	1	15.3
4	湛江	11	5	0	1	4.3
5	佛山南海区	43	12	1	0	14.0
6	武汉	48	11	0	0	14.8
7	东莞	69	1	1	0	17.8
8	浙江	39	7	0	1	11.8

续表

序号	地点	开放部门数（个）	主题覆盖数（个）	数据可视化	下载方式	均值
9	青岛	57	14	1	0	18.0
10	广东	42	10	1	1	13.5
11	贵州	52	12	1	1	16.5
12	广州	66	13	1	0	20.0
13	哈尔滨	53	13	1	0	16.8
14	深圳	37	12	1	0	12.5
15	长沙	0	9	0	1	2.5
16	佛山	45	10	1	0	14.0
17	贵阳	52	13	1	0	16.5
18	苏州	8	8	0	0	4.0
19	厦门	44	11	1	0	14.0
20	珠海	69	11	1	0	20.3
21	江门	36	8	1	0	11.3
22	济南	54	12	1	0	16.8
23	惠州	18	9	1	0	7.0
24	中山	33	10	1	1	11.3
25	山东	55	10	1	0	16.5
	总计	1066	256	18	8	337.5
	地区均值	42.6	10.2	0.7	0.3	13.5

表4 各地方政府数据开放平台"平台层"各指标情况统计

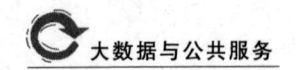

序号	地点	公众互动	数据搜索引导	网站数据统计信息	数据应用（个）	均值
1	上海	1	1	1	60	15.8
2	北京	1	1	0	16	4.5
3	无锡	1	1	0	12	3.5
4	湛江	1	1	0	2	1.0
5	佛山南海区	0	0	1	5	1.5
6	武汉	1	1	0	54	14.0
7	东莞	1	1	0	0	0.5

续表

序号	地点	公众互动	数据搜索引导	网站数据统计信息	数据应用（个）	均值
8	浙江	1	0	0	8	2.3
9	青岛	1	0	1	20	5.5
10	广东	1	0	0	22	5.8
11	贵州	1	0	1	13	3.8
12	广州	1	0	1	8	2.5
13	哈尔滨	1	0	1	4	1.5
14	深圳	1	0	0	19	5.0
15	长沙	0	0	0	0	0
16	佛山	1	0	1	6	2.0
17	贵阳	1	0	1	13	3.8
18	苏州	0	0	0	0	0
19	厦门	1	0	1	8	2.5
20	珠海	0	0	1	0	0.3
21	江门	1	0	1	4	1.5
22	济南	1	0	1	15	4.3
23	惠州	1	0	0	2	0.8
24	中山	0	1	0	20	5.3
25	山东	1	0	1	21	5.8
总计		20	7	13	332	93.5
地区均值		0.8	0.3	0.5	13.3	3.7

对 25 个地方政府数据开放平台在"数据层"维度进行均值比较，可发现省级、副省级地区和地级市间差距较大，省级、副省级地区均值达标率普遍要高于地级市政府和区级政府。

对 25 个地方政府数据开放平台在"平台层"维度进行均值比较，可发现省级、副省级地区和地级市间差距较大，省级、副省级地区均值达标率普遍要高于地级市政府和区级政府。

对"数据层"维度和"平台层"维度进行比较分析，不难发现，各地方政府在"平台层"维度的均值达标率要低于在"数据层"维度的均值达标率。由此可见，现阶段地方政府数据开放平台"数据层"建设要比"平台层"建设更加完善。

进一步对地方政府数据开放平台的"数据层"、"平台层"两大维度进行分析,将25个平台按地区均值分为高低两类:低于地区均值的为低数据完善度、低平台完善度,高于地区均值的为高数据完善度、高平台完善度。基于此,建立25个地方政府数据开放平台建设导向模型,以数据完善度为横坐标(X),以平台完善度为纵坐标(Y),两个坐标垂直交叉所形成的四个象限,用以对25个地方政府数据开放平台进行分类型划分,形成开放平台建设四大导向类型:并进发展型、平台优先发展型、数据优先发展型、缓进发展型(见图3)。

```
                   平台完善度
                    (高)
   ┌─────────────┐         ┌─────────────────────┐
   │             │         │省(自治区、直辖市):上海、│
   │ 市:深圳、中山 │         │北京、广东、贵州、山东    │
   │(平台优先发展型)│        │市:武汉、青岛、贵阳、济南 │
   │             │         │   (并进发展型)        │
   └─────────────┘         └─────────────────────┘
                                                      数据
   (低)─────────────────────────────────────(高)  完善度
   ┌─────────────────┐    ┌──────────────────────┐
   │省(自治区、直辖市):│    │市:无锡、东莞、广州、哈 │
   │   浙江           │    │尔滨、佛山、厦门、珠海   │
   │市:湛江、长沙、苏州、│   │区:佛山市南海区        │
   │   江门、惠州      │   │   (数据优先发展型)     │
   │   (缓进发展型)    │   │                      │
   └─────────────────┘    └──────────────────────┘
                    (低)
```

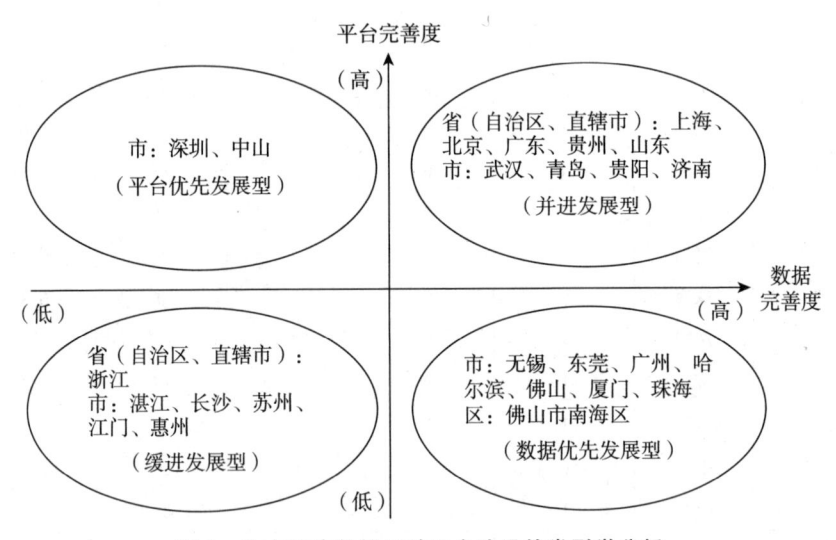

图3 地方政府数据开放平台建设的类型学分析

所谓并进发展型,指的是在"数据层"和"平台层"两个维度总体情况都高于地区均值,如省级(省、自治区、直辖市)中的上海、北京、广东、贵州、山东,以及市级中的武汉、青岛、贵阳、济南。所谓平台优先发展型,即在地方政府数据开放平台建设中,推进平台完善度的建设较多,高于地区均值,在"数据层"的建设较少,低于地区均值,如市级中的深圳、中山。所谓数据优先发展型,即在地方政府数据开放平台建设中,推进数据完善度的建设较多,高于地区均值,针对平台完善度的建设较少,低于地区均值,如市级中的无锡、东莞、广州、哈尔滨、佛山、厦门、珠海,区级中的佛山市南海区。所谓缓进发展型,即平台在"数据层"、"平台层"两个维度的建设都较为薄弱,低于地区均值,如省级(省、自治区、直辖市)中的浙江,市级中的湛江、长沙、苏州、江门、惠州。

（二）地方政府数据平台四种类型发展模式的规律分析

地方政府在管理创新的路径选择上，究竟应采用并进发展型、平台优先发展型、数据优先发展型、缓进发展型中的哪种，本研究对其选择规律进行了探索。

1. 国家政策导向对平台发展模式选择的影响

研究显示，选择数据优先发展型的地方政府数据开放平台比选择平台优先发展型的多。这从某种程度上反映出地方政府在数据开放平台建设上更侧重于数据建设。这与国家的政策导向不无关系。2015年国务院颁布《促进大数据发展行动纲要》，提出按照"增量先行"的方式，加强对政府部门数据的国家统筹管理，稳步推动公共数据资源开放，加快建设国家政府数据统一开放平台。2017年9月，佛山南海区与多个政府部门及企事业单位签署了21项合作协议，以"数据"为媒，开启了新型智慧城市建设新篇章。政府相关政策文件对"数据"的重视，以及中国传统的"以量取胜"观念，使地方政府数据开放平台在建设过程中更为重视"数据层"建设，如并进发展型中的上海、北京、广东、山东、贵州等地，以及数据优先发展型中的广州、厦门、哈尔滨等地。

2. 地区产业环境对平台发展模式选择的影响

平台优先发展型中的深圳、中山两地皆位于珠三角地区，而今该地区已发展为全世界最重要的电子信息产业制造基地之一，是IT产业的聚集地。深圳是中国具有一定国际影响力的新兴现代化城市，是高新技术产业基地和区域性金融中心、信息中心。而中山搭建起来的产业平台深受IT产业巨头的重视，国内外IT产业加速向中山转移，充分体现了中山作为IT产业新贵的凝聚力[14]。可见，深圳、中山作为IT产业的聚集地，在地方政府数据开放平台建设中更加重视平台层面的建设。由此可以发现，与大数据技术紧密相连的包括IT产业在内的相关产业的发展，也是影响地方政府数据开放平台发展的重要环境因素之一。

3. 政府重视程度对平台发展模式选择的影响

政府的重视程度可通过政府发布的相关政策、政府领导干部的重视程度、相关机构的组建等几个方面体现。本文以相关机构的组建为切入点，将是否组建大数据管理机构作为衡量政府对数据管理重视程度的标志之一。组建大数据管理中心，构建数据资源共享体系，实现跨层级、跨部门、跨系统、跨业务的数据共享和交换，是推动数据开放平台建设的重要方法之一[15]。国内最早设立大数据管理机构的是广东省，始于2014年2月。截至2018年4月7日，在25个分析单位中已成立专门的大数据管理机构的包括广东省佛山市南海区、浙江省、山东省青岛市等9个地区（见表5）。

表5 9个地方政府大数据管理机构设置情况

序号	地点	大数据管理机构名称
1	广东省佛山市南海区	广东省佛山市南海区数据统筹局
2	浙江省	浙江省数据管理中心
3	山东省青岛市	青岛市大数据发展促进局
4	广东省	广东省大数据发展管理局
5	贵州省	贵州省大数据发展管理局
6	广东省广州市	广州市大数据管理局
7	广东省佛山市	佛山市数字政府建设管理局
8	贵州省贵阳市	贵阳市大数据中心
9	广东省江门市	江门市网络信息统筹局

25个地方政府数据开放平台中共有9个设置大数据管理机构，占比为36.0%，未设置的占比64.0%。从设置大数据管理机构的平台在四种类型发展模式中的分布比例（表6）可以看出，属于并进发展型和数据优先发展型的地方政府设立专门的大数据管理机构的比例更高。

表6 四种类型发展模式中设置大数据管理机构的情况

机构设置 发展模式	有	无
并进发展型	44.4%	55.6%
平台优先发展型	0.0%	100.0%
数据优先发展型	37.5%	62.5%
缓进发展型	33.3%	66.7%
总计	36.0%	64.0%

4. 平台上线时间对平台发展模式选择的影响

属并进发展型模式的上海、北京、武汉等地的政府数据开放平台上线时间长，数据层和平台层建设更为完善。缓进发展型中长沙、苏州、江门、惠州等地的政府数据开放平台上线时间较晚，所以数据层、平台层的建设也较为缓慢。由此可见，平台上线发展时间先后也是地方政府数据开放平台建设的可能影响因素之一。

五 完善我国地方政府数据开放平台的建议

由以上研究分析可见，我国地方政府数据开放平台发展模式的选择与国家政策导向、地方政府重视程度、地区产业背景和平台上线时间有较大的关系。基于此，提出以下完善地方政府数据开放平台的建议。

1. 建立专门的政府数据开放平台管理机构

目前，从25个地方政府数据开放平台数据管理机构的分布来看，不少属于并进发展型、数据优先发展型和缓进发展型的地方政府数据开放平台由所属的大数据管理机构。因此，建议国家从宏观层面建立相应的管理机构与管理制度，加强规划与指导。大数据管理机构应对政府数据开放平台进行统一管理，并推进相关工作的开展，同时地方政府应赋予该机构足够的职权，以协调统筹相关部门在开放数据工作中的分工与职责。

2. 完善数据开放的法律法规

根据《政府信息公开条例》的有关规定，医疗卫生、教育、供水、供电、环保以及公共交通等与社会公众利益密切相关的公共领域的企事业单位，在提供社会公共服务的过程中制作、获取的信息均应主动公开[16]。我们在对25个分析单位数据层的调查中发现，虽然大部分地方政府采取了数据优先发展型的模式与策略，但是如果深究数据质量，则大量数据的可开发性、可利用性普遍较低，各地普遍存在对可公布和公开数据的认知盲区。因此，建议制定政府数据开放管理办法及配套政策，进一步明确政府数据是对谁公开、哪些数据必须公开、数据开放的跨度、数据使用的范围和权限、公开下载的形式，以及数据更新频率等问题。只有数据公开的法律法规完善了，"数据层"、"平台层"的建设才能进一步完善。

3. 推进政府数据市场化，提高公众利用率

通过对25个政府数据开放平台的调查发现，目前开放的数据水平参差不齐，政府数据开放的程度、质量、更新时效等都难以满足公众的深层次需求，政府数据开放平台的数据下载量和浏览量都较低。因此，首先，政府数据在开放时应更多了解公众的需求，开放公众与市场需要的信息；其次，建立政府数据开放的统一标准，保证部门间数据格式、内容标准一致，以利于公众的使用和监督；最后，使用者在使用相关数据时应自觉遵守平

台的相关规定。在这个前提下，平台对数据使用的标准可适度降低，对一般数据全面公开，对重要数据的使用者进行严格的限制和规定，这样既有利于政府数据的公开，又有利于公众的使用。

参考文献

[1] Bertot J. C. *The Policy Framework of Big Data and Open Data: Problems Policies and Suggestions* [J]. Zheng lei, Xu huina and Bao Linda. Trans. E – Government, 2014 (1): 6 – 14.

[2] Rui P. L. An Analysis of Open Government Portals: A Perspective of Transparency for Accountability [J]. *Government Information Quarterly*, 2015, 32 (3): 278 – 290.

[3] 陈涛，李明阳. 数据开放平台建设策略研究——以武汉市政府数据开放平台建设现状为例 [J]. 电子政务，2015 (7): 46 – 52.

[4] 黄思棉，张燕华. 当前中国政府数据开放平台建设存在的问题及对策研究——以北京、上海政府数据开放网站为例 [J]. 中国管理信息化，2015 (14): 175 – 177.

[5] 杨瑞仙，毛春蕾，左泽. 我国政府数据开放平台建设现状与发展对策研究 [J]. 情报理论与实践，2016 (6): 27 – 31.

[6] 2017 中国地方政府数据开放平台报告 [R]. 上海：复旦大学 & 提升政府治理能力大数据应用技术国家工程实验室，2017: 3.

[7] 郑跃平，刘美岑. 开放数据评估的现状及存在的问题——基于国外开放数据评估的对比和分析 [J]. 电子政务，2016 (8): 84 – 93.

[8] Baker D. L. Advancing E – Government Performance in the United States through Enhanced Usability Benchmarks [J]. *Government Information Quarterly*, 2009, (26): 82 – 88.

[9] 寿志勤，麦悦霞，郭亚光. 政府数据开放网站绩效评价指标体系研究 [J]. 电子政务，2016: 8.

[10] 岳丽欣，刘文山. 我国政府数据开放平台建设现状及平台框架构建研究 [J]. 图书馆，2017 (2): 81 – 85.

[11] 姬卓君，马海群. 我国政府数据开放状况评价分析 [J]. 图书情报研究，2018 (1): 12 – 19.

[12] 郑磊，高丰. 中国开放政府数据平台研究：框架、现状与建议 [J]. 电子政务，2016 (7): 1 – 8.

[13] 黄如花，王迎春. 我国政府数据开放平台现状调查与分析 [J]. 实践研究，2016 (7): 50 – 55.

[14] 程明盛. 展示最新成果 引领未来生活 [N/OL]. 中山日报，2003 – 12 – 06. http://www.zsnews.cn/Newspaper/2003/12/06/449686.shtml.

［15］吴頔.上海市大数据中心揭牌,重点为了做好这件事［EB/OL］.［2018-04-12］.https：∥www.jfdaily.com/news/detail？id=85812.

［16］国务院.中华人民共和国政府信息公开条例［EB/OL］.［2018-04-03］.https：∥www.gov.cn/zhengce/content/2019-4/15/content-5382991.htm.

"互联网+政务服务"

社会-技术框架下的政务服务在线办理能力探究[*]

——基于334个地级行政区的数据分析

汤志伟 郭雨晖 翟元甫[**]

从传统政务服务到电子政务服务,从政府网站到网上政府,电子政府的发展越发重视促进以公众为中心的"互联网+政务服务"的建设和提高。然而调查发现,目前我国地方政府在线办理能力呈现显著的差异性,探索这些差异性背后的原因,对于推动各地方政府"互联网+政务服务"建设具有重要的理论与现实意义。本文结合社会-技术框架,从社会、技术、外部环境这三个维度构建了政务服务在线办理能力影响因素的分析模型,以全国334个地级行政区政府网站在线办理服务事项的调查数据与相关统计数据作为数据来源,运用OLS回归分析对该模型进行实证检验。研究表明,政务服务在线办理能力主要取决于社会系统、技术系统和外部环境的共同影响。具体而言,在全国范围内,公众需求规模、互联网普及率、人力资本和上级压力同地方政府在线办理的能力水平呈显著的正相关,而东、中、西部地区在影响因素上具有一定的差异性。

---

[*] **基金项目**:国家社科基金专项课题"建设智慧城市的顶层设计与实现路径研究"(编号:18VSJ057)。

[**] **作者**:汤志伟,电子科技大学公共管理学院教授,博士生导师;郭雨晖、翟元甫,电子科技大学公共管理学院硕士研究生。

一 引言

随着互联网技术的高速发展,网上政务服务在促进政府更加开放、透明的同时,成为提升政府效能和实现智慧治理的重要途径,也是公民充分参与政府决策的重要渠道。政府在线办理服务通过互联网向公民和企业提供咨询和办事服务,反映了政府的整体政务服务水平与综合履职能力的提高与优化。近年来,先后出台了《加快推进"互联网+政务服务"工作的指导意见》、《国务院办公厅关于印发"互联网+政务服务"技术体系建设指南的通知》等一系列关于"互联网+政务服务"的重要文件,为提升各级政府的网上服务能力提供了方向与路径,推进"互联网+政务服务",创新服务方式,最大限度利企便民,开启了从"群众跑腿"向"互联网数据跑腿"转变的服务管理新模式。

虽然我国网上政务服务建设既有中央政策的指导与支持,又关乎广大群众的切身利益需求,但是全国范围内的各项网上政务服务评估结果显示,各个城市网上政务服务普遍存在内容不规范、服务不便捷、数据不共享、线上线下联通不畅等深层问题。[1]对于公众而言,网上政务类型依旧以信息发布和通知为主,较少实现在线化办事服务,"办事难、审批难、多跑腿"等现实困境仍然没有得到有效解决,从而难以让公众获得"互联网+政务服务"带来的红利。同时,据调查显示,目前城市与城市之间在线办理能力差距较大,总体上看,东部沿海地区明显优于中西部地区,而在省级政府统筹管理下,各市之间也存在发展不均衡等问题。[2]由此,本文提出具有现实意义的研究问题:为什么各地方政府在国家政策支持与群众需求下,政务服务在线办理能力差距仍然较大?究竟哪些因素在影响地方政府的在线办理能力?本文基于社会-技术理论框架,通过构建模型来解释政务服务在线办理能力存在差异的原因,以全国334个地级行政区①政府网站在线办理服务事项的调查数据与相关统计数据作为数据来源,试图回答上述研究问题。最终,希望本文的研究成果可以充实政府网上政务服务能力建设的相关研究,加深对"互联网+政务服务"建设的理解和认识,厘清其发展的内在动力机制,同时期望对电子政务实践工作者也有启发和借鉴意义。

---

① 2018年,地级行政区共334个。2019年调整为333个。本书保留文章写作时原貌,以下不一一注明。

二 互联网政务服务研究进展

在国家"十三五"规划、有关"互联网+政务服务"等系列政策指引下，我国治理体系和治理能力现代化建设稳步发展。"互联网+政务服务"是以简政放权、放管结合、优化服务为核心，以服务为驱动，以信息化技术为支撑，创新并实践"互联网+"思维的政务服务新形态。国内外学者通过研究发现，网上政务服务不是简单地将政务服务放在互联网平台上，而是突出体现在作为在互联网技术下加快政府职能转变、促进服务型政府建设、推动供给侧结构性改革等国家行政体制纵深发展的有力杠杆。[3-5]在对近几年研究成果进行总结分析的基础上可以发现，"互联网+政务服务"相关研究主要涵盖以下三个方面：①结合不同学科背景与科学理论，对电子政务与"互联网+政务服务"等概念进行解读分析，并探讨未来可能的演化路径。[6-7]②基于国家政策和地方实践，结合各省份互联网政务服务平台的现状，讨论目前我国地方政府在建设"互联网+政务服务"的过程中所遇到的问题与可行的对策。[8-9]③在理论研究与实践研究的基础上，分析"互联网+政务服务"的内在治理机制与外在治理模式。除此以外，还有部分研究分析了网上政务服务的影响因素，对网上政务服务大厅进行评估，探讨"互联网+政务服务"的安全机制[10-11]等。

纵观上述研究，我们发现，首先，当前学者热衷于从定性角度分析"互联网+政务服务"的内在逻辑和实施路径，普遍延续"从现状中发现问题以提出对策"的规范研究范式，并且往往从宏观角度来看待整个"互联网+电子政务"的建设情况，缺少对政务服务某一环节的深入思考与分析。特别是对公众和企业能够最直接感受到的"互联网+政务服务"所带来的"少跑腿、好办事、不添堵"的在线办理部分，对其完备度、覆盖度、准确度和深度，以及最能体现现阶段地方政府开展网上政务服务建设的进展和特征的指标，却研究不够。其次，国内外实证研究多以省级政府网上政务服务为研究对象，不乏出于省级统筹和集约管理的考虑，但公众和企业在现实层面接触最多的仍然是市级政府网站，而站在市级政府网站的角度展开的研究相对较少，且多数以对某市整体调查分析为主。再次，在针对电子政务影响因素的类似研究中，从公众采纳和使用的行为维度进行分析的研究较为多，而从社会系统整体来解释城市间在线政务服务能力差异性的研究相对缺乏，因而难以促进全国整体政务服务能力的提升。在各地政府实践中,我们还发现,目前虽然网上政务服务处于快速发展阶段,但还存在诸多问题,如在线服务办理深度不够,线上线下融合较差,服务诉求响应较差,距离"一站式"网上办理的要求还有很大差距。

因此,本文紧扣政务服务在线办理能力这一关键指标,根据《"互联网+政务服务"技术体系建设指南》(以下简称《指南》)的明确要求,对我国地方政府12项相同的在线办理服务进行人工调查。通过3个月的调查发现,尽管"互联网+政务服务"是地方政府迫切需要的建设"智慧城市"、解决当前电子政务发展所面临问题的关键方案,并且各个省市均在打造政务服务办事体系,但是各地在线办理能力仍然差距较大。鉴于此,厘清各地政府建设和发展网上政务服务的逻辑和动力机制,不仅具有重大的理论意义,而且对未来整个国家层面的电子政务服务能力的提升也有重大的实践意义。

三 理论框架和研究假设

社会-技术系统(Socio-Technical System, STS)的概念最早是由Trist及其团队提出的。该理论认为,一个综合性的系统一般由技术子系统与社会子系统联合构成,两个子系统密切联系并相互影响。[11]在进行研究时,不应孤立地关注其中一个子系统,而应将技术子系统与社会子系统结合起来考察。近年来,随着信息通信技术(ICT)的快速发展,韩国学者Shin等人在该理论基础上构建了社会-技术框架(Socio-Technical Framework),并广泛用于政策分析和电子政务相关研究。Shin等指出,社会-技术系统是一个开放的系统,外部环境同样对整个系统的行为与发展起着不容小觑的作用。在国内,张会平等人运用该分析框架对国内政务服务系统的网络安全进行了深入考察,并提出了机制构建思路,以助推政府部门网络保障能力的提升。[10]席彩丽以社会-技术方法为理论背景,构建社交网站用户知识贡献行为影响因素的理论模型,发现社会联系、道德文化、归属感等社会因素是影响用户进行知识贡献的关键因子。[12]唐方成则将社会-技术系统理论与风险结构结合,运用于发展新技术活动的企业生产中,洞悉风险要素在社会-技术系统中的作用机理。[13]

"互联网+政务服务"作为典型的信息服务系统,本身依靠信息技术的高速发展,驱动政务服务质量和效率的提升,但也离不开社会系统、技术系统与外部环境的共同作用。因此,本文利用社会-技术系统分析框架的优势,将社会系统、技术系统与外部环境有机结合在一起,初步提出了针对我国地方政府政务服务在线办理能力差异性的解释模型（见图1）。在这个模型里，我们更多强调在线办理服务中所体现的社会与技术系统问题。社会系统体现出社会公众对政务服务在线办理能力均衡发展的现实需求，技术系统体现出互联网技术能力对网上政务办理持续推进的动力供给，而这两方面正好与国家政策中提出的服务驱动与技术支撑的主线有较高的契合度。改革开放后，通过各种制度创新和改革，资源、人员、资本、信息等现代社会生产生活的基本要素获得了流动的机会，为经济发展提供了有力的支持，增强了社会的活力，推动了社会结构从分割的蜂窝社会向流动的网络社会转变，也推动着生产方式的转变。伴随着这些系统性的变化，各种新问题、新挑战也出现了，安全、民主、法治、廉洁、透明、责任、参与、服务、合作以及和谐成为公共管理亟待解决的价值需求问题。基于此，公共管理借力信息技术，进行管理方式、管理手段等方面的创新，以回应社会系统的诉求。[14]此外，由于"互联网 + 政务服务"的开放性，网上政务服务在线办理能力的深度、覆盖度和完备度，可能受到来自外部环境的影响，例如上级政府的压力、自身政策的要求等。结合上述理论分析和模型构建，本文提出以下研究假设，以供进一步数据检验（见图1）。

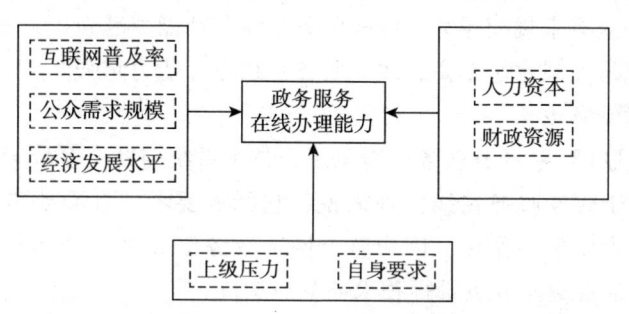

图1　地方政府服务在线办理能力差异性解释模型

1. 社会系统方面

社会系统涵盖处于社会中的不同要素，例如用户特征、消费者行为等，这些要素都有可能决定同样具有社会属性的网上政务服务。有学者认为，网上政务服务整体实施与能力的提升离不开对市场的准确定位，应把握政务服务的消费者——公民和企业的规模与需求。[15]因此，本文通过"互联网 + 政务服务"中所涉及的社会系统内容，结合社会服务需求导向展开考察。

随着信息时代的到来，互联网技术不断融入公众生活的各个场景，《中国互联网发展状况统计报告》（下称《报告》）显示，我国网民规模平稳增长，互联网普及率逐年提升。所谓互联网普及率，是指特定地区的人口中使用互联网的人数或比例。[16-17]《报告》还指出，在"互联网 + 政务服务"指导下，在线政务服务用户规模已突破 1 亿，可见，公众和企业对政务服务在线办理的需求不断增强。提升政务服务水平是建设服务型政府的基础，服务型政府建设的出发点和落脚点就是满足不断增长和变化的政务服务需求。[18]在社会公众需求的驱动下，政府有必要不断提升政务在线办理能力，以实现更加高效、便捷的预约、预审、办理、查询等多元化的政务服务。有研究指出，公众需求一直作为政府行为的动力来源而存在。[19]"公众压力假说"也强调公众的需求和压力是推动政府信息技术创新的关键所在。[20]同时，在我国 300 多个地级行政单位中，不同地区的人口密度、经济发展水平差异显著，东部沿海地区人口密度普遍较大，经济发展水平相对较高，随之而来的是比中西部地区更加多元化、复杂化、密集化的社会需求。[21]这些地区需要政府进行审批与办理的事项更多，政务服务办事压力更大，因而政府有必要借由互联网新技术，通过政务服务数据共享、简政放权、放管结合等多项改革措施，促进网上办理渠道的实现，以缓冲日趋饱和的传统线下政务服务模式。因此，本文提出的具体假设如下：

H1：互联网普及率越高，政务服务在线办理能力越强。

H2：公众需求规模越大，政务服务在线办理能力越强。

H3：经济发展水平越高，政务服务在线办理能力越强。

2. 技术系统方面

在"互联网 + 政务服务"背景下，技术系统与社会系统紧密相关、相互作用。对于政务服务在线办理来说，它既需要考虑社会要素的作用，也需要关注技术要素的作用，因为整个网上政务服务平台的运行、安全保障与可持续发展都离不开关键性技术环节的支持。

信息技术的应用发展，依赖大量具备专业知识技能的人力投入与政府财政资源的有力供给，政务服务在线办理能力的提升同样如此。在今天，政府和公众都不再仅满足于政府网上服务大厅所提供的信息公开、投诉咨询等简单的基础业务，而是希望借由大数据、云计算、人工智能、区块链等先进技术，实现"跑腿少、审批易、效率高"的在线办理模式。而在在线办理服务体系建设过程中，政府需要投入大量人力、物力、财力，迎接政务数据共享、业务协同机制优化、安全保障与监督等核心技术的挑战。有学者指出，"互联网 + 政务服务"不仅需要做好传统基础设施建设，还应依托"云、移、物、大、智"五位一体的技术工具，构建集线上和线下多重服务渠道于一体的深度融合的政务平台，提高政务服务的在线化、个性化、智能化水平。[22]因此，本文认为，政府的财政能力越强，计算机等技术型行业人才越充足，对网上政务服务平台建设的供给力度越大，就越有可能发展出能提升政务服务效率、促进服务便捷和精准的在线办理板块。因此，本文提出的具体假设如下：

H4：人力资本越高，政务服务在线办理能力越强。

H5：财政资源越多，政务服务在线办理能力越强。

3. 外部环境方面

由于社会－技术系统具有开放性，其运行不仅会受到外部环境的作用，也会对外部环境产生影响。[23]在本文的研究中，我们主要考察上级压力、自身要求这两类外部环境对政务服务在线办理能力的影响。张开云等学者认为，健全的公共服务法律体系和制度规范能有效保障公众预期，提升政府公共服务的供给能力。[24]由于我国科层体制与制度安排具有自上而下的特点，下级政府部门更倾向于积极采纳和执行上级政府部门下达的指示和要求，[25]因此，当省级政府积极推动"互联网＋政务服务"，积极提升在线办理服务能力时，地级行政区政府也愿意响应上级政府的政策号召，并严格落实。除此以外，地方政府与公众的距离更近，承担的政务服务事项更多，地方政府需要根据自身发展的现实情况，制定有针对性和差异性的相关政策，为数据共享、资源整合等营造良好的政策环境，从而为政务服务在线办理能力的实现与提升提供基本保障。同时，"互联网＋政务服务"建设也需要地方政府政策的引导和规范，为网上政务服务的整体发展制定远景目标、优先举措与战略方案。因此，本文提出的具体假设如下：

H6：承受上级压力越大，政务服务在线办理能力越强。

H7：自身政策环境越好，政务服务在线办理能力越强。

四 研究设计和变量描述

（一）研究设计

本文选取我国包括地级市、地区、自治州和盟在内的334个地级行政区，作为政府服务在线办理能力的研究对象，理由有四。第一，相对于县级行政区来说，地级行政区的"互联网＋政务服务"建设更加完善，彼此之间具有普遍横向对比的可能，因此现阶段选取地级行政区开展研究较为合适。第二，相对于省级政府而言，334个地级行政区的样本量充足，能够满足统计分析的需要，有利于对本文的研究假设进行检验，因此地级行政区在统计分析上具有一定的优势。第三，地级行政区的统计数据较为规范、全面，多个统计年鉴均以地级行政区为统计样本，因此地级行政区统计数据具有客观性和科学性特征。第四，地级行政区是较为基层的"互联网+政务服务"提供方，相比于省级政府而言，公众需求量更大，业务面更广，政务服务的提供更精准，数据粒度更小。

因此，本文最终选取334个地级行政区为研究样本，以2018年政府网站在线办理能力作为因变量数据，查阅《中国城市统计年鉴2017》等数据源获取自变量数据，并采用OLS回归模型对上述研究假设进行检验，以分析政务服务在线办理能力的差异性影响因素。具体见表1。

表1 变量操作化方式与数据来源

	变量	测量	数据源
因变量	2018年政府网站在线办理能力	对334个地级行政区政府网站进行数据采集	政府官方网站
自变量	互联网普及率	互联网宽带接入用户数占总人口的比例（%）	《中国城市统计年鉴2017》
	公众需求规模	每平方公里人口数（万人/平方公里）	
	经济发展水平	人均地区生产总值（元）	
	人力资本	信息传输、计算机服务和软件业从业人数占总人口的比例（%）	
	财政资源	公共财政支出占当地GDP的比例（%）	
	上级压力	省级网上政务服务相关政策（项）	北大法宝
	自身要求	地级行政区网上政务服务相关政策（项）	

（二）变量与数据测量

1. 因变量

政务服务在线办理能力需要体现服务方式完备度、服务事项覆盖度、办事指南准确度、在线办理深度和在线服务成效。纵观各类政府网站或电子政务评估报告，虽然其评估体系已趋近成熟，但往往仅包括政务公开、网上办事、互动交流等综合指标，难以直观体现政务服务在线办理能力。[26]而本文所界定的在线办理能力，契合国务院《指南》的要求，直观体现"少跑腿、不跑腿、最多跑一次"的核心思想，侧面反映出在线政务服务背后所涉及的数据共享、流程整合等深层问题。因此，本文根据《指南》提出的政务服务在线办理四级标准（见表2），将专业团队分为调查组和验证组,对334个地级行政区政府网站进行数据采集、评级打分。为保证数据能准确反映政府在线办理能力,我们选取12项应用广泛的政务服务事项,每个地级行政单位的整体分数由12项服务事项的平均分体现,最终折算为0~4分的评估得分。

表2 政务服务在线办理四级标准

级别(分数)	标准
无级别(0分)	网站中无该服务事项
一级(1分)	提供详细的办事指南、网上咨询和投诉渠道,但需要到现场提交办理
二级(2分)	可通过网上提交资料并进行预审,预审通过后仍需现场提交纸质材料,审批通过后可来现场领取或选择物流递送。整个过程到现场不超过2次
三级(3分)	可通过网上提交资料并进行核验,审批通过后可来现场领取或选择物流递送。整个过程到现场不超过1次
四级(4分)	全程网办,审批通过后可网上缴费并物流递送相关结果。整个过程无须到现场

2. 自变量

通过查阅文献,我们在已有研究的基础上对各个自变量进行了具体定义,使其具有可操作性,选择相关文献中常用的代理变量进行测量,以应对部分自变量操作困难或者无法直接获取的情况。

社会系统方面。互联网普及率是指该地区互联网宽带接入用户数占总人口的比例,是衡量互联网渗透率的重要指标。[27]当宽带接入用户数占总人口比例较高时,说明政府网站使用者较多,这会推动和激励政府提高政务服务在线办理能力;反之,当比例较低时,政府网站的低利用率会导致政府缺乏足够的动力发展在线政务服务。因此,首先,本文选用互联网宽带接入用户数占总人口的比例作为互联网普及率的代理指标。其次,本文用地级行政区的人口密度来衡量公众需求规模。随着城市化的快速推进和经济发展,城市人口激增直接导致人口密度上升。一个城市人口越密集,其办事需求越强烈,城市管理者就越有压力和动力去发展在线办理业务,并提供渠道多样、快捷高效的政务服务。基于此,本文选取每平方公里市区人口数作为指标来衡量人口密度。另外,我们查阅文献发现,人均GDP是衡量一个地区经济发展总体情况的最优途径。人均GDP常作为发展经济学中衡量经济发展状况的指标,是最重要的宏观经济指标之一,它是人们了解和把握一个地区宏观经济运行状况的有效工具,人均GDP越高的城市,其经济发展状况往往越好。[28]因此,本文选用人均GDP来反映一个地级行

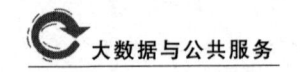

政区的经济发展水平。

技术系统包含两个维度，即财政资源与人力资本。网上政务服务是一项财力投入多、耗费资源的工作，因此强有力的经济基础和财政保障是其可持续发展的重要因素。网上政务服务建设资金最直接的来源就是政府的公共财政支出。[29] 公共财政支出占一个地级行政区 GDP 的比例越高，则该地区越有可能将财政支出用于政务服务在线办理的建设。因此，本文使用公共财政支出占当地 GDP 的比例来衡量用于政府网站在线办理的财政资源富足程度。网上政务服务建设不仅需要大量资金，也同样需要人力资本的投入，政务服务越来越依赖信息技术，推动一个地区信息技术发展的是当地 IT 产业的从业人员。当一个地区的 IT 产业从业人员占总人口的比例较高时，表明该地区有充足的人力资本去提高政务服务在线办理能力。基于此，本文具体使用信息传输、计算机服务和软件业从业人数占某一地区总人数的比例来衡量人力资本的情况。

外部环境方面。本文分别选用该地级行政区所在省份的省级网上政务服务相关政策数量与该地级行政区的网上政务服务相关政策数量来衡量上级压力和自身要求作为外部环境指标。一方面，中国自上而下的压力型体制强化了命令和服从关系，一个地级行政区最直接的上级压力就是所在省份颁布的省级政策，省级政策施加的压力通常会驱动下级政府完成省级政府所下达的任务。本文认为，省级政策越多，施加的压力自然也就越大。因此，我们使用与网上政务服务相关的省级政策的数量来衡量上级压力。另一方面，下级政府为了认真贯彻省级政府的决策和部署，结合本地区现有的经济和物质基础以及自身发展的需要，制定出符合本地区实际情况的相关政策。因此，本文使用与网上政务服务相关的地级行政区政策的数量来衡量该地区政府的自身要求。为了保障政策检索的准确性，我们通过"政务服务"、"电子政务"、"智慧城市"等关键词，在北大法宝上进行全面检索，在剔除与网上政务服务无关和重复的文件后，最终筛选出省级政策 103 项，地级行政区政策 312 项。

五 数据分析与讨论

（一）描述性统计分析

我们通过对 334 个地级行政区主要变量的描述性统计分析发现，经济发展水平、人力资本、财政资源这三个变量标准差较大,可能存在偏离正态分布的情况,因此进行自然对数转换后,使其趋向于正态分布。此外,部分变量在数据统计时出现缺失,本文只对数据齐整的282个观测点进行模型估计。在观察334个地级行政区政务服务在线办理能力后发现,我国各地方政府的在线办理能力总体上差异十分明显,超过50%的地级行政单位仍然停留在一级标准阶段,而达到三级标准的仅占样本总量的7%(见表3)。

表3 描述性统计分析结果

变量	观测点	均值	标准差	最小值	最大值
互联网普及率	312	0.236	0.175	0.04	1.71
公众需求规模	334	0.043	0.034	0.0	0.25
经济发展水平*	282	10.74	0.53	9.38	12.28
人力资本*	320	3.69	0.73	1.67	6.24
财政资源*	308	0.18	0.15	0.02	2.14
上级压力	334	4.372	3.0928	0	14
自身要求	334	1.064	1.2033	0	7
在线办理能力	334	1.03	0.91	0.00	3.92

注:*表示以自然对数值体现。

(二)相关分析

表4报告了各变量的相关关系矩阵。与本文预期一致,自变量均与因变量(在线办理能力)呈显著正相关($p<0.01$),初步证实各研究假设。人力资本与互联网普及率($r=0.780$, $p<0.01$)之间存在较强的相关性,需要进一步检验是否存在多重共线性。为此,将这些变量带入回归模型,发现各变量的方差膨胀系数(VIF)均小于3.6,其中互联网普及率最高,其VIF值为3.546。因此,变量间不存在明显的多重共线性,对估计结果有稳健性影响。

表4 相关关系矩阵

	变量	1	2	3	4	5	6	7	8
1	互联网普及率	1							
2	公众需求规模	0.381**	1						
3	经济发展水平	0.614**	0.318**	1					
4	人力资本	0.352**	0.123*	0.331**	1				

续表

	变量	1	2	3	4	5	6	7	8
5	财政资源	0.071	-0.152*	0.214**	0.045	1			
6	上级压力	0.013	0.020	-0.084	-0.064	-0.028	1		
7	自身要求	0.101	0.206**	0.189**	0.234**	-0.010	0.180**	1	
8	在线办理能力	0.456**	0.413**	0.301**	0.295**	-0.048	0.199**	0.158**	1

注：* 在 0.05 水平上显著；** 在 0.01 水平上显著。

（三）回归分析

我国幅员辽阔，各个地区由于自然条件、资源状况、地域文化以及受政策的影响存在不同，因而具有不同的发展特点与趋势。因而本文在分析全国范围内地级行政区政务服务在线办理能力的基础上，根据东、中、西部地区的划分，对地区内的影响因素和地区间的横向比较又进行了深入考察，从而希望能充分反映政务服务在线办理能力存在差异的原因。据此，我国大陆区域整体上可划分为三大地区[①]：东部地区包括河北、辽宁、吉林、黑龙江、江苏、浙江、福建、山东、广东、海南10个省，中部地区包括山西、安徽、江西、河南、湖北、湖南6个省，西部地区包括四川、云南、贵州、陕西、甘肃、青海、内蒙古、广西、宁夏、新疆、西藏11个省和自治区。

本文运用统计分析软件SPSS22.0分别对东部地区、中部地区、西部地区和全国范围进行OLS回归分析。在进行异方差检验后，由标准残差的常态P-P图和散点图可知，该回归模型不存在截面数据常见的异方差问题。回归结果如表5所示，其中模型1~4分别考察在东部地区、中部地区、西部地区和全国范围内政务服务在线办理能力的影响因素。在东部地区，互联网普及率、公众需求规模和上级压力对在线办理能力有正向显著作用；在中部地区，互联网普及率、人力资本和上级压力通过检验；在西部地区，互联网普及率、公众需求规模、上级压力和自身要求通过检验，并且上级压力呈现显著的负向影响，与H6背道而驰。而在全国范围内，互联网普及率、公众需求规模、人力资本和上级压力均取呈0.01水平上显著。本文的研究结果较好地支持了社会、技术、环境因素对政务服务在线办理能力的

---

① 仅包括省和自治区。

解释，表明各地区在政府建设和提升在线办理能力过程中，需要结合自身情况考虑和关注各类因素所产生的影响。

表5 分地区 OLS 回归分析结果

变量	东部地区模型1	中部地区模型2	西部地区模型3	全国模型4
（常数）	-0.956（0651）	0.401（3.273）	2.180（1.848）	-0.234（1.243）
互联网普及率	1.053*（0.495）	1.743*（1.005）	1.159*（0.675）	1.589**（0.362）
公众需求规模	6.587*（2.197）	5.277（3.297）	8.787*（3.416）	7.320**（1.487）
经济发展水平	0.026（0.202）	-0.134（0.299）	-0.194（0.170）	-0.044（0.119）
人力资本	0.170（0.115）	0.335*（0.140）	0.074（0.097）	0.225**（0.069）
财政资源	-0.131（0.386）	-0.339（1.412）	-0.226（0.752）	-0.192（0.316）
上级压力	0.190**（0.036）	0.047*（0.020）	-0.077*（0.033）	0.059**（0.015）
自身要求	-0.053（0.070）	0.013（0.072）	0.231**（0.064）	-0.003（0.041）
N	115	79	86	280
F	12.238**	2.450*	6.236**	19.843**
R-squared	0.408	0.115	0.301	0.321

注：* 在0.05水平上显著；** 在0.01水平上显著。

（四）讨论

1. 社会系统方面对政务服务在线办理能力的影响

政务服务在线办理面向的对象是社会公众、企业和其他利益相关者，他们希望通过更快捷、更方便、更高效的在线办理服务来降低自己的经济成本和时间成本。因而政府在面对庞大的公众需求时，更能感受到推动政务服务在线化的压力感与迫切感，从而不断加强对提升政务服务在线办理能力的重视和建设力度。与此同时，已有研究也发现，人口规模和公众需求同政府网站水平或电子政务建设呈显著正相关，模型4的回归结果也证实了这一假设。[30]

此外，在4个模型中互联网普及率均呈现显著正向作用，这是因为公众接受政府在线办理服务一定需要稳定的互联网环境作为基础设施保障，而互联网普及率较低的地区往往信息化程度相对较弱，电子政务建设严重滞后，因而政务服务在线能力发展并不充分。[31]相反，互联网普及率较高的地区，信息化建设更加成熟，公众对互联网也形成了一定的依赖性，因而具备提升政务在线办理服务水平的大环境。所以，互联网普及率是提升在线

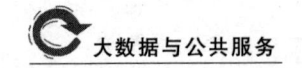

办理能力的关键因素之一。

在社会系统中,经济发展水平并未通过假设验证,可见在提升政务服务在线办理能力的过程中,经济实力所起的作用并不显著。虽然学界有人认为经济发展水平较高的城市,更有物质条件与经济基础来发展政务在线办理;但对于我国的"互联网+政务服务"建设来说,凌驾于经济基础之上的国家政策规定与相关激励,更能促进地方政府在线政务服务的发展,这也印证了上级压力具有显著的正向作用。[32-33]

2. 技术系统方面对政务服务在线办理能力的影响

由模型4可知,在技术系统方面,仅有人力资本通过假设验证,因为在线办理服务能力的提升离不开互联网、计算机人才所提供的专业技术支撑。而这里的人力资本不仅涵盖相关的一线技术工作者,也包括从一线发展起来的具备互联网技术能力的管理层,因为他们的技术理念与科学观点能助力"互联网+政务服务"工作的持续推进。正如其他研究所指出的,电子政务建设的关键是人力,领导者和团队的良性互动是改善电子政务服务能力的有效途径。虽然全国范围内人力资本通过假设,但在对比模型1~3后发现,各地区中唯有中部地区的人力资本正向作用显著,其可能的原因是中部地区人口密度相对较高,但技术型人才的自我输出较为匮乏,六省合计仅有6所985高校,因而该地区人力资本对政务服务在线办理能力的提高来说显得尤为重要。

令人遗憾的是,技术系统中的财政资源在所有模型中均未得到验证,其可能的原因是财政资源的衡量数据来自公共财政支出。而公共财政支出包含的种类繁多,为政府在线办理能力建设提供硬件设备补充、软件技术支持的财政支出并不能准确体现,以致假设未能通过。王立华等人在对中美两国电子政务影响因素的比较研究中也说,由于衡量财政资源在电子政务中的支出情况难度较大,所以学者普遍认为财政支出能影响电子政务发展的假设难以得到充分验证。[35]

3. 外部环境对政务服务在线办理能力的影响

模型4结果显示,上级压力对政务服务在线办理能力具有显著正向影响。这是因为在我国单一制政体环境下,地方政府需要依据上级政府或中央政府所规划的顶层设计要求来落实相应的工作指标。自国务院出台"互联网+政务服务"相关政策后,各省份在2017年陆续推出工作方案和任务进度表,加强了对地方政府在线政务服务建设的监督。因此,地级行政区在上级压力之下,更能把握政务服务在线办理的关键,来促进政务服务在线办理能力的提升。但是，部分地方政府在具体实施中，并未结合自身发展需要来制定提升"互联网+政务服务"的针对性政策，或者所提出的在线政务服务只是"互联网+政务服务"中的一小部分，使得政策目标与政策措施匹配程度低，未能真正推动在线办理能力的实现与提升。因而，地方政府即使出台再多的政策规章，仍未涉及在线办理服务的核心内容，使得在线服务依旧停留在信息发布的基础阶段。所以，自身要求并未对在线办理能力的提升有显著影响。

在地区回归结果中，模型3所显示的西部地区结果与模型4的结果大相径庭：上级压力具有显著负向影响，自身要求具有显著正向影响。通过复查西部各省级和市级政府网站在线办理能力发现，西部地区省级统筹力度较小，省级与市级政府网站的政务服务并未打通，大量地区存在省级一套标准、市级一套标准的现象。同时，以成都为代表的部分地级行政区，原有的在线办理能力普遍强于省级统筹下新建的网上政务服务，因而出现自身要求正向显著影响而上级压力负向显著影响的情况。

六　结论

本文通过社会－技术系统理论框架，选取334个地级行政区统计数据，利用回归模型分地区来解释在政府网上服务快速发展的过程中，各地在线办理能力存在差异的原因。研究表明，政务服务在线办理能力，受到社会系统、技术系统和外部环境共同影响。具体而言，公众需求规模、互联网普及率、人力资本和上级压力同地方政府在线办理能力呈显著的正相关。因此，结合讨论内容，本文提出如下建议，供地方政府的电子政务实践工作者参考。

第一，重视人民日益增长的美好生活需要。党的十九大报告对我国社会的主要矛盾做出了新的论断，即已经转化为人民日益增长的美好生活需要和不平衡不充分发展之间的矛盾。结合本文的研究结果可知，在提升政务服务在线办理能力的过程中，地方政府同样需要重视人民日益增长的政务服务需要。在公众需求的推动下，率先推行与公众生活相关、办理需求较强烈的政务服务在线办理。应始终站在公众需求的角度，坚持公众办事"不见面审批"的先进理念，促进政务服务在线办理深度与广度的双向发展，最终实现推动政务服务"一网通办、全国漫游"的目标。

第二，加强国家顶层设计和省级统筹力度。以国家政务服务平台建设为抓手，坚持省级统筹，规范地方政府网上政务服务建设，整合政府各层级、各部门的网上服务平台。在保证政务服务在线办理事项标准化的前提下，各地方进行有的放矢的差异化、个性化建设，探索更高程度的"互联网＋政务服务"。出台"互联网＋政务服务"的配套政策和相关法律，使地方政府数据共享与开放有法可依、有迹可循，从而推动政务服务流程的整合和优化，以促进在线服务能力的实现和提高。

第三，提高政务服务基础建设的供给能力。政务服务在线能力的提升，离不开技术资源的有力供给，其中应以人力资本为主，扩大政府内部和地级行政区整体的互联网技术人才的引入比例，运用大数据、云计算、人工智能等信息技术，不断优化在线服务方式，提供精准化、个性化、智能化的服务，同时为在线办理提供稳定、安全的技术保障。

本文从地级行政区层面对政府在线办理能力进行了初步研究，还存在诸多不足，后续将不断完善和深化。首先，构成自变量来源的代理变量并不能完全表征假设所应有的内容，今后研究还可以进一步细化；其次，在线办理能力的提升是政府建设过程中日积月累的结果，使用面板数据而非横截面数据进行假设检验，更能科学地说明各地政府在线办理能力存在差异性的原因。

参考文献

[1] 杨道玲. 我国电子政务发展现状与"十三五"展望 [J]. 电子政务，2017（3）.

[2] "信息社会发展研究"课题组. 中国信息社会发展报告 2015 [J]. 电子政务，2015（6）.

[3] 翟云. 政府职能转变视角下"互联网＋政务服务"优化路径探讨 [J]. 国家行政学院学报，2017（6）.

[4] 翟云. "互联网＋政务服务"推动政府治理现代化的内在逻辑和演化路径 [J]. 电子政务，2017（12）.

[5] Mu.oz L. A., Bolívar M. P. R., Cobo M. J., et al. Analysing the Scientific Evolution of E-Government Using a Science Mapping Approach [J]. *Government Information Quarterly*, 2017.

[6] Norris D. F., Lloyd B. A. The Scholarly Literature on E-Government: Characterizing a Nascent Field [J]. *International Journal of Electronic Government Research*, 2017, 2 (4): 40-56.

[7] 李云新，于业芹. 省域"互联网＋政务服务"的推进机制与政策特征——基于政

策文本的内容分析［J］. 电子政务，2018（3）.

［8］王益民. 我国省级政府网上政务服务的现状与特点［J］. 行政管理改革，2017（3）.

［9］Srednik E., Cha K. J. Assessing E-Government Adoption in Russia: Impacts of Service Delivery Attributes［J］. *Social Science Electronic Publishing*，2017.

［10］张会平，郭宁，杨国富，等. 基于社会—技术框架的"互联网＋政务服务"网络安全机制研究［J］. 情报杂志，2017，36（12）.

［11］Trist E. L., Murray H. D., Trist B. *The Socio-Technical Perspective*［M］. University of Pennsylvania Press，1993.

［12］席彩丽. 基于社会—技术方法的社交网络用户知识贡献行为研究［J］. 图书馆学研究，2014（7）.

［13］唐方成. 新技术商业化的风险要素及其作用机理：基于社会技术系统理论的实证研究［J］. 系统工程理论与实践，2013，33（3）.

［14］杨雪冬. 后市场化改革与公共管理创新——过去十多年来中国的经验［J］. 管理世界，2008（12）.

［15］Pouloudi A., Ziouvelou X., and Vassilopoulou K. A Societal Perspective on E-business Adoption［J］. *Journal of Information Communication & Ethics in Society*，2003，1（3）：149–166.

［16］Lee C. P., Berry F. S. Testing the Development and Diffusion of E-Government and E-Democracy: A Global Perspective［J］. *Public Administration Review*，2011，71（3）：444–454.

［17］马亮. 政府2.0的扩散及其影响因素——一项跨国实证研究［J］. 公共管理学报，2014（1）.

［18］何艳玲，郑文强. "回应市民需求"：城市政府能力评估的核心［J］. 同济大学学报（社会科学版），2014，25（6）.

［19］柏必成. 公众需求：服务型政府的动力来源——兼论服务型政府的本质特征［J］. 学习论坛，2014（9）.

［20］Mcneal R. S., Tolbert C. J., Mossberger K., et al. Innovating in Digital Government in the American States［J］. *Social Science Quarterly*，2010，84（1）：52–70.

［21］顾海兵，张敏. 市级政府网站与市域经济的关联度之分层分析——基于292个地级市的资料分层分析［J］. 学术界，2014（6）.

［22］何继新，张浩南，李原乐. "互联网＋公共服务"治理研究：现状述评、逻辑框架与关键问题［J］. 电子政务，2017（12）.

［23］Walker G. H., Stanton N. A., Salmon P. M., et al. A review of Sociotechnical Systems Theory: a Classic Concept for New Command and Control Paradigms［J］. *Theoretical Issues in Ergonomics Science*，2008，9（6）：479–499.

［24］张开云，张兴杰，李倩. 地方政府公共服务供给能力：影响因素与实现路径［J］. 中国行政管理，2010（1）.

［25］陈雪莲，杨雪冬. 地方政府创新的驱动模式——地方政府干部视角的考察［J］.

公共管理学报,2009,6(3).

[26] 秦楠,田蕴祥.地方政府网站绩效评估体系构建——第三方开发与自身主导模式的比较研究[J].华北电力大学学报(社会科学版),2017(3).

[27] 于文轩,许成委.中国智慧城市建设的技术理性与政治理性——基于147个城市的实证分析[J].公共管理学报,2016(4).

[28] 齐元静,杨宇,金凤君.中国经济发展阶段及其时空格局演变特征[J].地理学报,2013,68(4).

[29] Piotrowski S. J., Bertelli A. M. Measuring Municipal Transparency. 14th IRSPM Conference. Bern, Switzerland, 2010[C/OL]. http:∥www.irspm2010.com/workshops/papers/31_measuringmunicipal.pdf.

[30] 杨欢,高洁.公众需求视角的政府电子信息服务质量影响因素概念模型[J].情报资料工作,2015,36(6).

[31] 孔晓娟,邹静琴.中国农村电子政务发展现状及模式研究综述[J].电子政务,2015(1).

[32] Stoica E. A., Pitic A. G., Martin F. M. The Impact of E – Government on the Economy in the Context of Improving the Costs[J]. Revista Economic, 2013, 65(3): 73.

[33] Singh H., Das A., Joseph D. Country – level Determinants of E-Government Maturity[J]. Communications of the Association for Information Systems, 2004, 20(1): 632 – 648.

[34] 张丽丽.新常态下推进"互联网+政务服务"建设研究——以浙江省政务服务网为例[J].浙江学刊,2016(5).

[35] 王立华,孙铭.中美电子政务公共服务影响因素的比较研究[J].电子政务,2014(10).

"互联网+政务服务"技术-制度调试网络及政策启示[*]

李 鹏 王欢明[**]

"互联网+政务服务"的发展远比缺少技术逻辑系统的政府系统发展要复杂,如何为其发展提供有效的智力支持和政策假设已成为一项重要课题。本文运用混合分析方法,揭示了中国"互联网+政务服务"的技术-制度调试网络形成的独特规律,并在自制的政策文献数据库的基础上检验了两条假设。研究发现,中国案例的独特之处在于,制度安排在互联网技术-政府系统的嵌入过程中发挥了关键性的塑造作用。其中,"两办"及其所成立的领导小组对技术-制度调试网络形成过程起到了决定性作用。国务院机构改革后,国家发展和改革委员会、工业和信息化部、财政部三方依据资源配置实现了技术-制度调试过程的稳定性。除"两办"和三部委之外的参与者网络关系较为繁杂,这也在一定程度上制约了其他参与者在政务服务提供过程中的创新空间和连续性。制度因素主导的技术-制度调试网络要求加强技术-组织嵌入关系的制度化过程,以连续且稳定的制度替代过程释放"互联网+政务服务"的技术和制度上的双重优势。

---

* 基金项目:国家社科基金重点项目(编号:13AZZ016);国家自然科学基金青年项目(编号:71303028)。

** 作者:李鹏,大连理工大学人文与社会科学学部副教授;王欢明,大连理工大学人文与社会科学学部副教授。

一　问题的提出

"互联网＋政务服务"是对政府治理创新的实践探索。以人民为中心的发展思路决定了"互联网＋政务服务"需要各级政府部门打破信息壁垒，让百姓少跑腿、信息多跑路，解决办事难、办事慢、办事繁等问题。为了保证"互联网＋政务服务"的效果，以"线上到线下"、一网式、模块化、一体化等为代表的发展思路都试图调试互联网技术和政务服务过程的复杂关系。然而，互联网技术和政务服务之间并非简单的机械式组合，"互联网＋政务服务"需要政府内部及不同部门间相互协调以及正确处理复杂的任务关系，这远比缺少技术逻辑系统的政府系统更为复杂。2016年4月26日，国家发展和改革委员会的新闻发言人指出，"'互联网＋政务服务'协调难度大、工作任务复杂，需要各地方各部门加强配合、协同推进"。

"互联网＋政务服务"的提供过程受到多重关系的综合影响，包括技术因素对政府系统、制度因素对政府系统，技术因素和制度因素双向调试的影响。单纯的互联网技术工具对政务服务流程中人力的替代或机械式组合是难以取得预期效果的，这就需要依循技术逻辑和制度逻辑，调试政府内部及部门之间的依赖关系、协作关系、任务关系。技术－制度调试网络概念建立在数字调试制度概念的基础上[1]，用来解释技术逻辑系统和制度逻辑系统如何共同影响政府系统内部的调试过程，属于为了使政府内部和部门间有效使用数据、信息、系统和工具及其组合的治理机制。从结果维度看，"互联网＋政务服务"的技术－制度调试网络主要是在政府－用户、服务提供的各部门间、技术标准－规则惯例三个界面上，实现了对数据、信息、系统、终端及其组合的调试过程。"互联网＋政务服务"的发展思路，是在政府上网工程、电子政务网络、"互联网＋"三个发展阶段的基础上提出来的。在技术－制度调试网络形成过程中，相关政策文献构成了政府－用户、服务提供的各部门间、技术标准－规则惯例不同界面上的调试工具。

本文视中央政府及相关部门为"互联网＋政务服务"技术－制度调试网络的参与者，相关政策文献在一定程度上反映了技术－制度调试过程的多方交互结果。由此，重新理解1998～2015年间技术－制度调试网络的形成过程，科学认识中国技术－制度调试政策所呈现的演进过程，有效揭示中国案例中技术－制度调试网络的协作关系及层次，都将为"互联网＋政务服务"发展提供智力支持和政策假设。

二 文献综述

(一) 技术-制度调试网络运行规律的相关研究

为了解释由技术因素和制度因素共同触发的组织变革规律,相关研究经历了由技术因素驱动到组织因素驱动,再到技术-制度驱动的视角变迁过程。

基于技术因素驱动的调试网络研究,将行政系统接受互联网技术的过程理解为行政技术规则的变迁过程,[2]重点关注在电子政务技术的设计、使用、采纳等规则系统中如何塑造技术系统的角色及任务。于是,电子政务技术项目的多元参与者的内部治理机制就成为相关政策设计的目标。[3]

基于组织因素驱动的调试网络研究,侧重于组织规则对行政目标和技术行为的塑造过程,试图揭示新技术系统和政府结构的嵌入关系。基于组织因素驱动的调试网络研究意识到组织因素所呈现的技术赋能性和可塑性特征,这使得作为结构性呈现的技术逻辑和规则逻辑之间存在交互的可能性。[4]由此,互联网及移动互联网技术被转换为一种新的政府治理工具,"已经成为系统结构性呈现的组成部分"。[1]相关研究在公共管理领域的进展,远远滞后于商业服务提供、技术项目治理等领域,其主要原因在于,互联网和政府结构及其行为之间存在长期和更为深层的交互关系。[5]

基于技术-制度驱动的研究主张,审视人、技术与结构之间的交互关系,理解调试网络是如何随情境和条件变化而变化的,以此揭示组织变革的内部机制。不同于前面两种研究思路,这种研究视角凸显了制度因素对于技术和组织交互关系的重要性影响。由此,"互联网+政务服务"的技术-制度调试过程可以理解为:技术逻辑系统和制度逻辑系统的影响外化为政府规则系统和行政过程的连续调试过程,作为政府系统结构性呈现的既有组织结构和技术结构,同时也受到技术-组织嵌入关系的制度化过程和制度-组织塑造过程的连续交互作用。[6]芳汀认为,制度化的时空机制和制度安排的塑造能力,使政府部门和跨部门合作者参与到长期且复杂的电子政府渐进式发展过程成为可能。[7]为了保证技术-制度驱动对于政府系统结构的贡献,多元参与方的协作过程支撑起"互联网+政务服务"的稳定性及其张力。然而,相关实证研究多选择以美国、欧盟为代表的发达国家和地区的政府治理创新案例,尚缺少具有后发优势的发展中国家的案例素材和实证检验分析途径。[8]在技术－制度调试政府系统的过程中，由多元参与者协作关系所构成的调试网络呈现出跨边界、相互依赖、动态性特征，这也进一步强化了政府治理创新的时空关联特性，也以新兴服务为媒介实现了与行政环境的新型交互机制。

（二）"互联网＋政务服务"的多元参与者协作关系研究

"互联网＋政务服务"的不确定性体现为，"那些跨越部门之间的界限并且只是通过单个机构难以解决的问题"。[9]结合了时空特征和嵌入关系的"互联网＋政务服务"提供过程，在不同驱动因素作用的技术－制度调试过程中呈现出结果产出的差异化、政策行为的不确定性以及参与者的复杂关系，而这就构成了技术逻辑系统对政府系统、制度逻辑系统对政府系统的复杂性。因此，由资源、禀赋、条件各有不同的参与方所形成的协作网络，体现了长期形成的组织合作关系，而不同的网络治理结构将对参与者的协作关系产生关键作用。[10]当然，这也受到不同政治、历史及文化因素的局限。[11]为了增强组织系统的稳定性和参与者协作关系的弹性，多元参与者试图将行政目标和协作关系作为行政惯例直接建立在政府治理创新结构上[12]。对于相关政府研究而言，随着时间和顺序的演变，观察技术－制度调试网络的结果产出以理解多元参与方的协作关系，就成为具有一定可行性的分析路径。

无论是电子政务，还是"互联网＋政务服务"，任何一个独立的中央政府部门都无法具备充分的信息和资源，甚至都无法及时有效地制订解决方案。"互联网＋政务服务"的技术－制度调试网络中卷入了政府内部和部门间的多元参与者，面向外部用户的政务服务提供过程受到多元参与者及其协作关系的关键性影响。政府内部和部门间的多元参与者协作过程发挥了关键作用，由协作关系所呈现的参与者协作网络的位势及影响力，允许他们对制度安排变化表达新愿景并获得支持。[13]多元参与者通过相互依赖与资源交换推动政策制定或执行。[14]而联合制定政策就成为调试多元参与方和技术－制度网络的关键。在社会保障、[15]食品安全、科技政策[16]等研究领域中，部分学者也曾经使用政策文献来描绘多元参与方的交互过程，合作关系反映出权力配置的结构变迁过程，所以多次运用政策网络分析方法描述部门间关系。

（三）政策文献分析方法

政策文献研究为揭示行政系统中的技术－制度调试规律提供了分析的

可行性。基于技术-制度驱动的研究视角需要透过观察参与者的协作关系，重新理解技术-组织嵌入过程和制度-组织塑造过程及其交互关系。微观情境下的参与者交互关系通常采集个体行动者的行为数据进行社会网络分析，而宏大背景下的参与者交互关系则难以直接采集政府部门的行为数据。通过对政策文献进行量化分析，政策分析人员和政策制定者能够获得客观且可检验的研究结果，并能够从宏观层面识别某种类型的政策演进路径、效果和发展趋势。[17]

在技术-制度调试网络中，政府内部及部门间的参与者的协作关系可以由相关政策的"联合行文"来呈现。[18]基于连续的交互过程所形成的协作关系，也体现出多元参与者在促进"互联网+政务服务"发展过程中的角色及定位。政策文献研究为打开政府系统运行过程中的"黑箱"提供了可能性，并使政策演进以一种"过程"的形态呈现出来。[19]尤其在中国政治生活中存在较为特殊又经常出现的"联合行文"形式，政策文献在一定程度上反映出发文机构之间的职能分工和合作网络。[20]国家各部委及相关部门构成电子政务和"互联网+政务服务"政策决策的主要行动者，其政策文献的形成过程本身就是多方协作的结果产出。各部门参与的技术-制度调试过程，可以使用政策文献分析方法来揭示"联合行文"背后的协作关系，以此揭示技术-制度调试网络的本土规律。

三 "互联网+政务服务"技术-制度调试网络的形成过程

"互联网+政务服务"技术-制度调试网络的形成过程，经历了政府上网工程、电子政务网络、"互联网+"发展三个阶段。政府上网工程阶段，是从1998年到2001年。这项工程启动初期，只有30%以上的部委和省级政府在163/169网站上建立站点。直到国家信息化工作领导小组调整为国家信息化领导小组后，依据《国家信息化领导小组关于我国电子政务建设指导意见》，各级政府门户的网站普及率快速提升。这标志着国家电子政务网络和基础设施支撑能力、信息资源开发与共享、信息安全保障能力等各方面均取得了显著成效。电子政务网络阶段，是从2002年到2007年。电子政务网络依托国家信息化领导小组制定的指导意见和发展规划等，建立健全了政府门户网站和电子政务网络的层次和体系。2006年，电子政务网络建设意见和电子政务总体框架的明确，也标志着电子政务网络由建网站、扩网络向便民服务过渡。"互联网+"阶段，是从2008年至今。根据国务院机构改革的要求，国家信息化领导小组合并入国家发展和改革委员会，其具体工作由工业和信息化部承担。在中央网络安全和信息化领导小组成立之前的一段时间里，工业和信息化部主要以联合发文的形式积极推动电子政务网络建设，再加上政务微博和政务微信的普及应用等技术因素，都成为"互联网+政务服务"得以发展的坚实制度基础。自2014年中央网络安全和信息化领导小组成立至今，在明确了安全和发展关系的基础上，国务院办公厅又下发了多份与"互联网+政务服务"的相关政策文献。

中国案例所呈现出的技术-制度调试过程，具有不同于数字调试制度过程的独特性。数字调试制度的研究者主张，以互联网技术为代表的新兴技术因素，触发了数字调试制度的网络结构及其背后参与者协作关系的调试过程。早期研究集中在美国数字政府建设的典型案例上，以美国国际贸易数据系统等为代表，分析发现，互联网技术的引入成为数字政府建设的动因。[11]

后续研究拓展到发达国家之间的案例比较，技术设计、技术专家等因素依然对政务服务的提供结构及服务能力产生关键性影响。[1]在欧盟商标无纸化管理与服务案例中，专业机构的参与或者相关技术标准的制订过程都会被嵌入政府系统运行过程中，甚至影响政府决策过程。芳汀也注意到，美国数字政府跨部门合作的制度环境形成过程也反映出联邦政府早期对政策环境有塑造作用，但同欧盟案例相比，这种影响仍局限在相关制度安排对作为治理工具的政务服务技术的作用上。[11]制度安排能否触发新技术的扩散，以及是否会通过塑造参与者的协作关系影响技术和组织嵌入关系的制度化过程，这些也需要实证案例支持。为了观测制度安排对技术-制度调试网络的作用，本文继续沿用数字调试制度概念中对制度安排的理解，将技术-制度调试过程中领导小组的成立视为制度逻辑系统塑造多元参与者协作关系的显性指标。为此，提出研究假设：

H1：在中国案例中，制度安排塑造了技术-政府系统的嵌入过程。

由案例分析发现，在技术-制度调试网络形成过程中，中央成立的不同名称的领导小组体现出较强的路径依赖特征。此种类型的领导小组不同于国务院办公厅及部委，其权力影响力由最高领导者及其办公室的职能决定，这也构成政策文献扩散的动力。在政府上网工程启动之前，为了加强对全国信息化工作的领导，国务院曾先后三次成立领导小组，分别是1984年的国务院电子振兴领导小组、1986年的国家经济信息管理领导小组、1996年的国务院信息化工作领导小组。在政府上网工程阶段，1999年成立的国家信息化工作领导小组和 2001 年成立的国家信息化领导小组，通过监督落实政府上网工程，推进我国信息化建设，维护国家信息安全。直到 2014 年，为了着眼于国家安全和长远发展，中央又成立了中央网络安全和信息化领导小组，统筹协调涉及各领域的网络安全和信息化重大问题，研究制定网络安全和信息化发展战略、宏观规划和重大政策，推动国家网络安全和信息化法治建设，不断增强安全保障能力。由中央成立的领导小组下发的关键政策文献主导了技术－制度调试过程，这个过程具有鲜明的路径依赖特征。本文立足于中国国情，将治理结构和协作关系的交互过程理解为政策文献所呈现出的协作层次，"两办"所成立的领导小组在政策文献下发过程中对其他参与者产生了决定性影响。为此，提出研究假设：

H2：在制度安排塑造的技术－制度调试网络中，领导小组对参与者关系及多元参与者的协作层次有决定性影响。

四 研究方法及数据来源

（一）实证检验方法

政策文献所呈现出的技术－制度调试过程，不仅能够揭示政府内部和部门间的协作关系，也能体现出协作过程中参与者的重要角色和关键路径。这种行为意义上的关联关系也间接反映出各部门间以信息通报、行政协调、联合实现、服务链条、信息与资源共享等形式呈现的协作关系。[21]为了展现调试过程中的参与者交互关系，本文采取社会网络分析方法来描述参与方的协作关系，分析软件为 UCINET 6.0。该方法被认为能够较好地解释部门间的关系结构，进而理解不同行动者的权力位势及其影响。[22]实证检验遵循如下步骤：一是采用参与者数量、政策文献数量、合作关系、网络密度等指标，描绘技术－制度调试网络的特征；二是运用点度中心性、接近中心性、中介中心性三项指标提取核心参与者，分析主要参与者在调试过程中的关键作用；三是使用结构洞理论相关测度划分参与者的协作层次，描述"互联网＋政务服务"技术－制度调试网络结构。

（二）数据来源及描述

相关分析数据来源于自主开发的"互联网＋政务服务"技术－制度调试政策数据库。该数据库包括发文单位、标题信息、公文号、发布时间等信息。其中，全部数据均来源于中国政府门户网站及国家各部委门户网站，用事件参与法来确定联合发文的参与者范围，选取中共中央和国务院下设的一级党政机构作为基本分析单元。为了保证数据准确有效，作者于2017年1～6月分成三个小组进行独立搜索，再以讨论形式进行数据合并与清洗，最终获得1998～2015年的基础信息（如表1所示）。

表1 1998～2015年技术－制度调试政策的基础信息

阶段	节点/边数	密度	政策文献类型														
			通知	规定	办法	建议	说明	规划	意见	指南	战略	条例	纲要	方案	计划	细则	规范
1998～2001	9/0	0	5	3	4	1	1	1	0	0	0	0	0	0	0	0	0
2002～2007	24/14	0.11	16	3	13	0	0	1	13	1	1	1	0	0	0	0	0
2008～2015	38/246	0.28	32	3	12	0	0	0	19	2	0	1	1	1	1	1	1
1998～2015	42/254	0.27	53	9	29	1	1	2	32	3	1	2	1	1	1	1	1

1998～2015年的技术－制度调试政策所呈现的网络如图1所示，图中共有43个参与者所对应的点和联合发文关系所对应的254条边，网络密度为0.198。整个网络的中介中心势为0.16，反映出中介中心性最高的参与者与其他参与者差距较小，而且凝聚子群的成分分析显示较弱，说明尚未形成凝聚子群。联合发文频次最高的前五位政策文献类型依次为"通知"、"意见"、"办法"、"规定"、"指南"。上述分析结果显示，一是参与技术－制度调试政策的参与者数量较多，协作关系较为复杂；二是少数参与者的联合发文占全部发文的比重较大，少量参与者在联合发文过程中较为活跃；三是政策文献所呈现的参与者网络较为松散，尚没有形成比较清晰的层次体系。

整体网络结构图中大多数参与者都存在联系，而林业局、国家密码管理局、中国人民银行、农业部、中国银行业监督管理委员会、海关总署、中央财经领导小组办公室、国家民族事务委员会、国家粮食局、文化部10个参与者是独立制定政策文献的。未曾联合下发过政策文献的参与者占总数的23%。联合下发政策文献的部门包括，中共中央办公厅、国务院办公厅、国务院组成部门、国务院直属特设机构、国务院直属机构、国务院直属事业单位、国务院部委管理的国家局、中央部门机构。在整个调试网络形成过程中，各参与者联合发文的次数一直呈现不均匀特征，少数参与者联合发文频次较高，多数参与者联合发文频次较低。

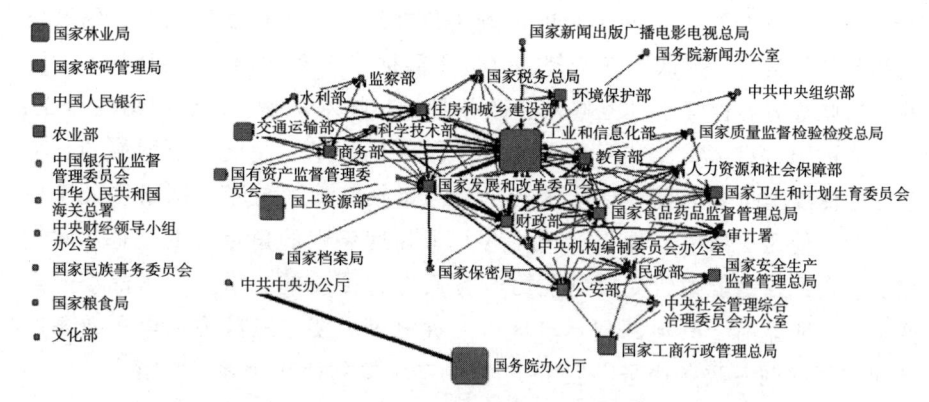

图1 1998～2015年技术－制度调试政策所呈现的网络关系

五 实证结果及讨论

（一）领导小组及其关键政策文献的作用分析

由中共中央办公厅和国务院办公厅（以下简称"两办"）成立的领导小组及其下发的关键政策文献，在政府上网工程、电子政务网络、"互联网+"三个发展阶段都发挥了重要作用。在政府上网工程阶段，国家信息化领导小组要求"中央和省级政府网站普及率达到100%，地、市级达到99%以上，区、县级超过85%"。这种结果导向的发展思路，监督并落实了各级政府门户网站层次体系的建立健全。在承前启后的电子政务网络阶段，国家信息化领导小组又在组织政府门户网站绩效评估的基础上，以"指导意见"、"建设意见"、"总体框架"、"信息公开条例"等形式指导建设并制定发展规划。通过前端导向和结果控制两种政策措施的组合使用，政府门户网站体系和电子政务网络得以建立健全，这也为"互联网+政务服务"发展奠定了较好的硬件基础。2014年成立的中央网络安全和信息化领导小组更是这样。案例也反映出，政府系统外部的技术因素未能在技术－制度调试过程中发挥决定性作用。比如，虽然1999年初曾由中国邮电电信总局和国家经贸委经济信息中心等40多家部委（办、局）信息主管部门联合策划发起了政府上网工程，但直到1999年末国务院成立国家信息化工作领导小组后，政府上网工程才从中央到地方快速推广。尤其是在国家信息化领导小组的工作由国家发展和改革委员会、工业和信息化部分头承担时，相关发展规划和绩效考评的影响力明显偏弱。

除了"两办"及领导小组的关键角色之外，工业和信息化部、国家发展和改革委员会、财政部三个部委（以下简称"三部委"）主要从技术、资源、财政等方面保障了"互联网+政务服务"技术-制度调试网络的形成。由表2可知，三部委在"互联网+政务服务"技术-制度调节网络的三项中心性测度上排名靠前，说明这三个参与者较其他参与者在网络中处于核心位置。使用三项中心性指标衡量参与者在网络中的角色，主要是从联结程度、资源控制能力、受控制能力三方面进行衡量的。第一，三部委的点度中心性明显高于其他部门。点度中心性测度说明，三部委在电子政务网络和"互联网+政务服务"建设过程中有频繁的协作关系。[23] 第二，三部委的中间中心性明显高于其他部门。中间中心性测度和上述发现共同证明，三部委在专门领导小组和其他参与方之间形成桥接关系，在技术-制度调试网络的参与者的协作方面发挥了关键作用。[24] 从案例分析中也不难看出，2008年国务院机构改革后，国家信息化领导小组曾一度被合并进国家发展和改革委员会，领导小组办公室曾被合并进工业和信息化部，直到2014年成立中央网络安全和信息化领导小组之后，整个技术-制度调试网络才逐渐形成了清晰的层次关系。第三，三部委的接近中心性明显低于其他部门。接近中心性测度说明，三部委在技术-制度调试网络中扮演着重要的资源控制者角色，大多数参与者在联合发文过程中需要依靠三部委的力量。[25] 普罗万等学者曾提出网络具有三种典型的形式，其中一种就是领导型网络，[10]即在网络成员中有一个在资源、权力、地位等各方面具有综合优势，其领导着该网络的合作。从本研究来看，"互联网+政务服务"的网络属于领导型网络，但与领导型网络又有所区别，即"互联网+政务服务"的网络领导者不仅仅只有一个，而是由"两办"和三部委共同构成的。这比具有单一领导者的网络更加复杂，因为涉及"两办"和三部委的关系，也涉及三部委和其他网络成员的关系，以及三部委之间的关系。

表2 1998~2015年技术-制度调试网络测度

点度中心性		接近中心性		中间中心性	
排名	数值	排名	数值	排名	数值
1. 工业和信息化部	66.00	1. 工业和信息化部	538.00	1. 工业和信息化部	263.30
2. 国家发展和改革委员会	42.00	2. 国家发展和改革委员会	540.00	2. 国家发展和改革委员会	172.80

续表

点度中心性		接近中心性		中间中心性	
排名	数值	排名	数值	排名	数值
3. 财政部	36.00	3. 财政部	544.00	3. 公安部	80.00
4. 国务院办公厅	23.00	4. 民政部	548.00	3. 民政部	80.00
5. 教育部	22.00	4. 公安部	548.00	5. 财政部	62.30
6. 住房与城乡建设部	20.00	4. 教育部	548.00	6. 教育部	20.00
7. 食品药品监督管理总局	19.00	7. 食品药品监督管理总局	551.00	7. 人力资源和社会保障部	14.00
7. 公安部	19.00	7. 审计署	551.00	8. 住房和城乡建设部	10.20
9. 商务部	18.00	7. 人力资源和社会保障部	551.00	9. 商务部	7.50
10. 交通运输部民政部	17.00	10. 卫生和计划生育委员会、中央机构编制委员会办公室	607.00	10. 科学技术部	4.70

上述实证分析结果支持研究假设 H1。具有显著路径依赖特征的"两办"及其所成立的领导小组、在网络中有高中心性的三部委,都在技术－制度调试网络形成过程中发挥了关键作用。"两办"向三部委及其他参与者的精神传达和政策下发主要通过领导小组实现,而三部委为多元参与者的协作提供了技术和资源支撑,这也是具有较强制度依赖特征的。在中国案例中,由"两办"联合发文、领导小组建立、三部委支撑的制度因素,对技术－组织的嵌入关系发挥了关键性的塑造作用,而这种塑造作用主要是通过关键政策文献或关键政策活动实现的。如为了检验政府上网工程阶段的建设成果,国家信息化领导小组从 2002 年起开始委托赛迪顾问股份有限公司和中国信息化绩效评估中心对全国的政府网站进行调查和评估;又如,中央网络安全和信息化领导小组成立后,技术－制度调适网络明确了以安全和发展为线索,以制度环境建设促进互联网技术和政务服务的融合。相关实证分析结果也进一步验证了中国案例的独特性。

(二) 相关政策文献所呈现的技术－制度调试网络层次分析

由图 1 可知,"两办"联合发文关系独立于其他参与者网络,其主要原因在于,领导小组实现了"两办"和其他参与者之间的上传下达。"两办"联合下发的绝大多数文件在 2008 年国务院机构改革实施之前,多以国家信息化领导小组的名义下发,多集中在技术项目的指导意见和政务服务的发展规划方面。在技术－制度调试过程中,"两办"更关注信息层面的安全问题和政务服务层面的供给问题,如《国家信息化领导小组关于加强信息安全保障工作的意见》、《关于加强信息资源开发利用工作的若干意见》、《关于进一步推行政务公开的意见》等(以发布时间为序)。2008年国务院机构改革之后,"两办"以《政府信息公开条例》为法律依据,鼓励政府部门间的技术－制度调试行为,曾在2011年6月联合下发《关于深化政务公开加强政务服务的意见》。

国家发展和改革委员会、工业和信息化部、财政部、公安部、民政部、教育部所对应的节点具有结构洞特征(见表3)。[13]结构洞的相关测度有助于厘清技术－制度调试网络的层次关系,而子网络的关联节点排序有助于呈现不同参与者与铁三角的协作关系。综合有效规模、个体效率、限制度、个体等级度四项指标的分析结果,三部委所具有的结构洞特征最为显著,而公安部、民政部、教育部紧随其后。从有效规模的子网络分析来看,国家发展和改革委员会子网络排名前五的关联节点依次为工业和信息化部、财政部、教育部、住房和城乡建设部、公安部;工业和信息化部子网络排名前五的关联节点依次为国家发展和改革委员会、财政部、教育部、住房和城乡建设部、卫生和计划生育委员会;财政部子网络排名前五的关联节点依次为国家发展和改革委员会、工业和信息化部、教育部、公安部、卫生和计划生育委员会。对三者进行比较后发现,一是三部委互为有效规模子网络中的重要关联节点,三者的相互依赖关系显著;二是在三部委的关联节点中,排名前五位的也各有不同。国家发展和改革委员会排名前五位的关联节点中没有卫生和计划生育委员会,财政部排名前五位的关联节点中没有住房和城乡建设部,工业和信息化部排名前五位的关联节点中没有公安部,而公安部所对应的节点也具有结构洞特征。

表3　1998~2015年技术－制度调试网络的结构洞测度

排名	有效规模	个体效率	限制度	个体等级度	限制度排名
国家发展和改革委员会	13.91	0.605	0.24	23	1
工业和信息化部	13.69	0.548	0.28	25	3
财政部	10.40	0.548	0.26	19	2
公安部	8.59	0.573	0.28	15	3
民政部	8.35	0.597	0.29	14	5
教育部	7.40	0.493	0.30	15	6

"互联网+政务服务"的技术-制度调试网络结构呈现出三层协作关系。最顶层的协作关系由"两办"及领导小组组成，2014年中央网络安全和信息化领导小组成立之后，主要在安全和发展两个维度上发布政策文献。第二层的协作关系是由三部委构成的相互依赖关系，结合三部委的相关职能分析，三部委构成关键政策文献监督落实的主体，主要从技术、资源、资金方面支撑技术-制度调试网络。三部委与子网络中主要参与者的协作关系尚未清晰呈现，已经具有一定的分散化趋向。第三层的协作关系由众多参与者构成，其联合发文所体现出来的协作关系较为繁杂。从"互联网+政务服务"发展思路看，这种繁杂的协作关系贯穿技术-制度调试的全过程，包括从技术平台到行政目标，从基础设施建设到政务服务实现，从服务供给到服务消费的全过程。

国务院机构改革前后，不同层次的协作关系呈现出显著差异性（如图2所示）。国务院机构改革前，技术-制度调试过程主要由国家信息化领导小组主导，组长由国务院总理担任，领导小组办公室设在国务院办公厅的信息化办公室；由于工业和信息化部尚未成立，第二层的三部委关系也未建立起来，绝大多数参与者更多是贯彻落实政策文献，这些政策文献以建立健全政府门户网站和电子政务网络的层次体系为主，而侧重于结果的绩效评价和侧重于前端的发展规划成为政策文献的主要内容。国务院机构改革后，直到2014年才由"两办"成立了专门的领导小组，组长为国家主席，副组长由国务院总理担任，领导小组办公室设在国务院的国家互联网信息办公室；2008年，国家信息化领导小组被调整进国家发展和改革委员会，而其办公室则调整到工业和信息化部，这种组织结构调整显著增强了铁三角的协作关系；随着互联网及移动互联网技术快速发展，公安部、民政部、教育部等参与方也开始在政务微博、政务微信、信息公开等领域尝试创新；为了加强对互联网信息内容的监管，国务院又设立了国家互联网信息办公室，后来又成为中央网络安全和信息化领导小组的办公室。从2008年至2014年，政策文献主要侧重于为"互联网+政务服务"营造一个良好的政策环境。

上述实证分析结果未能支持研究假设 H2。在"两办"联合发文独立于其他参与者关系网络的前提下，国务院机构改革之后的三部委协作关系发挥了关键作用。在具有高度路径依赖特征的技术-制度协调网络中，领导小组和三部委之间的协调关系仍不够清晰明确。国务院机构改革之前的领导小组办公室设在国务院办公厅的信息化办公室，国务院机构改革之后的

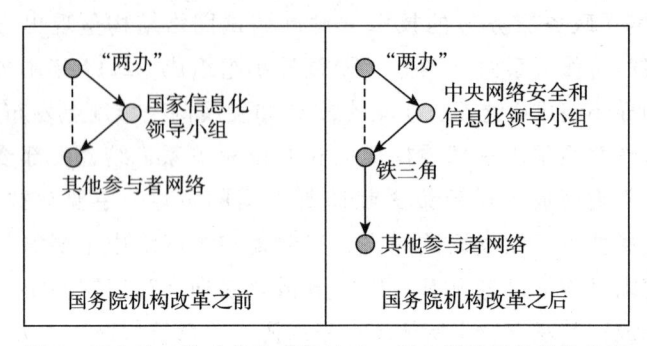

图2　国务院机构改革前后的技术－制度调试网络结构分析

领导小组办公室设在国家互联网信息办公室，而这些执行部门间的协作关系尚未明确。不仅领导小组和三部委的协作关系不明确，而且三部委和第三层的参与者间的协作关系更为复杂，子网络的层次关系出现了同质化现象，对于用户视角的个性化需求而言，政务服务提供的类型和过程可能都过于单一。这将成为"互联网＋政务服务"发展阶段中，保证政策创新空间和技术创新连续性的调试难点。

六　结论

中国案例具有鲜明的路径依赖特征，其制度安排在塑造互联网技术－政府系统嵌入过程中的关键性作用，在不同发展阶段都得以验证，而技术创新并没能发挥出关键作用。领导小组对"互联网＋政务服务"技术－制度调试网络的形成产生了重要影响，但不是决定性的。领导小组及其功能体现出制度安排重塑技术－组织嵌入关系的能力，而关键政策文献则需要通过领导小组向其他参与者贯彻落实，这就进一步强化了制度因素的调试能力。与之相对应的是，无论政府上网、电子政务技术、政务微博、政务微信等在政府－用户界面上如何普及，其技术调试制度安排的能力均未能体现出来。也许只有在触及国家信息安全时，才能成立具有更高权力影响力的领导小组来调试。

"互联网＋政务服务"技术－制度调试政策的制定，需要包容更多参与者的创新意识，而结果导向的政务服务创新行为，是合理的政府系统内部的治理工具。"两办"保证了技术－制度调适网络的稳定性，而三部委在整个网络的协调过程中发挥了承上启下的重要作用，其他参与者的参与意识和能力则略显不足。虽然这种网络结构对"互联网＋政务服务"提供过程具有较强的控制能力，但也在一定程度上加强了三部委的影响力，且约束了其他参与者政策创新的影响力。面向除"两办"和三部委之外的其他参与者网络，这种前端的行动能力约束和技术结果考评的政策工具组合，无法释放"互联网＋政务服务"的政策创新空间。受到技术结果考评的路径依赖影响，以制度因素塑造参与者政务服务能力就成为政策创新的可实现路径。政务服务能力塑造过程需要兼顾服务行为和服务结果的一致性，而调整关系之后的领导小组和三部委都亟待明确政务服务绩效的评价体系。

"互联网＋政务服务"技术－制度调试政策的制定还需要注意三点。一是领导小组应设在国务院办公厅，其协调三部委的方式需要进一步明确，而协调其他参与者的方式，要强调政策文献下发和监督落实并重；二是面对上级要求或本系统发展时，第三层的参与方都能较好地完成既定任务，结合技术政策连贯性和服务类型多样化的需求，应进一步激发第三层参与者在发展主题上的活力；三是绩效评价对政府上网工程和电子政务网络的层次体系的建立健全产生了重要影响，而以发展规划引导政务服务的政策效果略显不足，这在一定程度上也受到技术创新不连续性和不确定性的影响。

参考文献

[1] Jane E. Fountain. On the Effects of E-Government on Political Institutions. In D. L. Kleinman and K. Moore, eds. *Routledge Handbook of Science*, Technology and Society 2014. Routledge, 2014. 1, 3.

[2] 王天梅，孙宝文. 电子政务实施成效关键影响因素的实证研究［J］. 经济管理，2010（9）.

[3] Weill P., & J. Ross. A Matrixed Approach to Designing IT Governance. *MIT Sloan Management Review*, 2005, 46（2）.

[4] Orlikowski, W. J. The Duality of Technology：Rethinking the Concept of Technology in Organizations. *Organization Science*，1992（3）.

[5] 简·芳汀. 论电子政府对政治制度的影响［J］. 于跃，王斯妤，译. 电子政务，2016（1）.

[6] 迪马吉奥，鲍威尔. 组织分析的新制度主义［M］. 姚伟，译. 上海：上海人民出版社，2008.

[7] Jane E. Fountain. *E-Government and National Development.* Conference on E-Government in Asia and the Pacific, United Nations Program on Governance, 2011.

[8] 李鹏. 美国电子政务技术演绎模型批判及本土化进路［J］. 电子政务, 2012 (11).

[9] 刘毅, 西宝, 李鹏. 中国食品安全监管的政策网络研究［J］. 中南民族大学学报 (人文社会科学版), 2012, 32 (3).

[10] Provan K. G., Kenis. Modes of Network Governance: Structure, Management and Effectiveness ［J］. *Journal of Public Administration Research and Theory*, 2008 (18).

[11] 简·芳汀. 构建虚拟政府: 信息技术与制度创新［M］. 邵国松, 译. 北京: 中国人民大学出版社, 2010: 序4.

[12] Feldman M. S., Pentland B. T. Reconceptualizing Organizational Routines as a Source of Flexibility and Change ［J］. *Administrative Science Quarterly*, 2003, 48 (1).

[13] Burt R. S. *Structural Holes: The Social Structure of Competition* ［M］. Cambridge, MA: Harvard University Press, 1992.

[14] 凯特·纳什, 阿兰·斯科特. 布莱克维尔政治社会学指南［M］. 杭州: 浙江人民出版社, 2007.

[15] 谭羚雁, 娄成武. 保障性住房政策过程中的中央与地方政府关系——政策网络理论的分析与应用［J］. 公共管理学报, 2012, 9 (1).

[16] 张剑, 黄萃, 叶选挺, 等. 中国公共政策扩散的文献量化研究——以科技成果转化政策为例［J］. 中国软科学, 2016 (2).

[17] 苏竣. 公共科技政策导论［M］. 北京: 科学出版社, 2015: 104.

[18] 杨杰, 杨龙. 中国政府及部门间联合发文的初步分析——基于200篇联合发文［J］. 天津行政学院学报, 2015, 17 (5).

[19] Laver M. *Estimating the Policy Position of Political Actors* ［M］. London: Routledge, 2003.

[20] 黄萃, 任弢, 张剑. 政策文献量化研究: 公共政策研究的新方向［J］. 公共管理学报, 2015, 12 (2).

[21] 锁利铭, 杨峰, 刘俊. 跨界政策网络与区域治理: 我国地方政府合作实践分析［J］. 中国行政管理, 2013 (1).

[22] 陶鹏. 从结构变革到功能再造: 政府灾害管理体制变迁的网络分析. 中国行政管理, 2016 (1).

[23] Michael G., McGrath. Centrality and Power among Website Users: A Social Network Analysis Application ［J］. *IEEE Computer Science*, 2009, 51 (1).

[24] Marsden P. V. Brokerage Behavior in Restricted Exchange Networks ［M］ // *Social Structure and Network Analysis*, edited by Marsden P. V. and Beverly Hills (ed.). CA: Sage Publications, 1982: 201 - 18.

[25] Sabidussi G. The Centrality Index of a Graph ［J］. *Psychometrika*, 1996 (31).

新时代政府门户网站政务服务能力建设评估*

——以 2017 年全国省级政府门户网站的数据为样本

郑家昊　李　庚**

　　网上政务平台建设是当前我国政府创新服务模式、提升公共服务水平的重要措施，是"互联网+政务服务"行动的直观表现。政府门户网站的建设水平集中反映了政府电子政务建设的基本情况。各省级政府门户网站发布的《政府网站工作年度报表（2017）》，反映出新时代我国政府门户网站网上政务服务在平台一体化、办事服务能力、信息共享、标准体系建设以及网络安全防护等方面存在的问题。本文通过对报表数据的比较分析，对我国各省级政府门户网站政务服务能力做出评估，探讨通过"互联网+政务服务"推进国家治理现代化的应有之义。

自 1994 年开通 Internet 全功能服务以来，我国已经由以门户网站为主、静态信息提供的 Web1.0 时代，发展进入到目前关注网民结构社群化、以动态信息交互为特征的 Web2.0 时代。第 41 次《中国互联网络发展状况统计

---

*　**基金项目**：国家社科基金青年项目"治理能力现代化视阈下政府职能履行方式研究"（编号：14CZZ003）；西安市 2018 年度社会科学规划基金重大项目"新时代品质西安建设研究：基于国内外六座城市多案例比较研究的启示"（编号：18WT18）；陕西师范大学中央高校业务经费专项资金项目特别支持项目"新型城市建设视域下的政府职能履行方式创新"（编号：17SZT01）。

**　**作者**：郑家昊，陕西师范大学哲学与政府管理学院政治学系主任，副教授；李庚，陕西师范大学哲学与政府管理学院研究生。

报告》显示，截至 2017 年 12 月，我国网民规模达到 7.72 亿人，互联网普及率为 55.8%。互联网产业、互联网上市企业、互联网创新创业规模大幅提升。[1] 基数庞大的网民数量、快速扩展的互联网产业规模，促使作为社会治理主体的政府加速转变传统的实体政务服务理念，使行政效能建设与新时代网络发展的机遇相结合，推进电子政务发展，"互联网 + 政务服务"理念在这样的背景下提出成为必然。2015 年 3 月，国务院总理李克强在十二届全国人大三次会议的政府工作报告中首次正式提出"互联网 +"行动，此后互联网与社会经济生产等各领域的深度融合成为国家层面的关注点。2017 年 10 月党的十九大上，习近平总书记强调网络强国，推进互联网、大数据、人工智能与实体经济深入融合的重要意义。2018 年 3 月十三届全国人大一次会议上，李克强总理在政府工作报告中强调要深入推进"互联网 + 政务服务"，使更多政务事项能够在网络上办理，减少群众跑腿，着力加强政务服务标准化建设。

2018 年 1 月《国务院办公厅关于做好政府网站年度报表发布工作的通知》发布，指导全国数万家政府网站填写并公布《政府网站监管年度报表》和《政府网站工作年度报表》。该文件的发布是"互联网 + 政务服务"行动提出以来，全国各级人民政府第一次对自身的电子政务建设情况进行系统的、全面的审查。《人民日报》为此做了报道《监管发力公开升级 2 万家政府网首晒"年检"报告》。本文结合 31 个省级政府门户网站（不含港澳台地区、新疆生产建设兵团）发布的《政府网站工作年度报表（2017）》，依据报表中的指标结构，对网站的信息发布、专栏专题、解读回应、办事服务、互动交流、安全防护、移动新媒体、创新发展等方面进行分析。结合相关数据，探讨省级政府门户网站的政务服务水平，分析"互联网 + 政务服务"行动对政府治理现代化的作用。

一 各省级政府门户网站政务服务现状比较分析

《政府网站工作年度报表（2017）》中，除网站的基本信息和访问量外，一级指标分为 8 项，二级指标 28 项，个别二级指标又下设若干三级指标。通过抽取对评估门户网站政务服务水平有效的指标，得出如下比较分析结果。

（一）网站访问量水平

网站访问量分为独立用户访问量和总访问量。独立用户访问量（UV）

对同一用户同日多次访问不重复计数;网站总访问量(PV)对同一用户多次访问重复计数。对访问量的计算,排除了个人用户 IP 和单位用户 IP 识别准确度存在的误差问题,能够实现 IP 无差别计数。如表 1 所示,2017 年 31 个省份独立用户访问量的均值经计算为 27100770 个,有 23 个省份的独立用户访问量低于平均值;总访问量均值为 167089829 次,9 个省份的总访问量高于均值,占比仅 29.03%。网站建设水平、地区人口分布、经济发展水平等都是影响网站访问量的重要因素。通过计算每单位独立用户平均访问量(总访问量/独立用户访问量)发现,31 个省级门户网站中,有一些中西部省份的点击量明显高于其他省份。高平均访问量虽然能反映出政府门户网站在整个政府网站系统中占据统筹性的中枢地位,但亦反映出一些省级政府门户网站搜索服务功能不健全、网页统计方式和统计口径不一致的问题。各省份之间,每单位独立用户平均访问量之间的极差达到了 157.89 次/个,一方面是由于有些省份建设了专门的政务服务网上平台,分流了用户的访问量,另一方面折射出不同地区的人民参政意识存在差异。

表 1　2017 年省级政府门户网站访问量统计

省份	独立用户访问量(个)	总访问量(次)	每单位独立用户平均访问量(次/个)
江西省	1591944	253270779	159.10
新疆维吾尔自治区	210638	32006525	151.95
甘肃省	437519	34199400	78.17
吉林省	6344892	128156427	20.20
河南省	42169608	673037640	15.96
四川省	12060165	188881685	15.66
浙江省	51864369	804730098	15.52
上海市	36656017	442623862	12.08
广东省	40601031	429864022	10.59
北京市	32000000	325000000	10.16
黑龙江省	12916608	111948388	8.67
宁夏回族自治区	662880	4605583	6.95
福建省	94900000	480000000	5.06
湖北省	3758332	16712494	4.45

续表

省份	独立用户访问量（个）	总访问量（次）	每单位独立用户平均访问量（次/个）
陕西省	6698813	27066442	4.04
重庆市	10943326	44024883	4.02
内蒙古自治区	3675688	14587639	3.97
海南省	3196017	9669447	3.03
云南省	4303160	12962253	3.01
辽宁省	355709206	945226708	2.66
贵州省	1115849	2880518	2.58
广西壮族自治区	3016494	7677782	2.55
安徽省	3807074	9671236	2.54
西藏自治区	796303	1935232	2.43
天津市	3273226	7944082	2.43
青海省	1980490	4655575	2.35
江苏省	6181872	11915046	1.93
山西省	6256440	12001903	1.92
河北省	5053211	9303729	1.84
湖南省	74453388	116844585	1.57
山东省	13489311	16380734	1.21
31个省级政府门户网站访问量均值	27100770	167089829	18.02

（二）信息发布情况分析

信息发布情况包括概况类信息发布量（介绍性信息、职能说明、负责人信息等）、政务类信息发布量（政务要闻、通知公告、工作动态等）以及信息公开目录信息更新量。如表2所示，2017年在三类信息发布量上，各省份之间差距很大：概况类信息更新最多的有6378条，最少的有7条，极差达到了6371条；发布的政务类信息最多的为93091条，最少的为709条，极差为92382条。几乎所有省级政府门户网站政务类信息发布量都远高于概况类信息发布量。有23个省级政府门户网站的政务类信息更新量多于信息公开目录信息更新量，可见多数省级政府门户网站重视政务类信息的发布。

在信息公开目录信息更新量方面,广西壮族自治区远远高于其他省份,近120万条,而个别省份的信息公开目录信息更新量仅数百条,极差达到了1195137条之多。该指标的统计口径和标准是否统一或是否存在计算误差,值得商榷。上述三类数据在各省份间存在巨大差异,根本上是由各省份政务公开程度不同造成的。

表2 2017年省级政府门户网站三类信息发布情况

单位:条

省份	概况类信息	政务类信息	信息公开目录信息
北京市	87	13525	358902
河北省	26	71397	7800
天津市	88	20231	6637
内蒙古自治区	45	4755	5344
山西省	1070	43534	1139
浙江省	191	63934	42919
山东省	279	7324	22730
上海市	309	64124	6147
安徽省	201	4125	1260
福建省	1640	32571	581
江苏省	26	9350	284
辽宁省	7	6137	81388
黑龙江省	29	32018	15238
吉林省	187	709	242
湖南省	622	13485	152357
湖北省	3521	43848	23083
江西省	25	13238	13841
河南省	4316	25025	3264
广西壮族自治区	1636	19130	1195379
广东省	12	1802	835
海南省	392	20102	299
重庆市	6378	6690	61173
四川省	47	93091	30467
贵州省	340	28167	18304

续表

省份	概况类信息	政务类信息	信息公开目录信息
西藏自治区	32	11588	792
云南省	44	11592	308
甘肃省	18	9616	2424
陕西省	1584	18396	1035
宁夏回族自治区	64	16591	346
青海省	9	20716	341
新疆维吾尔自治区	764	8768	320
极差	6371	92382	1195137

（三）专栏专题建设情况分析

如图 1 所示，省级政府门户网站专栏专题建设包括专栏专题维护数量和新开设数量。维护数量指网站年度维护的有信息更新的专栏专题总个数，2017 年 31 个省级政府门户网站专题专栏维护总数为 930 个，四川省、北京市和吉林省位居前三，分别达到了 172、125 和 112 个。31 个省级政府门户网站新开设的专栏专题总计 503 个，其中北京达到了 114 个。但大部分省份 2017 年维护和新开设的专栏专题数量较少，经计算，仅有 8 个省份维护数量高于均值（30 个），7 个省份新开设数量高于均值（16.22 个），表明目前多数省级政府对门户网站专栏专题的重视程度明显不够。

（四）解读回应能力分析

解读回应能力分为解读信息发布和回应公众关注的热点或重大舆情。解读信息发布包括发布总数、解读材料数量、解读产品数量、媒体评论文章数量，重点关注对政策文件的评论与分析。从解读回应能力可看到政府相互之间、政府和社会之间数字鸿沟究竟有多大。如图 2 所示，在解读信息发布总数上，极差经计算达到 1315 条。在回应公众关注的热点或重大舆情方面，26 个省份填报的数量少于 100 条。个别省份没有在省级政府门户网站上发布相应的回应信息，出现这一情况的原因，除个别省份政府门户网站建设存在很严重的功能缺陷外，还与《国务院办公厅关于做好政府网站年度报表发布工作的通知》中"以多种形式回应同一热点或舆情的不重复计算，只计一次"[2]的规定有关。各省级政务服务平台建设多元化，使政府部门对舆情的回应不局限在政府门户网站，例如省级专门的政务服务平台、移动新媒体（如手机客户端、微信公众号、微博订阅号等）的建设，完全能够承担起解读公众关注的热点和重大舆情事件的任务。并且，这些基于移动平台提供服务的媒体，信息传播速度往往快于政府门户网站。但目前政府网站的总体回应情况，还是存在解读信息发布量少、不及时、职责不清等比较严重的问题，2018年4月8日发布的《国务院办公厅关于印发2018年政务公开工作要点的通知》特别指出，要"加强公开解读回应"的工作，在建设法治政府、围绕重点领域、稳定市场预期、重大舆情回应等工作中，加强政府的回应性，明确政府责任，加大监管力度，加强社会监督等。[3]

（五）办事服务能力分析

办事服务能力分为是否发布服务事项目录、可全程在线办理的政务服务事项数量、政务服务事项数量、注册用户数以及办件量。我们选取前三项能充分体现各省级政府门户网站政务服务水平的二级指标进行分析。分析发布服务事项目录情况（见表3）后发现，有4个省级政府门户网站没有发布服务事项目录，其中广东省政府门户网站不提供网上办事服务功能（与该省拥有单独建设的政务服务平台有关）。

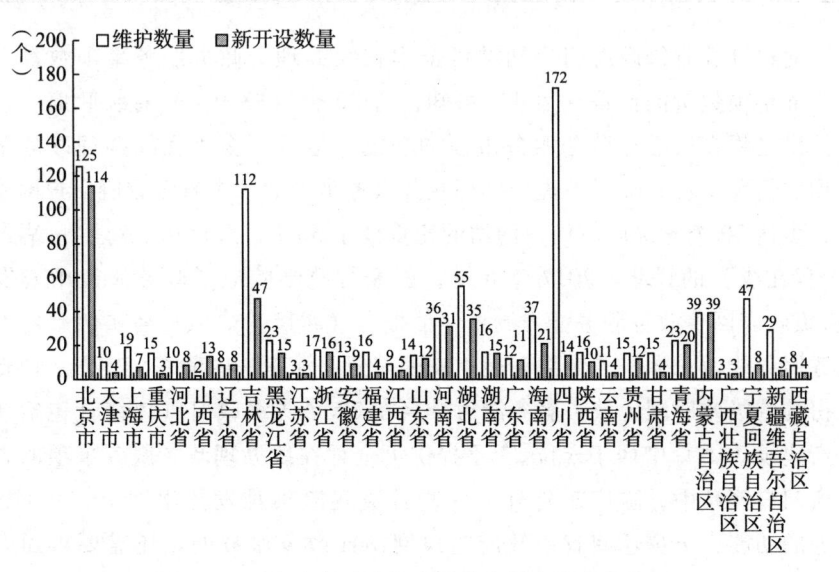

图1　2017年省级政府门户网站专栏专题建设情况

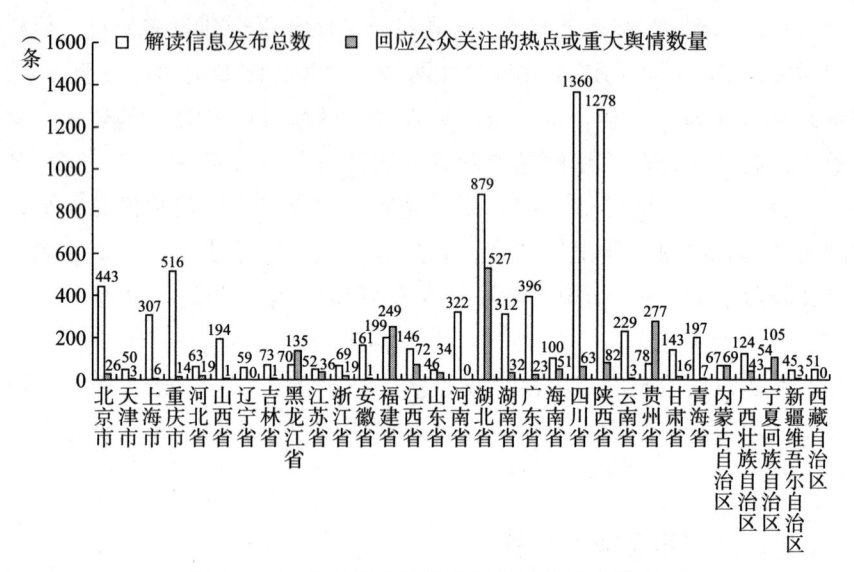

图 2　2017 年省级政府门户网站解读回应情况

表 3　2017 年省级政府门户网站发布服务事项目录的情况

		数量（个）	有效百分比	累积百分比
有效	否	4	12.9%	12.9%
	是	27	87.1%	87.1%
	合计	31	100.0%	100.0%

通过计算省级政府门户网站可全程在线办理的政务服务事项数量占政务服务事项数量的比重（表4）可知，有 26 个（83.9%）省级政府门户网站提供全程在线办理政务服务事项的功能；但从可全程在线办理政务服务事项的情况来看，除了不提供办理政务服务事项的 5 个省级政府门户网站之外，多达 20 个省级政府门户网站的比重低于 50%，远远达不到"一站式"、"全程在线"的设想。2017 年 6 月，国家行政学院电子政务研究中心发布《省级政府网上政务服务能力调查评估报告（2017）》，其中各省级政府网上政务服务能力总体排名结果和表 4 高度相似，河南、内蒙古、广西、西藏四省份的省级政府网上政务服务能力排名在 32 个省级政府（该统计包括新疆生产建设兵团）中居于末位。[4] 不提供可全程在线办理政务服务事项的省级政府门户网站中，除广东省外，一些省级政府很难发挥出网上"一站式"服务的功能，至少这些省级政府门户网站或政务服务网站还需要再加大力度，深入推进互联网便民利民的改革措施。

表4 2017年省级政府门户网站可全程在线办理政务服务事项的情况

省份	政务服务事项数量（项）	可全程在线办理的政务服务事项数量（项）	可全程在线办理的占比
黑龙江省	1668	1655	99%
海南省	574	560	98%
辽宁省	475	392	83%
山西省	644	391	61%
江西省	639	369	58%
天津市	175910	94626	54%
重庆市	1099	527	48%
陕西省	362	169	47%
江苏省	927	350	38%
山东省	1238	330	27%
福建省	162267	41780	26%
浙江省	1646429	360934	22%
宁夏回族自治区	1453	273	19%
湖北省	66397	11689	18%
甘肃省	4100	657	16%
上海市	10517	1252	12%
安徽省	2435	266	11%
四川省	6287	442	7%
吉林省	594	30	5%
北京市	232705	8756	4%
青海省	325	11	3%
云南省	815283	7013	1%
贵州省	1983	14	1%
广西壮族自治区	85822	57	0
湖南省	125448	54	0
河北省	191626	1	0
河南省	0	0	
广东省	0	0	
内蒙古自治区	1600	0	
新疆维吾尔自治区	379	0	
西藏自治区	0	0	

（六）互动交流情况

该项一级指标中包括是否使用统一平台进行网上互动交流、留言办理、征集调查、在线访谈和能否提供智能回答等5项二级指标。通过对留言指标的分析，计算出"留言办结率"（办结留言/收到留言）。经统计发现，超过半数的省级政府门户网站的网民留言办结率达到了90%以上（见表5），同样存在个别省级政府门户网站严重忽视网民留言的现象。

表5 2017年省级政府门户网站留言情况

省份	收到留言数量（条）	办结留言数量（条）	办结率（%）
天津市	68514	68514	100
江西省	42115	42115	100
广西壮族自治区	957	957	100
湖北省	17706	17612	99
浙江省	18026	17916	99
上海市	50112	49749	99
江苏省	16734	16565	99
福建省	572459	565048	99
陕西省	5387	5295	98
西藏自治区	98	95	97
内蒙古自治区	8222	7864	96
安徽省	10218	9743	95
广东省	3385	3200	95
海南省	7288	6856	94
辽宁省	428930	397422	93
北京市	43923	39919	91
贵州省	2446	2183	89
山西省	6716	5862	87
青海省	80	69	86
四川省	10522	8971	85
河南省	4283	3617	84
山东省	21487	17600	82
云南省	15153	11822	78

续表

省份	收到留言数量（条）	办结留言数量（条）	办结率（%）
河北省	4617	3157	68
重庆市	189252	127089	67
湖南省	8354	5200	62
宁夏回族自治区	998	539	54
黑龙江省	2621	1056	40
甘肃省	1200	357	30
吉林省	3834	319	8
新疆维吾尔自治区	1494	112	7

我们计算出在线访谈"留言办结率"（答复网民提问数量/在线访谈网民留言数量），考察其与省级政府门户网站"能否提供智能回答"之间的相关性。经肯德尔相关系数分析发现，在线访谈"留言办结率"和"能否提供智能回答"显著相关（见表6）。即省级政府提供的"智能回答"服务能够有效提高在线访谈"留言办结率"，这可为各省级政府门户网站增设"智能回答"服务功能提供依据。

表6　2017年在线访谈"留言办结率"与"能否提供智能回答"的相关系数

			能否提供智能回答	留言办结率
Kendall's tau_b	能否提供智能回答	相关系数	1.000	-0.399
		Sig.（双侧）		0.058
		N	19	19
	留言办结率	相关系数	-0.399	1.000
		Sig.（双侧）	0.058	
		N	19	19

可对省级政府门户网站留言平均办理时间绘制散点图（图3）。31个省级政府门户网站的留言平均办理时间是17.95天，办理留言时长最短1.7天，而个别省份办理留言时间则达到近70天之久。政府门户网站对网民留言不能做出及时响应无疑会严重影响公民的办事体验，这是未来各省级政府改进网上政务服务功能、提升网上政务服务效能时尤其应当注意的问题。

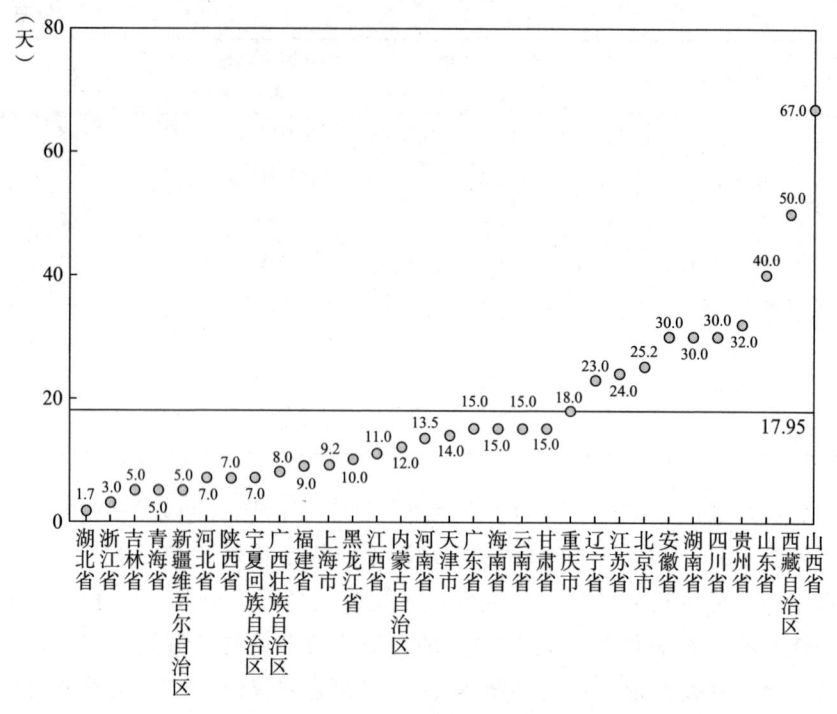

图3　2017年省级政府门户网站留言平均办理时长

（七）安全防护情况

安全问题是深入推进"互联网+政务服务"行动尤为需要重视的。政府需要在数据通路、数据管理和数据安全三个方面做好顶层设计。[5]其中，政府数据安全关系到国家的安全。360互联网安全中心发布的《2017中国网站安全形势分析报告》显示，云监测平台扫描检测的网站中，教育培训行业、政府机构和事业单位存在漏洞最多。[6]在安全防护方面，所有省级政府门户网站都建立了安全检测预警机制，明确了网站安全责任人；多数省级政府门户网站开展了安全检测评估，并修正了在安全评估中发现的问题，但有个别的省级政府门户网站未开展或极少开展安全检测评估，甚至有些省份从未进行过安全应急演练。这说明个别地方政府缺乏网络安全意识，严重忽视网站安全建设。2018年《国务院办公厅关于印发2018年政务公开工作要点的通知》也明确强调，完善政府网站安全保障机制，做好防攻击、防篡改、防病毒等工作。这也反映出政府网站存在一些不足，政府网站安全工作必须得到足够的重视和落实。

（八）移动新媒体建设

在 Web2.0 时代，注重信息交互成为互联网发展的一大趋势，移动新媒体的开发是重要领域。截至 2017 年 12 月，我国网民使用手机上网的比例高达97.5%，约为 7.5 亿人，意味着"互联网+政务服务"行动必须关注移动新媒体业务的开拓。由《政府网站工作年度报表（2017）》中的统计数据可知，31 个省级政府全部建立了移动新媒体（微信、微博或移动客户端），"两微一端"的移动新媒体开发，对增强政务公开实效、提升政府回应性意义重大。第 41 次《中国互联网络发展状况统计报告》显示，各省份 2017 年设置了大量的政务微博（见表 7），虽然在开通数量上各省份之间差距很大，但这表明地方政府并没有忽视对网络社群和网络舆论的引导。不过值得关注的是，移动新媒体政务平台设置过多难免会出现职能重复的问题，造成非同源多平台现象，很难实现平台之间互联互通、"一网通办"的一体化平台建设，严重影响用户体验，这是目前诸多省市需要解决的问题。另外，政府官方在"两微一端"上发布失当、错误的言论也时有发生。《国务院办公厅关于印发 2018 年政务公开工作要点的通知》就针对这些问题提出，要按照"谁开设、谁管理"的原则来落实主体责任，并加强移动政务平台的整合力度。

表 7　2017 年全国各省份（不含港、澳、台）政务微博数量

单位：个

省份	政务微博数量	省份	政务微博数量
河南省	12951	上海市	5246
广东省	12395	福建省	4935
江苏省	12222	江西省	4859
四川省	10678	甘肃省	4659
北京市	9704	湖南省	4471
山东省	9638	云南省	4444
浙江省	9158	新疆维吾尔自治区	4208
陕西省	7688	内蒙古自治区	4207
安徽省	6399	广西壮族自治区	4206
湖北省	6281	贵州省	4004
河北省	5705	山西省	3663
辽宁省	5381	重庆市	3181

续表

省份	政务微博数量	省份	政务微博数量
黑龙江省	3108	海南省	1210
吉林省	2767	青海省	626
天津市	2139	西藏自治区	358
宁夏回族自治区	1874		

（九）创新发展

"互联网+"的本质应该是"互联网2.0"加"创新2.0"。[7]创新发展主要针对政府网站的人性化、个性化、智能化设计，为登录政府网站的网民提供更好的用户体验，满足不同群体用户的浏览需求，提高政府网站的服务水平。根据整理结果，21个（67.7%）省级政府门户网站提供多语言版本，19个（64.3%）提供无障碍浏览（方便残疾人、老年人获取信息），而开设搜索服务（错别字纠正、推荐关键词、拼音转化和通俗语搜索等功能）、千人千网（个性化主页设置）的网站分别仅有15个（48.4%）和4个（12.9%），多数省级政府在网站建设上还需要加强创新发展，真正从网民群体的角度考虑，设计满足不同网民群体需要的政府门户网站。

二 "互联网+政务服务"：在应然与实然之间

"互联网+政务服务"的行动设想、行动目标都指向一个更好的政府和好的治理。张定安、吴余龙认为，"互联网+政务服务"是大力推进放、管、服行政管理体制改革的核心内容，是系统性很强的惠民工程。[8]宁家骏认为"互联网+政务服务"是政府自我革新的"中国路径"。[9]李春根、李志强认为，"互联网+政务服务"有助于政府的整体性、开放性、协同性、智慧性治理。[10]完善政府公共服务网络平台建设，规范政府网站发展，提升政府网站回应性，通过全面公开政务服务事项，提升政务服务标准化、网络化水平，使政府网站助力国家政务服务建设，成为"互联网+政务服务"行动的普遍共识，为打破政府部门"信息孤岛"、缩小数字鸿沟、协调联动、放管结合、提升政府服务意识发挥重要作用。2016年4月，国务院办公厅印发国家发改委等部门《推进"互联网+政务服务"开展信息惠民试点实施方案的通知》，同年9月，国务院发布《关于加快推进"互联网+政务服务"工作的指导意见》，推进政策深化，两个文件都将2017年作为"互联网＋政务服务"的时间节点，要求各省（区、市）人民政府、国务院有关部门按时基本建成数据共享交换平台、政务服务信息系统和线上线下一体化网上政务服务平台。2016年12月，国务院印发《"互联网＋政务服务"技术体系建设指南》，明确了第三方组织开展互联网政务服务调查评估的实施路径。2017年5月，《国务院办公厅关于印发政府网站发展指引的通知》发布，提出各级人民政府、政府部门、政府派出机构以及承担行政职能的事业单位开办的政府网站，要"适应互联网发展变化，推进集约共享，持续开拓创新，到2020年，将政府网站打造成更加全面的政务公开平台、更加权威的政策发布解读和舆论引导平台、更加及时的回应关切和便民服务平台"。[11]同时，国务院认识到在当前迅速发展的信息化时代，已经出台实施达十年之久的《中华人民共和国政府信息公开条例》难以应对目前出现的一些新问题。我们通过对《政府网站工作年度报表（2017）》中各省份数据的比较分析发现，我国省级政府门户网站建设，在平台一体化、服务能力水平的提升、信息共享和业务协同、标准体系建设以及网络安全防护等方面存在问题，表现为互动性差、回应性差、不能做到"一号一窗一网"、忽视用户体验、形式化建设、空壳化建设等，要实现"互联网＋政务服务"的预期发展目标任重道远。国务院法制办公室于2017年6月就《中华人民共和国政府信息公开条例（修订草案征求意见稿）》向全社会广泛公开征求意见（2018年4月《国务院办公厅关于印发2018年政务公开工作要点的通知》中阐明该修订条例将于2018年出台）。该修订条例的出台对"互联网＋政务服务"建设的开展会起到更强的指导作用。

2017年6月，国家行政学院电子政务研究中心发布《省级政府网上政务服务能力调查评估报告（2017）》，针对全国32个省级政府（包括新疆生产建设兵团，不含港澳台地区）网上政务服务平台（以省级政务服务网为主）的建设情况，从服务方式完备度、服务事项覆盖度、办事指南准确度、在线办理成熟度、在线服务成效度几个方面进行评估。评估结果显示出各省份之间网上政务服务发展水平的差异，位居第1位的东部某省（总分91.21分）与第32位的某自治区（总分56.33分）之间差距巨大。报告所发现的问题与本文分析《政府网站工作年度报表（2017）》发现的问题十分相似。报告还提出，强化顶层设计和统筹协调、维护政务信息开放共享、推动服务标准化、加强网络安全信息防护，是当前网上政务服务平台建设需要重视的内容。发展电子政务不能局限于一国范围，比较全世界的电子政务发展情况可以发现，我国与世界电子政务发达国家之间尚存在很大差距。《2016联合国电子政务调查报告》分析联合国各成员国的电子政务发展水平，结合在线服务指数（OSI）、电信基础设施指数（TII）、人力资本指数（HCI）的标准化分数的加权平均数，计算出电子政务发展指数（EGDI）。数据显示，2016年中国的EGDI达到0.6071，OSI为0.7681，TII为0.3673，HCI为0.6860，指数设定的数值区间为［0,1］。[12]总体上看，我国的OSI已经达到了很高的水平，电子政务发展属于高水平层次。但与报告中电子政务排名靠前的英国、澳大利亚甚至韩国、新加坡相比，我国电子政务在各方面仍然有很大的差距。前文中我们通过比较分析也发现，我国省级政府门户网站建设问题重重。在"互联网+政务服务"的应然与实然之间存在的张力，警醒我国在未来建设电子政务中应注重对实效的获取，达到形式合理性与实质合理性的统一。

三 使"互联网+政务服务"行动切实推进国家治理现代化

虽然当前政务平台建设仍然存在问题，传统实体政务办事流程的惯性思维依然严重，但从电子政务历经起步、融合、协同、智能化阶段等演进过程来看，目前我国"互联网+政务服务"总体上处于电子政务的融合阶段，个别建设比较好的省市已经进入协同与融合阶段。[13]国家当前推进"互联网+"行动的总体思路是："顺应世界'互联网+'发展趋势，大力拓展互联网与经济社会各领域融合的广度和深度"，[14]引导我国电子政务从基本实现政府上网与自动化办公转变到推进互联网与政务服务深度融合。"互联网+政务服务"不仅是电子政务、政府治理的整体变革，更是整个社会治理层面的变革，在缩小我国与其他电子政务发展水平发达国家之间差距的同时，也在推进国家治理现代化。

（一）推动行政管理体制改革

党的十九大以来，在习近平新时代中国特色社会主义思想的指导下，政府管理体制改革深入推进。政府管理的外部环境，目前表现为改革取得巨大成就、社会转型加速、社会基本矛盾发生转变、国家影响力在提升，在这样的环境中建设服务政府、责任政府、法治政府与廉洁政府，是党和国家深化行政管理体制改革的总目标。推进行政管理体制改革，需要转变政府职能、明确政府责任、全面依法治国、建设阳光政府。以网络技术为支撑的政府运作体系可以加速行政体制改革，互联网为提升政府政务公开水平、阳光作业、打破部门壁垒，不断进行政府管理创新提供了技术支持。行政管理体制改革是实现善治的必要手段之一，何增科（2014）认为，参与性、透明性、法治、责任性、效能、回应性、公正、廉洁、合法性、和谐应当在政府治理主体和政府治理制度中体现出来。[15]对于社会、公民来说，"互联网＋政务服务"提供了惠民便民措施，提高了公民的政治参与性，能够切实增进公民办事的满意度、获得感；对政府本身来讲，"互联网＋政务服务"为明确政府责任、促进政府政务的公开和透明性、加强社会对政府的监督提供了技术手段，同时能够有效消除"信息孤岛"、缩小数字鸿沟、促进部门沟通，使政策得以快速落实。将需要到实体政务服务大厅办理的事项放到网上政务服务平台上受理，而部分不能网上受理的业务也要做到"只进一扇门"和"最多跑一次"，这是政府优化再造政务服务、融合升级平台渠道、夯实支撑基础、加强组织保障的总要求。"互联网＋政务服务"对行政管理体制改革将发挥积极促进作用。

转变政府职能是行政管理体制改革的核心。[16]我国自2003年正式提出建设服务型政府以来，沿着创新政府管理方式、提升政府行政效能、适应时代治理主体多元化的道路来完善政府职能。对政府边界的探索不断进行，政府职能的设置不断丰富，依法全面履行政府职能的探索逐步展开。国内有学者认为，将政府职能划分为政府功能和政府职责，按照"国家职能—政府职能—政府职责—职责体系"来区分发展阶段，在一定程度上我国政府职能转变的目标已经大体完成，下一步是在国家治理现代化整体框架下重塑政府职责体系。[17]我们认为，政府职责的完善、职责体系的建构是不能与政府职能转型割裂开的。如果将政府职能从国家职能中分离出来看作我国从管理型政府向服务型政府转型的开始，那么政府职责的明确、职责体系的完善恰是政府职能转型的过程。中国的政府职能转型、服务型政府建设所面向的是后工业时代，要促进行政模式从管理向服务转变。[18]政府当前面临复杂社会条件下的治理问题，引导型政府职能模式的发展完善，也应当是一个通过长期的探索，从实践自然到理论自觉再到制度完善的过程，不会一蹴而就。也就是说，我国的政府职能转型是一个长期的过程。当前，我国政府职能转型所处的环境是一个由信息化带来的全新"脱域"的、虚实共生的社会。安东尼·吉登斯（Anthony Giddens）曾用"脱域"概念来描述人类活动脱离地域限制，并融合进新型时空之中的转换模式。如果说工业化进程推动农业社会的解体，使农民脱离田园成为工业劳动力，那么网络信息化的发展则使人类脱离实际地域的限制。"信息技术正通过网络塑造一个似乎与自然和社会并列的虚拟世界。在这一世界之中，信息流动突破了所有界限，实现了社会的再度脱域化。"[19]"互联网＋政务服务"行动使互联网政务成为推动我国政府职能转型的新动力，线上线下融合（OTO）、信息开放共享、透明政府运作、提升社会治理主体的公共服务供给能力，都在全方位推动政府职能的转型。

（二）推动行政效能建设，促进合作治理场域的形成

网上政务的推广为提升政府行政效能提供了技术支持。在自动化和支撑流程的配合下，服务流程的设计可以摆脱官僚制的束缚。[20]借助互联网技术的支持完成政务服务流程上的重新设置，为行政效能的大幅提升提供了可能，同时有利于实现政府职能转型，最直观地提升政府部门的社会治理效果。在推进服务型政府建设的目标要求下，我国行政效能表现出许多整体上的不适应。[21]政出多门、群龙治水，或管理真空、权责脱节，都是行政效能建设中的阻力。理顺政府部门间的权责划分，是加强行政效能的重要手段，"互联网＋政务服务"行动倡导的责任清单、权力清单、负面清单就是有益的探索，例如浙江省政府设置"四张清单"（政府权力清单、政府责任清单、省级部门专项资金管理清单、企业投资负面清单）推动行政效能建设，突破地方政府间信息壁垒。简政放权、放管结合、优化服务的放管服改革，是政府职能转型的重要抓手，同时也是行政效能建设的落脚点。"互联网＋政务服务"是大力推进放管服行政管理体制改革的核心内容，《推进"互联网＋政务服务"开展信息惠民试点实施方案的通知》、《国务院关于加快推进"互联网＋政务服务"工作的指导意见》将"互联网＋政务服务"作为把放管服改革推向纵深的重要内容和关键环节。其中，放管服优化服务，就是要优化公共服务供给机制，提供优质公共产品，优化公共服务环节，完善公共服务供给机制。"互联网＋政务服务"借助大数据、云服务、数字政务平台等互联网工具，借助信息协调的便利性来优化政府的公共服务，实现信息惠民，促进条块结合、多元参与、资源共享，改变了传统政务大厅办事"面对面"的情况，让更多事宜能实现"一号"申请、"一窗"受理、"一网"通办，并能根据群众的办事需要灵活调整窗口，避免服务窗口"冷热不均"，大大提高政务服务部门的办事效率。此外，《国务院关于加快推进"互联网＋政务服务"工作的指导意见》强调建设"互

联网 + 政务服务"的组织保障机制，强化监督考核，"建立'互联网 + 政务服务'工作绩效考核制度，纳入政府绩效考核体系，加大考核权重，列入重点督查事项，定期通报并公开工作进展和成效"。而修订后的《中华人民共和国政府信息公开条例》要求进一步推动"互联网 + 政务服务"提振政务服务效能的建设进程。

如张康之、向玉琼（2015）所述，网络空间中，任何问题都是全球性的，不能接受地方性的解决方案。[19]全球化、信息化引领后工业化时代的来临，高度复杂、高度不确定的社会已然使这个原本被解构为原子化的社会从技术理性的失败中觉醒，对价值理性的追求成为定题。网络营造了虚拟空间的"虚实共在"，不仅再次创造脱域化，而且还在改变政府的职能。"互联网 + 政务服务"体现时代创新精神，重构政府服务模式，凝聚社会公众期许，需要历经深刻而深远的思维变革。[22]政府部门网上政务服务建设，不仅需要在顶层设计上进行统筹协调、在政务服务通用标准化上加大力度、在安全防护方面加以重视，更需要对行政思维加以变革，这是政府与社会、各级政府间的关系由竞争转为合作的思维演变过程。在"互联网 + 政务服务"行动的推进中，服务型政府粗具轮廓，政府由管理者变为服务者，公权力所处的环境更为阳光，公共利益、公共价值、行政伦理等命题变为一张张权力清单、责任清单。服务型政府建设中，社会治理主体多元化会在信息技术的推动下加速推进，为应对高度复杂的社会提供了支持，也为合作治理场域的形成创造了环境。这一系列过程推动国家治理体系和治理能力走向成熟。

四 反思与总结

人类社会发展至今，信息化和全球化带动整个世界的互联互通，依托网络技术在传统实体社会基础上生成虚拟社会，线上线下服务模式的发展、网络空间和网络社会"虚实共生"的范式逐渐呼唤价值与公共诉求的回归，为社会从"有界"到"无界"的跨越提供了可能。"互联网 + 政务服务"行动的提出，就是要各级人民政府把握信息化时代的发展机遇，科学建设政务服务平台，政务服务应上尽上、提供"一站式"服务，实现由传统实体政务服务向网上政务服务的转型，促进网上政务服务平台和实体政务服务平台的OTO融合，实现政府部门之间信息的互联互通，使人民群众足不出户就能解决问题。

我们通过分析各省级政府门户网站政务服务现状发现,虽然当前许多省级政府的网上政务服务建设取得了一定的成绩,但仍然存在许多不足之处。当前社会的发展必然会使互联网承担起不同寻常的任务,顺应时代发展要求的"互联网+政务服务"跳出传统行政的定式,呼唤服务的创新,为我国在后工业时代大幕徐徐拉开的环境中推进国家治理现代化、谋求合作治理、获得发展先机提供重要的技术支持。

参考文献

[1] 中国互联网络信息中心. 第41次《中国互联网络发展状况统计报告》[R/OL]. [2018-01-31]. http://www.cnnic.net.cn/hlwfzyj/hlwxzbg/hlwtjbg/201803/P02018030540.

[2] 国务院办公厅. 关于做好政府网站年度报表发布工作的通知[EB/OL]. [2018-01-22]. http://www.gov.cn/zhengce/content/2018-01/22/content_5259190.htm.

[3] 国务院办公厅. 关于印发2018年政务公开工作要点的通知·[EB/OL]. [2018-04-08]. http://www.gov.cn/zhengce/content/2018-04/24/content_5285420.htm.

[4] 国家行政学院电子政务研究中心. 省级政府网上政务服务能力调查评估报告(2017)[R/OL]. [2017-06-20]. http://www.egovernment.gov.cn/xiazai/2017zwfw.pdf.

[5] 孟川瑾. "互联网+政务服务":以数据为核心的政务改革[J]. 中国行政管理,2016(7).

[6] 360互联网安全中心. 2017中国网站安全形势分析报告[R/OL]. [2018-01-30]. http://zt.360.cn.

[7] 汪玉凯. "互联网+政务":政府治理的历史性变革[J]. 国家治理,2015(27).

[8] 张定安,吴余龙. 建设现代政府和服务型政府的有力抓手[J]. 中国行政管理,2016(11).

[9] 宁家骏. 推进"互联网+政务服务"深化信息惠民试点建设[J]. 电子政务,2016(5).

[10] 李春根,李志强. 以"互联网+政务服务"引领政府治理现代化[J]. 中国行政管理,2016(7).

[11] 国务院办公厅. 关于印发政府网站发展指引的通知[EB/OL]. [2017-05-15] http://www.gov.cn/zhengce/content/2017-06/08/content_5200760.htm.

[12] 国家行政学院电子政务研究中心. 2016联合国电子政务调查报告(中文版)[R/OL]. http://www.egovernment.gov.cn.

[13] 张丽丽. 新常态下推进"互联网+政务服务"建设研究——以浙江省政务服务网为例[J]. 浙江学刊,2016(5).

[14] 国务院关于积极推进"互联网+"行动的指导意见[EB/OL]. [2015-07-04].

http://www.gov.cn/zhengce/content/2015-07/04/content_10002.htm.

［15］何增科.政府治理现代化与政府治理改革［J］.行政科学论坛,2014(4).

［16］高小平.创新行政管理体制　建设服务型政府［J］.中国党政干部论坛,2008(7).

［17］吕同舟.政府职能转变的理论逻辑与过程逻辑——基于国家治理现代化的思考［J］.国家行政学院学报,2017(5).

［18］郑家昊.从政府职能出发理解中国道路——兼论中国特色的引导型政府职能模式［J］.南京农业大学学报(社会科学版),2013(4).

［19］张康之,向玉琼.网络空间中的政策问题建构［J］.中国社会科学,2015(2).

［20］汪玉凯,张勇进.业务流程再造理论在政府管理中的应用——浅析政务流程再造［J］.电子政务,2007(6).

［21］彭向刚.和谐社会视野下行政效能建设研究［M］.北京:中国社会科学出版社,2013:94.

［22］翟云."互联网+政务":现实挑战、思维变革及推进路径［J］.行政管理改革,2016(3).

大数据与政府治理

信息社会简约高效基层管理体制的构建[*]

李 齐[**]

党的十九届三中全会关于党和国家机构改革的决定指出，要构建简约高效的基层管理体制，夯实国家治理的基础。从农业社会到工业社会，再到信息社会，基层管理体制有着走向简约高效的内在逻辑，在三个基本维度上有其独特内涵。构建简约高效的基层管理体制，需要破除压力型体制和技术治理形塑的制度逻辑阻碍，利用信息技术建设数字政府平台，集中和共享信息，改善信息传递和权责配置，妥善进行制度安排，实施有力的宏观管理，提高基层政权的自主性和灵活性，依法规范其管理过程，实现社会各主体的有序参与及多主体的有效互动。

党的十九届三中全会通过的《中共中央关于深化党和国家机构改革的决定》提出，要"构建简约高效的基层管理体制。加强基层政权建设，夯实国家治理体系和治理能力的基础"。在信息社会技术不断进步的情况下，为不断应对政府、市场和社会良性运行中遇到的挑战，国家治理方式从总体支配走向技术治理，[1]并接受和应用新公共管理相关理念，但基层政权存在的问题仍没有得到很好解决。基层政权时常疲于应对各种指标和要求，难以积极有效地回应社会需求。因此，在信息社会环境下，抓住机遇，迎接挑战，构建执行有力、自主有效、规范有序和灵活高效的基层管理体制极为必要。

---

[*] 基金项目：国家社科基金重大项目"中国政府职责体系建设研究"（编号：17ZDA102）、国家社科基金重点项目"政府数据治理与统一开放平台体制机制研究"（编号：17AZZ016）。

[**] 作者：李齐，山东师范大学副教授、硕士生导师。

基层政权在国家治理体系中处于重要位置，一方面是党和政府政策的具体落实者，另一方面是社会需求与社会问题的具体回应者和处理者，是党在基层的"战斗堡垒"，也是党获得广大群众支持的基本来源。建设好基层政权，无疑是国家治理体系和治理能力现代化的体现和基础。但是，基层政权目前仍存在"有事无人办"、"有人无事办"、"白加黑"、"五加二"、"横向不到边"、"纵向不到底"等现实问题，需要完善机构设置和权责配置，需要加强政策执行能力，组织号召群众和服务回应群众的能力。这些问题，一直是我们在着力解决，却又很难解决好的。周雪光甚至认为，"中央的一统体制与地方和基层有效治理是一对悖论，问题只能在某些时候缓解，但不可真正解决"。[2]黄仁宇认为，问题的症结在于技术和信息的传递，随着技术的进步，这些问题可以解决。[3]不过，周雪光认为，技术的进步反而会加强对基层的控制，让问题更加严峻。[4]本文认为，虽然截至目前，每一种社会形态下，基层管理和治理体制都存在类似的问题，但技术是关键变量，问题的出现和应对不是一种循环。不同的技术变革对应不同的社会形态，在信息技术日益进步的信息社会，基层政权面对的社会需要更大的自主空间，面对的问题更具有整体性、关联性和传导性，需要基层政权能够更为自主和积极地回应社会需求，更为迅速和整体协同地应对社会问题。因而，在信息社会，基层政权中存在的各种问题更容易凸显，同时，基层管理体制的走向——简约高效也更加明确。

信息社会基层管理体制走向简约高效的一个基本的现实前提是：信息社会的技术进步已经使中央和各级政权对基层政权和社会拥有更强大的控制力，保障中央和各级政权的监管和纠偏能力，因此基层政权和社会得以有更大的自主空间，保持较强的灵活性，实现简约高效的基层管理。这既符合国家治理的总体性要求，又满足其现代性诉求。[5]在这个前提下，信息社会也将赋予构建简约高效基层管理体制以技术手段，并由此形成制度安排。

一　信息社会简约高效基层管理体制的逻辑与意涵

中国从农业社会到工业社会再到信息社会，基层管理体制表现出不同的运行方式和特点，这是由社会发展和中国国家治理的基本架构决定的。信息社会和中国国家治理基本架构的内在逻辑，决定了基层管理体制走向简约高效，而且需要从多个维度去理解和阐释。

（一）信息社会简约高效基层管理体制的逻辑

信息社会条件下中国基层管理体制走向简约高效，是技术、组织、社会和政府①在历史的逻辑下演化的要求和结果，是社会发展和国家治理现代化的必然要求，也是技术形塑基层管理体制的必然结果。从宏观层面分析，马克思主义理论指出，生产工具的进步（技术进步）改变了生产力和生产关系，从而推动了经济基础和上层建筑间的矛盾运动，必然改变政府的组织和运作方式。从中观层面分析，技术的进步降低了交易成本，从而改变了人的交往方式和社会的组织方式，改变了社会组织和政府组织的关系，需要政府组织调适自身，适应新的社会组织环境。

信息社会技术的进步，持续降低了交易成本，使信息得以快速传播，人的交往行为更加多样和自由，也需要更大的自主空间。因此，政府需要"简政放权"，给予社会更大的自主空间。科斯认为，交易行为和每一项交易都包括谈判和交易的费用，也就是交易成本。[6]威廉姆森认为，交易成本主要包括搜寻成本、议价成本、决策成本和监督成本等。"理性经济人"在信息不对称和认知偏差的情况下，会产生机会主义行为。为了避免机会主义行为，需要搜寻信息以完成交易活动，因此，产生了交易成本。交易成本可以通过资产专用性、不确定性和交易频率三个维度进行测量。[7]在农业社会，一个封闭的组织环境里，不确定性低，交易频次高，能够有效降低交易成本；组织间的资产专用性高，不确定性高，交易频次低，导致有非常高的交易成本。所以，农业社会的组织相对封闭。工业社会，在技术进步的情况下，为了有效降低交易成本，各种组织（包括企业组织和社会组织）大量出现，同时组织间的交易成本也有所降低。在信息社会，信息传播的快速性和及时性，有效降低了获取信息的成本，相应的衡量维度表明，人与人之间、组织内部和组织间，交易成本都有效降低。交易成本的降低必然扩大人的交往活动范围，减轻对个体和组织行动的约束。同时，社会中的个体和组织也要求减少制度性约束，以实现更大的自主交往空间。社会如何有更大的自主空间？需要政府"简政放权"，把一部分权力下放给社会，让市场能够更好地在资源配置中起决定性作用，让社会能够更好地自我调节。

随着技术进步和交易成本降低，组织间关系趋于网络化，社会与政府

---

① 本文中使用的"政府"概念，一般是指广义上的，包括党的机构和行政机构等；在党和政府并列时，政府指行政机构，即狭义上的政府。

以及社会组织间的联系更加紧密,社会趋于整体化,面对的问题更具有整体性、关联性和传导性。政府特别是基层政权应该通过内部合作,整体协同,及时化解问题,同时也需要与社会合作,完成政府需要提供的各种服务。由于交易成本的降低,组织为了减少自己的成本变得更加开放,组织间的联系增多。同时,由于信息获取的便利,组织自我学习的能力增强,组织的跨界行为增加。更多的组织联系在一起,在平台上运作,构成组织交往和个人交往的生态系统。在平台形成的生态系统中,各种组织、群体和个人都参与其中,政府往往也是重要的参与者,有时也是平台的建设者和主导者。社会本身包括政府在内,越来越趋向于整体化,在相互的关联中,各主体共同合作。因此,区别于组织封闭化的同质性社会农业社会,也区别于组织功能化的异质性社会工业社会,信息社会是交互网络化的整体性社会。置身于信息社会之中的政府,特别是基层政权,一方面需要积极与社会合作,在合作中更好地发挥政府的作用,满足人民的需要,推动社会进步和发展;另一方面,要整体协同地及时解决各种社会问题,防止问题的累积和传导,保障社会稳定有序。

技术的进步,也促使各级政府和基层政权自身进行调整,更加简约高效地优化内部管理,通过技术手段的应用和相应的制度安排,实现上级对基层政权、基层政权内部以及基层政权对社会事务的简约高效管理,降低管理成本,实现更高效率。上级对下级的有效管理,以及部门间的协同合作,需要保证层级间和部门间的信息畅通,需要平衡上下级和部门间的权力和责任分配。在农业社会,由于交易成本太高,上级很难实现对下级的有效管理,而部门间的合作也是困难重重。工业社会科层制的专业化和层级化,使上下级和部门间的管理更加有效,但趋于复杂,各层级和部门间的利益争夺问题难以解决。同时,信息不对称问题严重,简约高效的管理仍然难以实现。信息社会中,信息的开放共享平台在政府内部已经开始推广,上下层级间和部门间的沟通与协调逐步顺畅,信息壁垒和利益分割问题正逐步解决,简约高效的政府内部管理可以实现。

(二)信息社会简约高效基层管理体制的三个维度阐释

根据中国国家治理的基本架构,基层政权处于国家政权的终端,也处于政府与社会联系合作的交汇点。因此,基层管理体制简约高效的阐释应当包含三个维度:一是从上级政府管理的维度,说明基层政权能够在简约高效的体制下实现高效运作;二是从基层政府内部管理的维度,说明基层政权能够实现简约高效的组织运作；三是从基层政府回应社会需求和解决问题的维度，说明基层政权能够实现对社会的简约高效治理。

1. 上级政府管理的维度

基层政权是具体实现上级政府决策、执行政策和反馈政策结果的主要抓手，因此其能否简约高效地运行，对于上级政府宏观管理和具体政策措施实施的有效性来说至关重要。因此，在上级政府管理的维度，上级政府能否对基层政权实施简约高效的管理，在较为简约的体制机制下付出较少的成本，使基层政权简约高效地实现管理目标和政策目标，显得尤为重要。在技术和交易成本作为重要变量的情况下，农业社会、工业社会和信息社会的管理特征（以简约高效为分析的着眼点）有着明显不同（如图1所示）。由于技术水平较低和交易成本较高，在农业社会，上级政府只能对下级政府实施简约管理，但上级的管理目标难以有效实现，主要是因为控制手段缺乏。在工业社会，技术进步，交易成本降低，科层制的专业分工、程序性和规范化成为政府的重要特征，上级政府能够实现对下级政府的有效管理，管理的高效目标能够实现，但是臃肿的机构设置和冗余的程序设计，并不能实现简约的目标。而信息社会，在信息开放共享的基础上，上级政府对下级政府的有效控制是可以实现的，并且在信息开放共享的平台上，既是简约的，也是高效的。

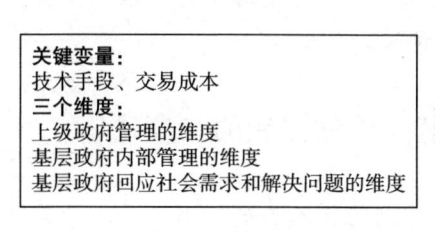

图1　三种社会形态中基层政府管理体制的特征
（以简约高效为分析着眼点）

2. 基层政府内部管理的维度

基层政权内部的管理简约高效，是其政策执行能力，以及回应社会需求和解决社会问题能力的重要保障。简约高效的基层政权内部管理，表征着基层内部党政关系、部门间关系的协调，也表征着规范和程序化的有效和简约。从农业社会走到信息社会，基层政府内部管理有着显著不同。农业社会中，由于上级政府对下级管理的简约性，以及在技术手段缺乏的情况下基层政府治理社会的简约性,基层政府并不需要复杂的部门设置,也不需要复杂的程序和规则实施内部的简约管理。由于难以实现有效的规则化和程序化约束,其内部简约管理并不高效。内部管理人员一旦脱离管理者视野,在技术手段不足的情况下,就存在约束无效的可能,因此难以期待工作的有效性和管理的高效。工业社会中,部门的复杂设置和规范与程序设计有利于管理的有效性,能够实现高效管理的目标,却不能实现管理的简约化。信息社会中,基层政府依靠技术手段,可以实现工作的规范化和工作的有效性,从而实现简约高效的内部管理。

3. 基层政府回应社会需求和解决问题的维度

基层政权直接面对社会,是了解和回应社会需求,以及应对各种社会问题的主体。基层政权不仅是政策执行者,而且是党密切联系群众的重要纽带,对回应社会需求和解决社会问题,实现和提高党和政府的合法性至关重要。简约高效的基层政权,能够便捷有效地满足社会需求,解决社会问题。农业社会中,由于受技术手段和交易成本的制约,高效回应社会需求和解决社会问题是难以实现的,只能实现对社会的简约治理。工业社会中,由于科层制的专业分工对应于社会的功能区分,可以高效满足社会需求,并解决社会问题,但内部程序的复杂并不能实现简约化,而且复杂性本身往往影响高效的实现。信息社会,基层政权可以运用技术手段,让专业化分工转变成整体合作,简化复杂程序,缩短时间并拓展空间,实现简约高效地回应社会需求和解决社会问题。

二 制约简约高效基层管理体制的制度逻辑

简约高效是信息社会基层管理体制的必然走向,不少地方的数字政府治理实践已取得显著的成效,对构建简约高效的基层管理体制具有借鉴意义。但制约简约高效基层管理体制的体制机制障碍仍然存在,主要缘于上下级政府间的关系梳理不清,以及基层政府应对社会压力的思维方式。

(一) 压力叠加传导与技术强化下的科层制逻辑

着眼于各级政府间关系,中国政府的运行方式一直是理论界研究的热点问题。"财政联邦体制"、[8]"行政发包制"、"运动型治理机制"、"压力型体制"等各有其合理性和解释力。简而言之,中国政府的运行方式和层级间关系有以下三个基本的特点:一是上级政府对下级政府有着较强的控制力,特别是关于"政治性"政策和任务;二是下级政府相对于上级政府的控制,在经济和社会管理事务上,有着较大的自主权和灵活性;三是基层政权承受着多重压力,包括上级政府的要求、同级政府间的竞争、社会问题的解决和市场资源的争夺。究其原因,一是赶超型国家和无限责任政府的逻辑;二是维持政府和社会秩序稳定的逻辑。这些特点和逻辑导致了政府间的压力叠加传导。"一票否决"、"政治性任务"、"招商引资一号工程"等硬性和竞争性压力使各级政府要"打提前量",分解和放大指标,下压责任,不断"加温加压"。在这种情况下,伴随着科层制的技术治理,各项指标不断被细化,各种表格数据不断被增加,使用的项目资金必须限期发挥成效并按时上报数据。每到一个任务的中期和最后考核阶段,每到月末、季末和年末,各种表格的填写和数据指标要求就会如约而至。在山东菏泽 A 镇的考察中,镇党委书记说:"我们 90% 的时间是在应对上级的要求,想尽办法要让数据达到指标要求,把表格填好。"压力的叠加传导和技术治理对科层制的强化使基层政权难以喘息,"一手托着乌纱帽","一手托着高指标",到处都是"一把手工程",导致"个人化"、"泛政治化"、"落实文件化"、"成效数据化",[9]难免出现"项目包装"、"数据造假"、"提拔任用酌情"和政府应有责任机制失衡的问题,某时某地高效,某时某地无效,有时简约却有失规范,简约高效的基层管理体制难以实现。

(二) 向上释放有效信息的官员晋升逻辑

"地方官员晋升锦标赛模式"是分析地方政府行为的重要理论,当然,众多学者对此也有着不同认识。事实上,不论竞争性指标是 GDP 还是其他,同一层级和相似环境的地方政府官员确实存在着竞争,实现的一个重要方式是向上级释放竞争的有效信息。信息释放如何有效?不外乎三点:一是信息或者符合上级需求的导向,或者能为上级增光添彩;二是在信息基本相同的情况下,自身释放的信息质量相对要高;三是自身释放的信息要更有创新性。为此,各级政府难免集中力量做"政绩工程",甚至"放卫星"。上级政策往往采取项目制的方式向基层推进,为实现信息的有效释放,要求基层政府抓落实,"限期"、"提前"、"高标准"完成任务。项目一方面利用上级政府的补贴作为诱饵,钓取基层更多的资金,另一方面也被列为考核的指标,用行政压力保障执行。基层政府为应对,或本身也为了向上释放有效信息,一般采取四种措施:一是把上级的要求和自身的要求结合起来,积极推动,既实现上级目标,也实现自己的目标;二是变通执行,根据自己的目标,转化上级要求,利用上级资源,实现自身需求;三是拖延、应付,在资源不足的情况下,只能"打横幅"、"挂牌子"装点门面;四是抵制,这种情况往往是在基层政府资源严重不足的情况下出现的,相对来说较少出现。基层为集中资源和精力完成这些项目,往往丧失因地制宜进行决策的自主性,也避免不了不能兼顾民众偏好,不当分配有限资源,打造"卫星村"和"卫星项目"。有时这些项目确实能满足当地民众的需要,但有些确实是"面子工程",基层政府临时仓促应对上级要求,做表面文章、搞形式主义,难以有效实施基层发展和治理的长期规划。因此,阻碍了简约高效基层管理体制的建设。

(三) 非正式的任务驱动型组织逻辑

上级政府对基层政府的加压和技术治理对压力的强化,以及地方官员晋升的逻辑形成的各种任务,必然导致基层政府成为任务驱动型组织,而不是有自主性和真正回应社会需求的组织。基层政府往往为了实现指标,确定"中心工作"和"重点工作",然后根据各工作任务,把所有工作部门和工作人员进行分组,领导负责,责任到人,根据年终指标完成情况考核领导和个人。根据对山东临沂B镇的考察,招商引资是镇里排序第一的中心工作,由党委书记直接负责,常务副镇长为第二负责人,再从经管站和土管所抽调人员,形成5人小组,完成年内指标500万。还有"计生综治组"、"财税企业组"等5个组,每组有负责人,也有完成指标要求。在实际工作中,当有一些重要任务无法划入各组,或任务非常重要时,需要临时创建小组。基层政府这种运行方式,以官僚制为基础,在分组时兼顾科层制特点,以组织动员为手段,保有对党组织、行政部门动员的能力。区别于运动型治理,基层政府的这种运作方式不是临时组织的,而是日常的运作方式。

但是这种非正式的任务驱动型组织及其运作方式,并不能体现依法治国的基本原则。首先,组长的实际权力远超制度所赋予的职位权力。"工作组"的组长根据任务和乡镇实际,可以灵活多变地调动资源,协调关系。但是,非正式权力的产生,并没有相应依据,权力清单和编制设置并不有效。其次,党政关系的问题难以处理。在分组过程中打破了党政分工的职权限制,党的事务和狭义上的政府事务难以有效区分。特别是当工作上升到"政治性任务"时,狭义的政府很难有自主权。再次,可持续的规范化运作难以实现。分组运作的基层现实,在有较强控制力的党委领导下,往往成效显著,而"关系弱"和"能耐差"的领导,则难以让基层政府有效运行，即便不分组也是如此。因此，同样基础条件的基层政府，实际的工作效果有着明显的不同。同样的基层政府，在不同领导带领下，会有不同的发展前景。最后，由于"一把手工程"和"责任到人"，用人和激励机制被扭曲，"附庸与庇护"的领导与工作人员非正式关系容易滋生。[10]因此，这种非正式任务驱动型组织逻辑，破坏了正常的基层政府运作法定模式，也产生了负面问题，阻碍规范化和可持续的简约高效基层管理体制的形成。

（四）底线思维的维控逻辑

"乡镇政权缺乏回应乡村社会治理需求的主动性和能力，只能援引各类权力技术，来完成自上而下的压力性任务；同时，调动一切正式和非正式的力量与技术手段，应对一些危及乡村社会稳定的突发性事件，从而维持乡村社会的基本稳定。"[11]基层政权在压力叠加传导和技术化科层制逻辑下，根据"政治任务"和"一票否决"等要求形成了底线思维的维控逻辑。例如，菏泽市A镇在人力、财力缺乏的情况下，为了完成多指标、达到高要求，对于社会治安综合治理也不得不应付。乡镇派出所是县公安局的派出机构，乡镇政府对其约束力有限。另外，乡镇派出所警员仅6名，对于偌大的乡镇而言，治安力量显然不足。乡镇还有很多指标需要完成，负责综治的副镇长还有其他中心工作需要做，因此，秉承"不出事、不治理"的逻辑，各种综治的记录、表格和数据应付完成；一旦出现问题，为保住底线，抓紧"应急灭火"，想办法"摆平"，甚至不惜违反规则应用政策。

底线思维的维控逻辑，为应对上级，难以真正实现"天天抓，月月抓"，反而把"底线问题"转变成"应急问题"，把"回应和预防"转变成"灭火和摆平"。因此，基层政权忙于应付上级交办的各项任务和指标性要求，往往缺乏对社会需求和问题的回应。在这样的逻辑下，基层政权难以实现简约高效的治理，而是疲于应对。

三 信息社会基层政权管理体制的制度逻辑重塑

上述制约基层管理体制简约高效达成的制度逻辑，一直以来是政治行政体制难以解决的问题。如何实现上级政府对基层政府的良好控制，与如何让基层政府有效和高效地应对社会问题，是一对矛盾。同时，技术的进步强化了技术性治理，上级政府的控制力增强，但同时引发了下级政府在强大压力下的被动应对和非规范化的运作，也没有实现有效的回应性要求。

信息社会实现简约高效治理，解决顽疾和新的问题，需要重塑基层政权管理体制的制度逻辑，根据新的理念和逻辑，增强基层政府治理能力。

（一）有力的宏观管理与基层政权自主空间创造

在上级政府和基层政府关系中，基层管理体制的运行需要解决的问题，一是如何防止基层政权在运行中偏离上级的要求，二是如何能够使基层有更强的自主性，能够不以"策略主义"的方式考虑组织的运行，使基层政权实现因地制宜的治理。一直以来，上级政府和基层政府之间一直存在矛盾。在技术能力不足的情况下，基层有更大的自主空间，往往会偏离上级政府的要求。在技术能力不断增强的情况下，上级政府可以时常控制基层政权，防止其偏离，但又因过度控制，会导致基层丧失自主性。只有解决二者间的矛盾，才能实现基层政权的简约高效治理。

当前，二者的矛盾主要是由压力叠加传导与技术强化下的科层制逻辑导致的。为解决这个矛盾，需要以有力的宏观管理防止基层政权管理的偏离，同时为基层政权创造自主的空间。信息社会中，上级政府能够实现对基层政权的控制，其重要原因在于信息不对称得到了改善。因此，通过运用信息化手段，通过舆情、工作流程留迹、工作数字平台化，提升上级政府对下级政府的监管能力，可以实现实时监管、实时纠偏。控制能力的提升，是创造基层政权自主空间的前提条件。通过大数据和智能化分析，上级政府在保障及时监管和纠偏的情况下，简化繁琐程序、优化考核方式、整合治理资源，做好宏观管理。从细化控制转变为宏观管理，能够为基层政权创造自主空间，保障基层政权有效治理，把更多的资源转移到创新性的可持续发展和对社会需求与问题的积极回应。有力的宏观管理，保障统一性政策的高效执行，也保障了对基层政权的简约化管控。基层自主空间的扩大，使基层政权不再疲于应付，实现内部简约化管理，高效回应社会需求。

（二）有效及时的信息传递、开放和共享

进行有力的宏观管理，创造基层政权的自主空间，以及解决向上释放有效信息的官员晋升逻辑导致的问题，需要减少上下层级间的信息不对称。信息不对称，一方面来自信息的封闭性和垄断性，另一方面是由于信息传递层次和环节导致的传递速度慢、信息扭曲或失真。信息的封闭性主要是由信息不能共享导致的。不能共享的原因，一是技术本身影响信息的有效

传递，二是传递者隐匿信息以便自己获取利益，三是缺乏信息共享的内在激励和外在压力。信息传递的速度较慢，主要受技术原因和传递层级的影响。技术的阻碍、双向沟通的缺乏以及官员激励的扭曲，往往致使信息扭曲和失真。但在信息社会，在通过信息技术手段建设数据平台，实现数据的集中和共享，社会主体互联互通，加大各级政府公开信息压力的同时，设立信息共享激励机制，就可以突破信息的封闭并解决传递不及时的问题，形成信息有效及时传递和开放共享的机制。

信息的迅速传递，特别是信息在社会中的及时传递，使政府隐匿的信息容易在社会中被获取，这样一来，各级政府难以通过隐匿信息免于被监管而获取私利。信息的集中和共享与开放，将使上下级政府间有更好的沟通，避免通过"政绩工程"、"装点门面"和"放卫星"等方式选择性释放信息。同时，也能够避免各级政府为实现自身有效信息的释放向下施压，在实现宏观管理之外，加强对下级最终是对基层政权的控制，使得基层政权疲于应对。

（三）规范高效的基层政权内部整体化协同运行

依法治国是中国特色社会主义的本质要求和根本保证，是党和国家机构改革坚持的基本原则。任务驱动型基层政权运作方式，在一定程度上促进了部门的整体协同，但长期采用非正式的组织运作方式，不能依法依规实施基层管理，引发了诸多矛盾和问题。究其原因，一是原有的科层制专业化分工并不适应信息化社会的需求，难以应对整体性问题；二是技术治理的压力和上级释放有效信号带来的压力，使基层治理不得不采用这种方式应对；三是新公共管理运动的结果导向，"以市场为基础的公共行政"所塑造的"企业型政府"[12]，使行政过程、规则和价值被忽视。

因此，改变现存问题，实现规范高效的基层政权内部整体化协同运作，既不能重走基层科层制专业化分工的老路，不能沿用技术治理的繁琐程序去控制，同时也不能采用"企业型政府"的运作模式，而应当建设数字平台，运用程序化控制的方式，实现基层政权内部规范高效的整体化协同运行。

（四）基层政权的回应性、社会参与性与营造社会自主空间

由于自上而下的较大压力，基层政权在财力、人力和物力不足的情况下，难以有效回应信息社会的多种社会需求，以预防和规范化解关联性和传导性社会问题。另外，虽然信息社会中社会参与的意识和要求不断增强，上级政府对基层政权也有相应践行群众路线的要求，但各种记录难免造假，

各种活动难免流于形式。增强基层政权的回应性，难以通过自上而下的政治压力和行政命令实现，即便由上级设置相应规范并提出指标化要求。实现回应性的基础条件，是形成社会参与的常规化和规范化机制。在信息技术不断进步的今天，决策者、执行者和社会主体间的交流更加扁平化。信息不必在被筛选之后集中，由政府再决策、执行。数字平台的构建可以实现信息集中，去除信息传递中的层级障碍，保障信息传递的真实性和时效性。政府根据信息的性质、热度等进行筛选，进而完成政策决策过程。在平台程序化设计中，对社会需求和问题信息进行分类，进入不同的回应程序，并给出不同的时限要求，按流程节点督促检查。同时，社会主体可以接入平台，作为社会力量，根据被赋予的权限，参与基层政权社会治理，并监督基层政权的运行。如此，建构程序化和规范化的回应社会和社会参与的平台，形成民众自下而上参与治理的可行性机制，才能够使基层政权真正把群众路线落到实处，提升基层政权的回应性，激发社会参与的积极性。

在信息社会，由于组织网络化和整体化，社会主体能力增强，可选择的空间扩大，需要更大的自主空间才能满足交往与行动的需求。因此，作为直接联系社会的基层政权，应当给予社会主体更大的自主空间。给予更大的自主空间，可以培育社会的自组织，增强社会活力和创新能力。但同时，需要注意两种情况，一是社会自我组织能力不够，二是各种组织之间的矛盾和张力导致组织难以有效合作。因此，给予社会自主空间，不仅意味着要简约治理社会，不要过多地干预社会，也意味着要为社会营造自主空间，提供创制自主空间的公共产品和组织化平台。

四 信息社会构建简约高效基层管理体制的制度安排

重塑制度逻辑，构建简约高效的基层管理体制，需要相应的制度安排才能实现。信息社会技术手段和相应的治理理念，能够革新原有的制度安排，在党的全面和有力领导下，以人民为中心，实现基层管理体制依法合规、整体协同的简约高效运行。

（一）党委主导的规范化平台型基层政权运行模式

建设数字化平台型政府，能够打破部门间和层级间信息沟通的障碍，使信息集中和共享，实现政府运行的"系统性"、"整体性"和"协调性"。

英国2012年开始实施《政府数字化战略》，2017年实施《政府转型战略（2017－2020）》，确定了"数字政府即平台"的基本理念，创建共享平台，让政府所有部门集中于一张网、一个平台，信息集中共享，一站式服务，整体协同。[13]中国政府2012年发布的《"十二五"国家政务信息化工程建设规划》，把部门信息共享和业务协同作为"十二五"期间主要解决的问题。中国政府努力在2018年实现中央部门信息平台化，使信息集中共享。自2012年起，以"I政务服务"和"民生服务"为突破口，由点到面实现政府部门的信息共享与协同。各个地方，以建设综合民生服务中心等方式，实现地方和基层部门的信息联通和共享。随着"放管服"的不断推进，各地方不断推进"互联网＋政务服务"，在政务服务领域实现各部门的整体协同。例如，2016年浙江省实现"网上政府"一站式服务，2018年上海大数据中心建立，实现"线上"和"线下"一站式政务服务。数字政府平台化，不仅能够实现信息的互联互通，整合协同各部门运行，同时也能实现政府运行的规范化。任务驱动型基层政权的运行，形成了多个任务组，去除了部门的制约，虽是一种准平台化的组织方式，但难以实现规范化的组织运行。基层政府建设数据平台，不仅可以整合各部门资源、协同各部门行动，而且根据平台的程序化和时限设置，能够实现平台运行的规范、高效、简约。

根据对各地方网络问政平台的考察，平台可以分为党委主导型、政府主导型、部门主导型。其中，党委主导型运作优势明显，能够有效集中信息，并督促各部门整体协同，整体回应速度最快，回应效果最佳。部门间信息集中与共享的最大障碍是部门间利益分割，如果不在信息集中和共享中使用选择性集权，就不会破除各部门的信息垄断。这也是为什么党委主导型问政平台最能体现其有效性的原因。基层政权，在现实中基本是由党委主导工作的，但党委全面主导工作，又在规范上有着限制，有时又会引起党委和政府的矛盾。建设由党委主导的基层政权运行的数字化平台，通过党委集中和共享信息，破除部门间信息传递的阻碍；同时，平台上党委、政府领导和各部门负责人与工作人员各有各的工作权限，党委根据程序和规范督促各项事务的落实，各部门、各工作人员依法依规执行政策，如此，数字化平台的建立既实现了党的全面领导，又保证党委领导的规范化。

（二）开放安全的多层次信息有效传递

数字化政府平台建设，不仅要实现各层级政府间的部门协同，也要通过平台实现上下级间信息的有效传递。各层级为了释放有效信息，向下施加压力，下级为了应付上级需要隐匿信息，这些问题都需要通过开放安全的多层次信息有效传递解决。实现开放安全的多层次信息有效传递，需要实现信息和权力的有效转移。信息的转移，是要实现信息在各层级间的有效分配。信息的流动，需要对数据资源进行分类管理。根据数据的公开性，可以将其分为公共性数据和隐私性数据。另外，要根据影响政治和社会安全的程度，对数据的安全级别和需要达至的层级进行分类。不同层级在平台中需要根据分类共享信息，并根据权限和分类能够随时查看和获取信息。上级政府的信息根据分类必须让下级政府共享，下级政府和部门则接入上一级政府的平台。不同区域的政府能够在上一级政府的平台中集中和共享信息。由此，实现信息的跨部门、跨层级、跨区域的多层次有效传递。

在信息有效传递和转移的同时，实现权力的有效转移，才能实现简约高效治理。这需要根据平台运行程序和规范，设置上下层级间、区域间的权限，实现上级政府对下级权力的有效宏观管理，同时通过程序也规范上级政府的权力和行为，防止压力的层级叠加和责任推诿。

（三）有序自主参与的多主体互动模式

基层政权数字化平台的建设，不仅要实现基层政权内部的规范化整体协同运行，以及上下级之间和区域之间多层次的有效信息传递，而且要实现社会主体的有序自主参与和多主体间的互动，为社会创造组织化的公共空间，整合社会资源，增强社会主体的自主性。市场、社会以及公民个人如何能够在基层实现组织化，是由来已久的问题。毛泽东指出："全国同胞们，我们应当进一步组织起来。我们应当将全中国绝大多数人组织在政治、军事、经济、文化及其他各种组织里，克服旧日中国散漫无组织的状态，用伟大的人民群众的集体力量，拥护人民政府和人民解放军，建设独立民主和平统一富强的新中国。"[14]"把社会组织起来，并不意味着对社会的控制，而是意味着为社会创造自主的公共空间。有组织的社会，形成了重要的公共产品——社会资本，创造自主空间，是民主政治运作的基础"。[15]改革开放之后，原有的单位制组织方式破产，尚未产生一种新的有效的组织方式，社会的原子化问题一直没有得到有效解决。社会组织的培育虽然有利于社会的组织化，但也存在社会组织参与社会治理的高成本、低绩效和难协同的问题。在信息化的今天，各种非正式组织和临时性组织兴起，尽管在一定程度和范围内会起到重要作用，但也难以产生持久和有序的正向作用。这些使得基层政权难以有效利用社会组织化的力量实现对基层社会的简约高效治理。

因此,基层政府需要利用技术进步带来的优势,为各种组织和民众个人创造交流互动的平台。政府的数字化平台,可以使企业、社会和个人在一定的权限下接入,构建平台上多方互动的机制。组织的交流、资源的交换、意见的表达和问题的解决,在程序化和规范化下有序进行。此外,保障各主体的互动在各层级上经过数据筛选,实现多层级透明,避免层级的信息隐匿造成的掩短避丑,保障社会主体的权益。规则、秩序和自由与自主相辅相成。[16]如此,建构一种有组织、规范化和社会有序参与的多主体互动模式。

(四)"多对一"的高效治理回应模式

在实现基层政权内部整体协调、规范化运行,多层次有效地传递信息,社会有序、自主参与和多主体互动的条件下,"多对一"的高效治理回应模式便水到渠成。对社会需求和社会问题的高效回应,是检验基层政权治理绩效的核心指标,是实现"以人民为中心"的国家治理现代化的基本要求。党的十八大以来,国家治理现代化被提升为全面深化改革的总目标。国家治理的一个基本维度是国家和民众的关系,如何处理好国家和民众的关系,满足民众的需求,解决民众的问题,是国家治理现代化的关键性指标。因此,习近平指出,"历史和现实都告诉我们,密切联系群众,是党的性质和宗旨的体现,是中国共产党区别于其他政党的显著标志,也是党发展壮大的重要原因;能否保持党同人民群众的血肉联系,决定着党的事业的成败"。[17]特别是在社会问题的关联性和传导性强的信息社会,如何高效回应民众需求与社会问题,还关涉到政治社会的安全和秩序。

数字化的政府平台,使各级政府、政府各部门和各区域能够在平台上整体协同,各种社会主体能够协同参与,当出现社会需求和社会问题时,采用"多对一"的应对模式,而不是"一对多"的模式。所谓"一对多",是指当一个问题出现时,社会主体需要寻找多个部门、多个层级、多个主体解决问题,增加了交易成本,导致责任推诿、问题积累,可能引发更大的矛盾和冲突。而"多对一"的模式是指,当一个问题出现,多个主体便会以问题为中心参与解决。数字化政府平台是线上和线下融合的平台,平台运行的程序和规范是神经系统,一旦有需求和问题触发,就会把问题转化为分类的数据信息,根据处理的权限和要求传递到相应主体,包括各层级政府及其部门和社会主体。对问题的处理,在数据的调用上根据数据分类进行，在人员的调配上根据权责进行，在资源的组合上根据责任归属和优化配置的原则进行，在程序上以公平和公正为标准，在时限和结果上以高效和有效为依归。基层政府"多对一"的问题回应模式，明确了问题症结，整合了主体力量，规范了处理程序，保障了治理的简约和高效。

参考文献

[1] 渠敬东，周飞舟，应星. 从总体支配到技术治理——基于中国30年改革经验的社会学分析［J］. 中国社会科学，2009（6）.

[2] 周雪光. 权威体制与有效治理：当代中国国家治理的制度逻辑［J］. 开放时代，2011（10）.

[3] 黄仁宇. 中国大历史［M］. 北京：生活·读书·新知三联书店.1997：141.

[4] 周雪光. 中国国家治理的制度逻辑：一个组织学研究［M］. 北京：生活·读书·新知三联书店，2017：18.

[5] 何艳玲. 理顺关系与国家治理结构的塑造［J］. 中国社会科学，2018（2）.

[6] Coase R. H. The Nature of the Firm［J］. *Economica*，1937（4）：386-405.

[7] 奥利弗·E. 威廉姆森. 市场与层级制：分析与反托拉斯含义［M］. 蔡晓月，孟俭，译，上海：上海财经大学出版社，2011：4.

[8] Qian Yingyi and Weingast B. R. Federalism as a commitment to Market Incentives［J］. *Journal of Economic Perspectives*，1997，11（4）.

[9] 杨雪冬. 压力型体制：一个概念的简明史［J］. 社会科学，2012（11）.

[10] 张明军，陈朋. 县委书记权力腐败的影响因素分析：基于政治生态的研判视角［J］. 理论探讨，2018（1）.

[11] 欧阳静. "维控型"政权多重结构中的乡镇政权特性［J］. 社会，2011（3）.

[12] Blecher M. Developmental State, Entrepreneurial State: The Political Economy of Socialist Reform in Xinju Municipality and Guanghan Country［M］//White Cordon, ed.. *The Chinese State in the Era of Economic Reform: The Road to Crisis*, M. E. Sharpe Armonk, NY, 1991：pp. 270-280.

[13] 张晓，鲍静. 数字政府即平台：英国政府数字化转型战略研究及其启示［J］. 中国行政管理，2018（3）.

[14] 中共中央文献研究室. 建国以来毛泽东文稿：第1册［M］. 北京：中央文献出版社，1987：11.

[15] 罗伯特·D. 帕特南. 使民主运转起来［M］. 王列，赖海榕，译，北京：中国人民大学出版社，2015：237.

[16] 张爱军,秦小琪. "网络后真相"与后政治冷淡主义及其矫治策略[J]. 学习与探索,2018(2).
[17] 李章军. 深入扎实开展党的群众路线教育实践活动为实现党的十八大目标任务提供坚强保证[N]. 人民日报,2013-06-19(1).

政府职责体系建设视角中的数字政府和数据治理[*]

叶战备 王璐 田昊[**]

数字政府不是简单将传统政府移植到线上就能实现，数据治理更不是把数据归集到政务云就能共享，而是需要在全面提升政府职能的基础上，加强部门间的协同，彻底重塑行政的作业单元。显然，一方面要发挥技术作为施政工具的作用，即把日新月异的网络技术、信息技术和通信技术运用到政府的所有职能之中，特别是利用网络潜能来拓展政府的虚拟空间和运行机制。但另一方面更为重要的是，需要通过政府职责体系建设来真正实现从权力本位转向责任本位，从而使数字政府建立在以服务社会事业、保障公民利益为最高宗旨的基础上，并最终通过这一职责体系的运行机制来保障政府数据治理中的民主，从而真正实现政务大数据共享的快速、灵活及整体协同。

党的十九大报告明确要求"推动互联网、大数据、人工智能和实体经济深度融合"。此后，习近平同志又强调"提高社会治理社会化、法治化、智能化、专业化水平"。[1]在中央政治局第二次集体学习时，习近平总书记一语中的，指出要实施国家大数据战略，加快建设数字中国。与此同时，

---

[*] **基金项目**：国家社科基金重大项目"中国政府职责体系建设研究"（编号：17ZDA102）；国家社科基金重点项目"政府数据治理与统一开放平台体制机制研究"（批准号：17AZZ016）；江苏省新型城镇化与社会治理协同创新中心研究项目"政务大数据的开发利用"。

[**] **作者**：叶战备，南京审计大学公共管理学院教授、副院长；王璐，河北环境工程学院副教授；田昊，中国人民大学公共管理学院博士研究生。

他强调指出:"要运用大数据提升国家治理现代化水平。要建立健全大数据辅助科学决策和社会治理的机制,推进政府管理和社会治理模式创新,实现政府决策科学化、社会治理精准化、公共服务高效化。要以推行电子政务、建设智慧城市等为抓手,以数据集中和共享为途径,推动技术融合、业务融合、数据融合,打通信息壁垒,形成覆盖全国、统筹利用、统一接入的数据共享大平台,构建全国信息资源共享体系,实现跨层级、跨地域、跨系统、跨部门、跨业务的协同管理和服务。要充分利用大数据平台,综合分析风险因素,提高对风险因素的感知、预测、防范能力。要加强政企合作、多方参与,加快公共服务领域数据集中和共享,推进同企业积累的社会数据进行平台对接,形成社会治理强大合力。要加强互联网内容建设,建立网络综合治理强大合力。要加强互联网内容建设,建立网络综合治理体系,营造清朗网络空间。"[2]实际上,又是对十九大报告中关于深化机构和行政体制改革,"统筹考虑各类机构设置,科学配置党政部门及内设机构权力、明确职责"的一种路径诠释。

但在实际调研过程中,我们听到最多的,一方面是加强领导,完善组织架构,很多地方都成立了大数据管理局;另一方面是建设政务大数据中心,仅J省N市2017年数据产业投资就近330亿元,建成标准机柜5.3万台,同比分别增长320%和350%。而在私下深度访谈中却听到另一番言辞:"都是玩概念,上面(指政府内网、外网和政务云)又没有东西跑。"具言之,横向上表现为不少部门往往对信息共享缺乏动力,且以相关文件要求和技术障碍为托词;纵向上表现为有些上级部门的数据下不来,在现行体制下,下级只能"耐心等待"。其实质是,这些部门担心失去数据就失去利益、失去地位。当然,也不排除担心承担数据安全风险的责任。换句话说,如果政府职责体系不能在数字政府和数据治理中建立起来,政务大数据的共建共享只能是愿景。由此,身为公共管理研究领域的学者,我们不仅要正视这一课题,更要对其展开深入研究。

一 问题的提出

马克思主义强调生产力对生产关系的决定性作用,无疑体现了历史唯物主义的发展观。遵循这一理念,我们实际上可以把工业社会的现代化过程集中到技术与人的关系上。很显然,我们不能简单地类比从而提出"技术决定论",但也不能否定技术在促进生产率提高中的关键性作用。我们党从十五大就明确提出新型工业化道路，即以信息化带动工业化。习近平总书记更是高屋建瓴，明确提出"没有信息化就没有现代化"。[3]

实际上，信息技术还是"实现良政的重要手段"。[4]究其原因，一是信息技术对政治生活的公开性具有提升作用，即信息技术具有塑造政治参与的开放型结构、破除信息不对称和信息垄断以及支持廉价信息公开等方面的作用。二是信息技术对政府治理也具有一定的优化效应，集中体现为信息技术为强化政府对其雇员的内在监督提供了技术性支持，具体表现为电子政务对"人为操作"的挤压、依赖信息技术创建的各种内部监控机制以及利用信息技术对腐败行为的防范和打击。三是信息技术的普及在一定程度上强化了社会对公共权力的外在监督。这表现为信息技术使公民社会越来越容易收集权力腐败行为的证据，虚拟的网络空间为曝光权力腐败行为提供了广阔的信息平台。同时，由信息技术所构筑的网络空间也是形成网络舆论力量的策源地。

时至今日，信息技术的主体构成已从计算机技术、通信技术及网络技术转变为云计算、大数据和物联网，政府信息化进程中不同阶段呈现出的工作重点，诸如办公自动化、政府上网、电子政务和电子政府，将一体化为数字政府。我国政府近几年来出台的文件就能反映出这种实践逻辑。2015年1月至2017年12月，先后颁布的文件有《国务院关于促进云计算创新发展培育信息产业新业态的意见》（国发〔2015〕5号）、《国务院办公厅关于加快高速宽带网络建设推进网络提速降费的指导意见》（国办发〔2015〕41号）、《国务院关于积极推进"互联网+"行动的指导意见》（国发〔2015〕40号）、《国务院关于印发促进大数据发展行动纲要的通知》（国发〔2015〕50号）、《国务院办公厅关于转发国家发改委等部门推进"互联网+政务服务"开展信息惠民试点实施方案的通知》（国办发〔2016〕23号）、《国务院关于印发政务信息资源共享管理暂行办法的通知》（国发〔2016〕51号）、《国务院关于印发"十三五"国家信息化规划的通知》（国发〔2016〕73号）、《国务院办公厅关于印发政府网站发展指引的通知》（国办发〔2017〕47号）、《国务院办公厅关于印发政务信息系统整合共享实施方案的通知》（国办发〔2017〕39号）以及《国务院关于印发新一代人工智能发展规划的通知》（国发〔2017〕35号）。2017年12月，中央网信办、国家发展改革委又会同有关部门联合印发了《关于开展国家电子政务综合试点的通知》。国务院办公厅关于《进一步深化"互联网+政务服务"推进政务服务"一网、一门、一次"改革实施方案》（国办发〔2018〕45号）

更是应民所望，提出优化政务流程。可见，中国正在紧锣密鼓地创建数字政府。

与此同时，现代民众已不满足于电子化施政所带来的效率提升，开始更多关注精致化的公共服务。换句话说，就是政府必须通过数据治理来为民众提供精准服务。《2016联合国电子政务调查报告》提出了一个鲜明的观点，即推广以公众为中心的治理理念是数字政府发展的一个重要趋势。这种服务模式的创新，实质上是要改变公共部门权力的运行方式，集中表现在注重为公众提供个性化、便捷化、定制化的服务方面。简言之，电子政务已非仅仅是政府提高权力运行效率的工具，它更多体现出公共治理的价值。虚拟政府作为现实政府镜像的功能开始让位于政务数据的共享服务功能，其背后的深层次理念是，数字政府对权力架构的扁平化需求直接转化为数据民主。其实践逻辑是，要通过政府职责体系建设来真正实现从权力本位转向责任本位，从而使数字政府建立在以服务社会事业、保障公民利益为最高宗旨的基础之上，并最终通过这一职责体系的运行机制来保障政府数据治理中的民主，从而真正实现政务大数据共享的快速、灵活及整体协同。

为什么政府职责体系建设在数字政府创建以及数据治理协同中至关重要？从中国现实政治诉求看，党中央在认真总结我国历次行政体制改革和政府机构改革的经验基础上，在党的十七大、十八大会议上分别做出重大科学决策，即"健全政府职责体系"以及"稳步推进大部门制改革，健全部门职责体系"。从学理层面来说，现代民主政治的基础是责任。作为行政职权享有者的政府，依法行政实质上是对赋予其权力的人民和国家负责，集中体现为在行使行政职权的过程中承担法定的义务。一句话，政府职责是政府依法应当履行的法律义务。其价值在于，帮助政府有效地避免"越权"、"不作为"或者"乱作为"。但上升到体系层面，却不是简单地"堆积木"，将各政府部门的各项职责叠加在一起，而是要从有机的整体角度充分考虑其相互关系、内在逻辑和运行机制。一旦牵涉建设，又必须用历史的眼光、发展的眼光来把握好过程中的阶段性和动态性。[5]具体到政府信息化新阶段这一场域，问题的复杂性更是不言而喻。尽管数字政府搭建的政府网络空间是虚拟的，不是虚构的，但其职责体系建设的基础显然不再是层级官僚制。此外，数据治理中的政务数据采集、加工、更新及流动更是离不开闭环责任保障体系。比如"统与分"在部门数据承载平台共建过程中如何操作，"如就部门数据承载平台建设及其内容管理而言，上级单位在行业数统筹管理方面应具体履行哪些职责,如何保障下级单位的积极性,实现便民利民的公共价值。如不处理好上下级'统与分'的边界,共建最后还可能会出现重复建设的问题"。[6]

二 数字政府创建中的职责体系嵌入

国家治理体系和治理能力现代化的核心,在大数据场域中可以概括为信息化、网络化和智能化,主要实现途径是创建数字政府,并通过这一载体嵌入职责体系。

一般而言,数字政府相对于传统政府有三大突出改变。

一是组织结构的扁平化。组织结构是权力结构的具化形态,也是管理体制的载体。数字政府首要的不可回避的基本问题就是对权力结构的改变。从某种意义上来说,权力的运行依赖于对信息的控制,因为权力的大小在一定程度上取决于权力主体获取信息速度的快慢、掌握信息资源的多少以及做出决策的透明度。尽管近代以来对新闻自由主义呼声甚高,但政府发言人仍然牢牢地控制着政府信息的出口。后来,西方发达国家纷纷倡导政务信息公开制度,并以立法的形式保障这一制度的长效。但在非互通在线时代,以纸质为载体和手段的信息公开,不仅受到版面大小和空间距离的限制,而且在印刷、运输和分发过程中也会产生不菲的行政成本。在数字政府环境下,由于信息的分布结构和传输方式具有开放性,权力系统随之成为一个开放的体系。权力流向从以命令和服从为主的纵向向以透明和制约为主的横向转变,扁平化的横向权力结构取代金字塔式的纵向权力结构,大大减少了权力的中间传递层次,使权力流转更为直接、透明。

二是业务流程的精简化。传统政府管理体制的典型是层级官僚制,主要弊端在于金字塔式的垂直管理所带来的"帕金森定律"、回应缓慢以及决策不民主等一系列问题,从而导致行政机构臃肿重叠、人员数量膨胀、业务流程繁琐冗长,以致官僚作风盛行、行政成本居高不下、办事效率偏低。数字政府基于Web2.0技术具有多媒体传输、传递迅捷以及形式灵活等优势,通过信息互联互通、无缝集成,在跨系统、跨辖区、跨部门、跨职能中进行流程再造和业务整合,形成作业单元流程链,为企业和公众提供"前台一口受理,后台协同办理"的公共服务全新体验。如此一来,政府各个部门之间无须再经由层级节制就能直接对话,收到了优化行政作业单元、提升政务核心执行力的效果。

三是政民互动的在线化。数字政府的实质是为治理赋能,其价值追求是通过在线服务和数字民主,构建政府与公众和企业之间的网络命运共同体。一方面,政府通过门户网站、政务微博、政务微信、政务 App 等公开政务信息和提供在线政务服务;另一方面,公众通过电子邮箱、网上反馈平台、移动客户端等参与政府的决策并监督政府的工作。这种高效、迅捷互动的背后,体现的是数字政府"以公民为本"的价值理念。由此,创建一个数字政府要解决的难题是如何建立起统一开放的内外数据共享平台,核心是围绕克服"数据孤岛",在开放数据方式、数据流程标准化以及数据共享和集成应用方面形成有效的体制机制。此时以技术为主导的方法不一定有效,而以职责体系嵌入,通过职责分工充分发挥组织或"人"的作用,将事半功倍。

接下来,我们以当下中国创建数字政府为例来深入剖析。《促进大数据发展行动纲要》明确的首要任务就是,"加快政府数据开放共享,推动资源整合,提升治理能力"。但《政务信息系统整合共享实施方案》又指出,我们的困境是"未能从全局上和根本上解决长期以来困扰我国政务信息化建设的'各自为政、条块分割、烟囱林立、信息孤岛'问题"。可见,顶层设计和统筹规划的实质是,通过政府职责体系建设来明确各部门数据共享的边界和方式,厘定各部门数据管理及共享的义务和权利,并形成政府数据统一共享交换平台的体制机制。应该说,从单独的条和块来说,政务信息系统整合共享已取得了积极成效,譬如"金税、金关、金财、金审、金盾、金宏、金保、金土、金农、金水、金质"等信息系统,以及国家人口基础信息库、法人单位信息资源库、自然资源和空间地理基础信息库等国家基础数据资源惠民工程。但按照"内外联动、点面结合、上下协同"的工作思路来看,"各自为政、自成体系、重复投资、重复建设"还是当前我们创建数字政府需要切实避免的。与此同时,构建"深度应用、上下联动、纵横协管"的协同治理大系统,是推动政府管理理念和社会治理模式进步,加快建设与社会主义市场经济体制和新时代中国特色社会主义事业发展相适应的服务型政府、创新政府、法治政府和廉洁政府,逐步实现政府治理能力现代化的当务之急。

基于此,政府职责体系建设首先还是要处理好事权、职责和利益的合理"归位"。比如不动产登记制度改革,表面上看是把分散在房产、国土、林业等部门办理相关证件的事权整合到不动产登记中心,实际上背后牵涉房产交易职责和利益的迁移,当然还包括相关工作人员的分流问题。"我们非常注意对政府职责进行分解，这确实很重要，但要防止分解得过细，要处理好'环节'与'事权'的关系，尽可能把比较完整的事权划分出来、划分下去。事权就好比一头牛，如果我们把牛'分解'了，把牛头留在中央，把躯干交给省市，把牛腿放给县区，把零零碎碎的东西让乡镇街道去做，就达不到合理配置职责的目的，情况就不会有大的改变。因为采取这种方式，事情还都牵在中央的手里，上下之间的职责就划不清楚。应当是把'牛'留在中央，把'羊'交给省市，把'家禽'放给乡镇街道，事权相对独立，各负其责。"[7]因此，为解决"建立统一开放的内外数据共享平台"这一中国数字政府创建中的难题，职责体系建设必须坚持"物理分散、逻辑集中、资源共享、政企互联"这一大数据时代对事权的要求，平衡跨层级、跨地域、跨系统、跨部门、跨业务的职责和利益保障机制。就目前中央网信办联合五部门颁布的《国家电子政务综合试点方案》来看，就是"以提升政务协同能力和构建一体化公共服务体系为重点"。"各试点地区网络安全和信息化领导小组要根据本地实际，组织建立省级电子政务工作统筹推进机制，确定推进电子政务工作的统筹部门，并明确其他相关部门的职责职权分工。……试点地区要落实《政务信息资源共享管理暂行办法》，编制本地区政务信息资源目录，明确数据资源的共享范围和使用方式，厘清数据管理共享权责。……试点地区要依托本地电子政务平台，建立政务信息资源共享交换机制，推进基础信息共享以及跨部门协同应用为主要特征的主题数据共享，并与国家政务信息资源共享交换平台对接。要依据职能和管理权限，与所辖的市级平台建立数据双向互通机制，特别是要积极协调省级部门向下级政务部门或数据共享交换平台提供数据，更好满足各级政务部门市场监管、社会管理和公共服务等需要。"与此同时，"试点地区要在本地网络安全和信息化领导小组的统一领导下，结合本地实际，建立电子政务综合试点工作协调机制，明确牵头部门和责任分工，制定试点实施方案（要点），协调解决试点工作中出现的问题"。"中央网信办、中央办公厅、国务院办公厅、国家发展改革委、工信部、国家标准委按照职责分工，做好对试点工作的指导。中央网信办负责指导试点地区建立和完善电子政务统筹推进机制，牵头开展电子政务试点评估及验收工作。中央办公厅负责指导电子文件试点，会同国务院办公厅和国家发展改革委推进业务专网向政务内网或外网迁移整合。国务院办公厅会同国家发展改革委负责指导试点地区电子政务外网建设、推动'互联网＋政务服务'。国家发展改革委会同国务院办公厅负责指导试点地区开展政务信息资源共享和政务信息系统整合。工信部负责指导试点地区电子政务技术支撑和相关产业发展。国家标准委负责完善电子政务标准规范体系，并指导试点地区完善地方性标准规范。"

联系当前我国政务信息深度共享实践，应以跨部门、跨层级应用为抓手，统筹构建数据共享交换平台。一方面我们要避免盲目建设和重复投资，"原则上不再审批有关部门、地市级以下（不含地市级）政府新建孤立的信息平台和信息系统"。同时，通过打造"我的……"App平台规划，注重与第三方专业力量合作，以现有的数据交换共享平台为基础，建设对接国家平台、覆盖本地、统筹利用、统一接入的数据共享交换平台，形成数据存储、交换、共享、使用、开放的核心枢纽。这里的工作重点是加强顶层设计和统筹规划，明确各部门数据共享的范围边界和使用方式，厘清各部门数据管理及共享的义务和权利。诸如在政务信息资源目录编制不到位以及初始化数据归集和共享比较困难方面，尽管其要害有利益纠缠的一面，但理顺协同推进体制机制，落实工作责任，强化制度保障，无疑是有效化解之策。比如，上海市充分发挥市政务公开与"互联网＋政务服务"领导小组（以下简称"领导小组"）对智慧政府建设的统筹作用。领导小组办公室设在市政府办公厅，具体承担领导小组的日常工作。市政府办公厅负责牵头推进智慧政府建设以及"互联网＋政务服务"等工作，市发展改革委、市经济信息化委、市审改办等相关部门按照职责分工协同推进智慧政府建设，构建市、区两级统筹协调有力、部门分工明确、工作推进有序的管理体制机制。结合"放管服"改革，按照"增量先行"的方式，推动跨地区、跨层级、跨部门的数据共享交换和应用，优化营商环境，为市场增添活力，为群众提供便利。比如南通市在深化行政审批制度改革中，推进"3550"（开办企业3个工作日内完成，不动产登记5个工作日内完成，工业建设项目施工许可50个工作日内完成）重点任务。通过座谈会发现：一是部门内部数据整合存在相当大的障碍。在清查部门信息资源的时候就发现，许多部门对自己单位内部有多少应用系统和数据资源其实做不到"心里有数"。在不动产交易中心内部尚未有效整合国土局与房管局资源，在不动产证附图上存在部分房屋信息与地块信息无法对应的情况。二是部门之间实现数据共享、交换存在体制瓶颈。部分部门与单位把政务数据资源看作自己的"财富"和权力。为此，该市的做法是以应用场景为需求导向，在行政审批制度改革、社会治理、精准扶贫等需求之上搭建应用场景，同时辅以五大基础数据库建设，形成立体化、网格化的政务数据仓库。

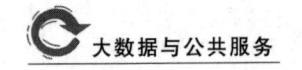

三 数据治理协同中的职责体系运行

如果说数字政府能够破除传统政府内部根深蒂固的组织性分歧的话,那么数据治理就是其工具选择。所以,数据治理将贯穿创建数字政府的始终,并最终成为其绩效评价的依据。比如我们上文提到,创建一个数字政府要解决的难题是,如何建立起统一开放的内外数据共享平台。这里既要从面上总结数据治理的体系框架,把握政府部门数据全生命周期过程中的主要治理环节,实现数据治理和开放平台的理念对接;又要从点上解决好数据治理体系如何落实并被应用到数据开放平台的体制机制建设当中,回答管理制度创新的现实可行性问题,构建相互融合、内在关联、逻辑一致的数据治理体系与开放平台体制机制。此时,职责体系运行就是要保证系统性、整体性和协同性这"三性"在数据治理中的统一,同时把共商、共建、共享这"三共"落实到统一数据开放平台。对此,有学者就指出,"通过开放责任设置、合法权益保护、创新制度保障、建立业务协同长效机制等,可以促进政府部门数据共享和业务协同"。[8]同时,也有学者明确主张:"应调整治理权责,优化数据治理行政管理结构。我国目前政府数据(信息)资源的管理上仍然比较分散,各出其政的结果是系统性思维和规划不足。数据治理需要能够综合协调所有政府部门的中枢机构。与发改、财政、人社等综合管理部门侧重于资源分配所不同,数据治理中的协调需要资源集中或再分配,因此需要更加强有力的行政安排。"[9]由此,《政务信息系统整合共享实施方案》国办发〔2017〕39号明确要求:"各级政府要建立健全政务信息系统统筹整合和政务信息资源共享开放管理制度,加强统筹协调,明确目标、责任、牵头单位和实施机构。强化各级政府及部门主要负责人对政务信息系统统筹整合和政务信息资源共享工作的责任,原则上部门主要负责人为第一责任人。对责任不落实、违反《政务信息资源共享管理暂行办法》规定的地方和部门,要予以通报并责令整改(各地区、各部门负责,国务院办公厅会同国家发展改革委督查落实)。"

需要指出的是,当前从上到下的文件有关数据管理方面的要求基本一样"粗",即在及时维护和更新信息方面落实"谁主管,谁提供,谁负责"原则,在加强共享信息使用的全过程管理中贯彻"谁经手,谁使用,谁管理,谁负责"原则。实际上,这里涉及数据从哪里来、到哪里去、做什么用三个主要问题,由此产生数据来源方、数据管理方以及数据使用方三大主体，背后要解决的是数据所有权、数据管理权和数据使用权的"三权"协同。就调研的实际情况看，政府在数据管理方面基本上是寻求与企业合作，比如由电信、移动、联通和华为等这样的大型国企或民企托管。它们为什么愿意免费提供数据管理？可能是看出政府在数据管理技术层面的不足，以便进行数据价值的再挖掘利用。换句话说，所谓的大数据管理局如果不能通过职责体系平衡"三权"，从而控制技术这把"杀手锏"，那就徒有其名。

此外，网络具有权力下移和开放的属性，授权方式不仅仅是在上下级间，而更多是以业务流程为中心，根据业务协作流程需要，不同组织部门之间突破了职能与层级的分割与界限，动态传递与转移权力，权力传递的专属性和神秘感消失。进言之，通过在跨部门流程中获取相应职能权力，使权力获取更加直接，权力应用范围更加广泛，与此同时权力又被赋予了更多的职责，每个参与成员对参与对象负责，每个职能组织单元对业务流程负责。由此，这一层面的数据治理协同，需要通过职责体系运行来统一个体行为与职责定位，形成权力运行的网络协作模式。比如，"上海市嘉定区于2014年初进一步开发探索工作记实等新系统，尝试用大数据的方式推动构建符合中国国情的智慧治理体系和治理能力。工作记实等系统超越了原先传统电子政务系统无纸化办公的意义，为优化政府治理、规范公务员行为标准和内容、构建透明政府奠定了实实在在的基础"。其职责体系运行的机制就是，"将权力执行者的日常工作形成一个可追溯可检视的透明信息，从而使得政府的权力可以以一种全新的可视数据形式在阳光下'晒一晒'，真正做到公民、社会以及不同层级政府自身三位一体的共治"。[10]

当务之急，是按照"边推进、边优化、边考核"的工作思路，实时监控、预警纠错、督查督办，发挥数据管理职能的长效机制。面对大数据时代的国家治理，审计"全覆盖"遭遇的瓶颈，是由现有审计人员的职业胜任能力不足以及审计人才职业化建设的力度不够造成的。此外，相关研究成果显示：大数据驱动着审计环境与绩效审计的双向拓展；审计机关更适合开展数据式绩效审计，而该模式倾向于对数据分析方法和可视化技术的综合运用，为开展绩效差异改进型审计创造了条件；审计对象的变化带来审计证据类别、特征及取证模式的变革。当然，大数据环境还给审计评价标准带来新的挑战。比如深圳市路边智慧停车规划与管理项目绩效差异改进型审计，就是利用海量交通管理大数据和多种数据统计分析方法展开的，在审计环境、主体、方法、定位、证据、评价标准等方面具有全新特征，为大数据环境下数据式绩效审计提供了实践经验。当然，大数据环境下数据式绩效审计还需关注电子数据的归档、电子数据存储介质和存储管理的有效性风险，并要求强化审计人员对电子数据的保密意识。

四 余论

从行政法的角度看，政府职责是政府依据宪法、法律和法规的规定，"应当做什么"、"必须做什么"以及"不得做什么"，即政府应当依法履行的法定义务。虽然在实践中很难依法为政府列出一个非常具体和详实的"职责清单"，但从行政法理的角度还是可以对政府职责进行科学的分类，为各级政府提供一个"行为标准"或者"行为尺度"，使政府真正能够"行其权、负其责"。上升到体系层面，问题就变得更加复杂，不仅牵涉政府职责的属性和定位、政府职责的内容和边界、政府与市场以及与社会的职责关系等，而且还牵涉纵向政府职责体系和横向政府职责体系的调整等。只要我们既能从宏观上对国家层面政府职责体系的建设问题进行系统分析，又能在微观层面对相对独立的不同层级政府、不同部门的职责"小体系"进行具体研究，仍然可以探索出规律性和差异性。

在整体性治理的代表性人物登力维看来，信息技术的发展与变革是公共行政变革的关键因素之一。政府信息技术可谓是现代公共服务系统理性和现代化变革的中心。数字时代的在线化彻底改变了信息传播方式，信息传播的速度日益加快，传播的广度得到前所未有的拓展，这使得政府、社会及公众等不同治理主体间的距离日益被拉进，主体间的关系变得越来越透明化、公开化，主体间的协调整合也变得越来越迫切。这些变化对条块分割的传统官僚制的冲击日渐明显，逐步改变政府的治理理念、治理结构、治理机制，政府不得不加快调整原有的治理模式。因此，另一位代表人物希克斯就认为，整体性治理是"以公民需求为治理导向，以信息技术为治理手段，以协调、整合、责任为治理机制，对治理层级、功能、公私部门关系及信息系统等碎片化问题进行有机协调与整合，不断从分散走向集中、从部分走向整体、从破碎走向整合，为公民提供无缝隙且非分离的整体型服务的政府治理图式"。[11] 由此，联系到《促进大数据发展行动纲要》（国发〔2015〕50号）所指出的"大数据成为提升政府治理能力的新途径"，以及要建立"用数据说话、用数据决策、用数据管理、用数据创新"的管理机制的要求，我们一方面需要不断利用新技术创新我们的工作和服务方式,不断满足公民、企业以及社会的需要和体验,另一方面更重要的是,需要通过职责体系建设来提高组织要素的效率,提升政府的"生产力"。

令人欣慰的是,我们在推进数字政府转型以及政府数据治理方面的态度非常明确,相关的文件也密集出台,并积极开展试点工作。尽管对中国数字政府职责体系建设的研究才刚刚起步,但政府当下倡导的深化简政放权、放管结合、优化服务改革的重点就是推进"互联网 + 政务服务"。只要我们尊重实践需要,顺应信息技术发展的潮流,比较并借鉴国内外的先进理论及丰富经验,就一定能建设好中国数字政府职责体系,顺利实现"数字政府"和"数据治理"的双向互动,推动部门间政务服务相互衔接、协同联动,打破"信息孤岛",促进部门间信息共享,变"群众跑腿"为"信息跑路",变"群众来回跑"为"部门协同办",变被动服务为主动服务。

参考文献

[1] 习近平. 决胜全面建成小康社会 夺取新时代中国特色社会主义伟大胜利——在中国共产党第十九次全国代表大会上的报告 [R]. 北京: 人民出版社, 2017: 30, 49.

[2] 习近平. 实施国家大数据战略 加快建设数字中国 [EB/OL]. [2017 - 12 - 09]. http://news.xinhuanet.com/2017 - 12/09/ c_1122084706. htm.

[3] 中央网络安全和信息化领导小组第一次会议召开 习近平发表重要讲话 [EB/OL]. [2014 - 02 - 27]. http://news.xinhuanet.com/politics/2014 - 02/27/c_119538788. htm.

[4] 信息社会世界高峰会议. 《原则宣言》. (2003 - 12 - 12). http://www.cnii.com.cn/20031212/ca216513. htm.

[5] 黄文平. 加强政府职责体系研究具有重要意义 [J]. 中国机构改革与管理, 2013 (6).

[6] 鲍静, 张勇进. 政府部门数据治理: 一个亟需回应的基本问题 [J]. 中国行政管理, 2017 (4).

[7] 朱光磊. 政府职责体系构建中的六个重要关系 [J]. 中国机构改革与管理, 2013 (6).

[8] 高小平, 陈宝胜. 中国公共管理研究十大亮点 [N]. 中国社会科学报, 2018 - 01 - 10 (7).

[9] 黄璜. 美国联邦政府数据治理: 政策与结构 [J]. [2014 - 12 - 15]. 中国行政管理, 2017 (8).

［10］上海"智慧治理"把干部晒在阳光下［EB/OL］.［2014－12－15］. http://www.gov.cn/xinwen/2014－12/15/content_2791573.htm.

［11］史云贵，周荃.整体性治理：梳理、反思与趋势［J］.天津行政学院学报，2014（9）.

大数据时代网络舆论领域的政府监管研究

——以网络问政为例

胡 柏[*]

网络问政是近些年来政府监管引导舆论和缓释突发事件舆论冲击的重要手段,它兼顾大众传播与人际传播的特征。这片网络公共领域自出现伊始,便迅速成为人民参政议政、表达自身诉求的重要舆论阵地。对于政府而言,可以通过这种形式采取有针对性的策略,精准回应人民的诉求,从而稳定社会秩序,并加强政府与人民之间的互动,一定程度上能够打破政府公共治理中出现的"孤岛模式"。尤其是在这个大数据时代,公民获取信息的能力不断增强,参政意识逐步上升,大数据与网络问政结合成为一种必然的发展趋势。在这种情况下,网络问政发展到了一个新的阶段,其对公共舆论的监管和引导也变得愈加成熟。

一 引言

信息技术的迅猛发展,使得数据资源的核心作用逐步显现。尤其是由多元渠道产生、传播迅速的庞大数据组,每时每刻都影响着人们的生活、工作以及思维模式,我们的社会也进入了大数据时代。社会化媒体以其快速的扩散率和交换率体现着大数据时代的发展特点,而且也在一定程度上带动了政治议程设置主体和话语权的转移。这种以大数据为依托的信息流

---

[*] 作者:胡柏,中国传媒大学硕士研究生。

动、收集和分析方式，使人们接触到了越来越多的外部消息，思维也愈加活跃。在政治领域，则体现为人民参政议政的热情空前高涨，期望更好地行使执行权、表达权、监督权。在这种情况下，座谈、信访等传统的用来表达意愿和诉求的渠道已不能完全适应快速发展的信息社会。因此，政府借助互联网问政于民，进行"官民沟通"，并运用大数据进行全面的整理和分析，成为一种必然的发展趋势。在这一过程中，大数据与网络问政相结合，既有利于简化办事流程、便利民众，又减轻了政府的负担，对公共舆论的引导和社会秩序的稳定贡献巨大。但是，我们应该看到，在大数据时代，信息网络技术的发展是把双刃剑。一方面，丰富而又快速流转的信息拓宽了人们的视野；但另一方面，也使得对公共舆论的导向越来越难以把握，政府对舆论的管控越发费力。因此，在网络问政的过程中，政府如何合理运用大数据，如何准确把握人民满意和社会稳定之间的平衡点，是成功引导和监管公共舆论的关键所在。

我国政府一向重视政务系统的网络化建设，并积极通过网络技术对舆论进行引导。网络问政的初始形态其实在网络发展的早期实践中就已经成形，但正式将"网络问政"作为一种政府汇集民意、解决问题的手段，是以2008年胡锦涛同志做客人民网强国论坛为开端的。在此之后，各级政府开始积极探索网络问政在实践中的新模式。同时，随着互联网技术发展，大数据时代来临，网络问政凭借新的技术手段对舆论的影响力提升到了一个新的层次，而对其学术性的研究也稳步开展。以发表的文章为例，笔者通过中国知网的学术期刊数据库，以"主题"为检索方式，以"网络问政"为检索词，共检索到从2008年11月至2018年3月发表的相关论文1199篇。其中，期刊登载863篇，硕博论文150篇，共占总数的84.49%。再以"大数据"和"大数据时代"为检索词，分别检索到相关论文12519篇和6185篇。以"舆论引导"为检索词，检索到文章352篇。但是，当笔者同时以"大数据"和"网络问政"为组合检索词时，只检索到19篇相关论文，且无一人以第一作者或独立作者身份发表过3篇及以上数量的论文。这在一定程度上反映出，在这一领域里运用大数据手段来探索网络问政对公共舆论的引导，以及二者之间博弈的研究相对较少，还未形成稳定的研究群体。有鉴于此，本文力求描绘出十年中（截至2018年）该领域发展的基本情况，并希望能在此基础上提出一些新的观点和想法，以期探索如何通过网络问政这一方式有效地平衡民众诉求与社会秩序之间的关系。

二 大数据时代网络问政发展的基本态势呈现

互联网基础设施的建设和普及促进了网络的应用和扩散。人们很快发现，网络在几乎所有方面都有着变革性的影响。在政治传播领域，网络的发展极大地打破了政府与民众之间信息交流的障碍，民众对于各类问题的诉求从委婉变得更为直接，并极大地促成了网络问政这种新方式的出现。大数据时代的来临和信息技术的飞速发展，导致媒介生存格局发生了重大变化，微信、微博等新媒体工具成为舆论场中进行博弈的主要载体，这使得在网络问政过程中会涌入大量有效和无效的信息。因此，在对公共舆论的管理方面，政府的任务不再是简单的管控或钳制，而是在对信息收集、甄别、整理、分析之后，进行有效的舆论引导和监管。

（一）大数据时代网络问政的内涵与发展趋势

1. 大数据时代网络问政的内涵

虽然对网络问政的研究已有逾十年的时间，但是，我们通过阅读大量相关文献后发现，受不同专业知识的影响，学者们对网络问政的定义并没有形成统一的共识。但是，从不同的定义内容来看，学者们对网络问政内涵的认识有几点共识。

首先，强调网络问政是一个双向沟通的平台，通过这个便捷的平台，政府和人民可以进行自由的交流和互动。在网络空间里，民众并不会过度感受到双方之间"身份的差距"，这有助于在一定程度上缓解民众根深蒂固的"畏官"心理。

其次，网络问政是在舆论引导日益复杂的情况下，政府主动顺应潮流，借助网络问政于民、汇集民意的手段，也是政府主动接受民众监督的表现。这种"主动"在一定程度上体现了政府的自我革新性。

最后，网络问政的指向非常明确，它是人民针对特定问题对政府进行问责。当然，所问之内容并不限于政治领域，经济、文化、社会、民生等均可涉及。

进入大数据时代，数据资源的核心作用不言而喻。对于政府来说，如何盘活现实中繁杂众多的数据（具体反映在网络问政中，体现为大量的问政信息）是需要认真考虑的问题。而政府对这些数据的重视程度和解决问题的能力，直接影响着人们参政的积极性和公共舆论的风向。在这个信息爆炸的时代，政府如何通过网络问政对信息进行归类和分析至关重要。尤其是在这个个性化不断被突显的年代，在有条件的情况下，如果能够做到对民众个体的问政信息进行个性化定制推送和专门性解决，并通过大数据处理技术，在问政平台的页面设计、流程等方面提供更为便捷和友善的服务方式，那么无疑会使政府在公共舆论的引导中占据更加主动的位置。

2. 大数据时代网络问政的发展趋势

十年之中，网络问政以互联网为主体，借助大数据资源，其覆盖面不断扩大，逐渐渗透到社会的每一个角落。随着网民参政议政热情的高涨，网络问政呈现出了几个普遍化的发展趋势。

首先，大数据时代网络问政的便捷性和价值性，不断促使相关机构通过完善法律制度来保证其在正常状态下持续健康发展。网络问政的出现和发展，不但提高了政府的工作效率和人民的满意度，也在无形中增强了民众参政的意识，是一个"双赢"的过程。而且，大数据处理技术的应用，使对民意的了解和对问题的处理往往有事半功倍的效果。因此，随着我国网民数量不断增多，中央和地方各级党政机构及相关团体积极进行网络问政平台程序化、制度化和常态化建设，这成为一种必然的发展趋势，尤其是相关法律制度的完善显得至关重要。正像北京大学新闻学院胡泳先生所说的那样，"网络问政是否只能问问而已，这要看问政之后有几件事情得到解决，关键的是能否制度化"。[1]

其次，在网络问政过程中，对舆论的引导和缓释与话语权分散化并存的趋势不断凸显。前文已提到，大数据时代，数据资源在网络问政的每一个环节都起着核心的作用。这使得对于某一事件来说，网络数据资源积累得越多，便越有价值，越容易引起人们的注意，也更容易被曝光或更快速地被解决。同时，在这个数据爆炸式增长的年代，人们越来越强调个性化发展。因此，在网络问政过程中，相关部门对民众进行分类，在条件允许的情况下尽量针对特定人群的特定问题与民众进行"一对一"的专门化沟通，并为不同的人"量身打造"不同的解决方案。可这样一来，也使标准不一，大家各说各话，话语权在一定程度上被分散。但是，我们也应该看到，话语权的分散并没有达到失控的状态。而且，由于政府在意识形态领域的严格把控，网络问政更多的还是以政府引导和作为监管舆论手段的面貌出现。

最后，大数据时代的网络问政朝着宽广和纵深的方向发展。随着政府在网络问政中表现得更加成熟和自信，网络问政的内涵和外延步入协调发展的新阶段。在横向上，新的形式层出不穷，如政府网站平台发言人制度、网络新闻发布会定期召开制度、政务微博及微信公众号等，这些制度上的拓展与创新进一步推动了政府与民众的双向交流、信息的供给与流通、对公共舆论的管理等，不断扩大着网络问政的覆盖面。同时，在纵向上，原有的网络问政方式也继续完善，如党政机关领导及专门性部门的负责人定期在网络平台倾听人民意见，政府信息定期向社会公开，民众对政府的满意度评分被细化等，各项制度和措施逐步臻于完备。

（二）大数据时代对网络问政的定位

近年来，网络问政之所以在我国逐渐流行起来，一方面是由于信息技术的发展，新兴媒体的出现，人们有了更多机会去参政议政；另一方面是网络的虚拟性和隐匿性使人们更有勇气在网络平台上表达过去不敢表达出来的真实想法和言论。而政府适时主动推出网络问政的方式，无疑是顺应了这种潮流，表现出与人民群众需求之间相当程度的契合。但是，大数据时代各种数据和信息交错复杂，难以轻易把握，因此，在这种情势下，如何对网络问政进行定位，关系到政府是否能够对公共舆论进行有效的引导和监管。

第一，我们应该首先明确，大数据时代的网络问政，是政府主动问政于民、贴近人民、集中民意的重要手段，毫无疑问，是由科学技术的发展和大数据信息的应用带来的政府治理领域的一个巨大进步，也体现出民主政治的一些本质特征。其重要性和深远影响是毋庸置疑的。但是，也应该注意，网络是一个虚拟的空间，它本身是实现人们某些目标的手段和载体，因此，在使用网络问政聚集民意、引导舆论的过程中，我们应该明确其工具属性的定位，而不能用手段代替目的。尤其是在大数据时代，各级党政机关都应坚定信念，不能为了"网络问政"而"网络问政"，以至于迷失自我。那样的话，将会使网络问政流于形式，失去引导公共舆论的作用。因此，网络问政中所汇集的民意和解决方式，最后一定要经过正当程序进行运作和处理，并上升到制度与法律层面才能够被真正地贯彻和实施。

第二，大数据时代网络问政定位的一个重要的方面体现在，它通过大量问政信息使人民更加关心"是什么"的问题，而不是"为什么"的问题，这有助于政府部门更多地关心民意。正如互联网领域的专家谢文先生所说，大数据对网络问政的重要意义在于，人们可以在很大程度上从对因果关系的追求中解脱出来，转而将注意力放在对相关关系的发现和使用上。而这种相关关系,可以创造出巨大的经济或社会效益。[2]反映在网络问政上,这在一定程度上体现为无论是哪个阶层的人都可以广泛地参与其中,并在法律范围内自由地表达自己的观点,提出自己的建议。

(三) 网络问政过程中大数据所起的作用

"大数据"本是一个统计学的概念,多被应用于信息技术产业。对此概念的界定,学术界有着不同的观点。其中,比较权威的说法出现在舍恩伯格和库克耶合著的《大数据时代》一书中:"大数据并非是一个确切的概念。最初,这个概念是指需要处理的信息量过大,已经超出了一般电脑在处理数据时所能使用的内存量,因此工程师们必须改进处理数据的工具。"[3]随着大数据的流行,它也被应用于政治领域。政府在网络问政的过程中,广泛使用四面八方、不同来源的信息数据,并通过对这些数据的整理、归类和分析来处理民众的各种诉求。

首先,我认为所谓的"公共舆论",是指在一定的环境下,相当数量的民众对某一特定热点事件或突发事件共有的倾向性看法或态度。在这种共同的看法或态度的支撑下,形成特定观点的集合。这种"公共舆论",本质上体现着某一阶层或集团在某一方面的利益诉求。而在信息技术和大数据不断发展的时代,它更多的是以网络舆论的形式出现,在这个过程中大数据所起的作用是双向的。对于民众来说,大数据提供了更多的新闻来源,人们有机会了解到更多的信息,为广泛的政治参与奠定了基础;对于政府来说,运用大数据技术进行分析,可以更快捷、准确地发现有关民众的情况及各种意见之间的相关关系。例如,喻国明先生就认为,在互联网上,大数据的运用能够有效地提供民众的观点和内容,以及民众之间的社会交流和交往方式,甚至是不同网络群体之间的界限及相互关系。通过特定的数据整理和分析手段,不仅可以描绘出民众的"社会话语表达",而且能够明确地描绘出网民的"社会关系网络"和"心理文化地图"。一定程度上,大数据成了人类的生存痕迹、心理变化的记录仪。[4]政府便可以依据这种生成的"网络图谱"有针对性地进行舆论的引导和监管,这是大数据本身的"价值性"所起的重要作用。

其次,在通过网络问政引导和监管舆论的过程中,大数据还起到预测的作用。此时的数据资源,为政府准确分析民众的意见及公共舆论的走向提供了科学的范式。政府要做的是,从大量的问政信息中分析出潜藏的信息和问题背后的原因,诸如怎样从已有的关系中推测出某些新的情况,怎样防控群体性事件的发生，怎样看待某些特殊数据的存在规律等。政府充分运用大数据进行合理的预测，做到"未雨绸缪"，可以有效地引导网络舆论的传播。当然，这种预警能力的提升，不仅仅在于大数据资源的提供，也与工作人员的专业素养有关。

当然，从根本上说，大数据能够有效地发挥作用的原因在于其价值性。正是基于其内在的"价值性"，人们可以更为高效地处理和分析各种数据资源。具体而言，政府在网络问政中监管舆论时，对大数据价值的获取和应用是极为广泛的。本文用以下公式来表示：

$$F(网络问政数据价值) = [网络问政数据收集和分析技术 f(r_1\mu_1, r_2\mu_2, r_3\mu_3, r_4\mu_4) \cdot p]/t$$

其中，r_1 表示大数据的流转速度，r_2 表示大数据的总体数量，r_3 表示大数据的类别，r_4 表示大数据的单位质量，μ_1、μ_2、μ_3、μ_4 是各项的加权系数，p 表示大数据的传播范围，t 表示大数据流转（分析）的时间。

从这一公式可以看到，在网络问政过程中，所获得的数据资源的有效性与数据的收集、分析、处理等每一个环节都是密不可分的。数据的类别越多，总量越大，流转速度越快，单位价值越高，传播范围越广，则这些数据资源的价值越高，政府在这一过程中便有更大的可能性对舆论进行有效的监管和引导。但我们也应该注意，大数据的价值是与时间成反比的。也就是说，随着时间的不断增加，所收集来的数据的价值是持续降低的。因此，政府在通过网络问政收集和处理数据时，首先要考虑的是时效性，即必须在适宜的时间范围内处理相应的数据资源。如果在这个问题上认识不清，错过了合理的时间，不但会导致原本可能很有价值的数据变得毫无意义，更会严重挫伤人民参政议政的积极性，甚至会产生对网络问政本身有效性的质疑，反而可能使政府对舆论的监管变得更为困难。

三 大数据时代网络问政对舆论引导和监管的新动向

（一）政府进行舆论引导和缓释时介入的时间节点发生变化

我们知道，在大数据技术诞生之前政府也会通过一定的方式，如基层调研、民意测验等，收集民众的意见和人们对于特定社会事件的观点，并以这些调查来的信息为依据，分析和总结社会公共舆论的走向，再加以监控和引导。但是，这种复杂的程序和技术上的缺陷会导致舆论引导的滞后性，即政府对舆论的引导和监管一般是在相应的舆论事件发生之后才开始实施的，程序和技术上的缺陷会极大地影响舆论引导的效果，甚至会使舆论走向失控，以至于引发群体性事件。但是，互联网技术的发展和大数据资源在公共治理领域的应用从根本转变了这种情况。网络问政的便捷性、覆盖面的广泛性以及信息层次的多样性，无疑会使问政主客体双方的沟通更加深入。同时，大数据资源的一个重要价值在于其预测性，政府能够以极大的概率来预测公共舆论的形成原因、走向和舆论主体的层次。这样，不仅大大减少了行政部门的工作量，便利了人们参政议政，更使得对舆论引导和监管的事前介入成为可能。这也为以网络为载体的公共舆论的良性传播创造了有利条件。

（二）政治社会化的范围不断扩大

相比于传统的新闻传播载体，网络更易于使分散的人们聚集于这个虚拟的空间之中。同时，由于网络的隐匿性，不同群体和个人的观点都可以在这个空间中自由地分享和畅谈，很多经年积累的社会矛盾以及对相关政府机构的不满也能在网络问政的过程中得到缓和，更多的个性化诉求通过这种方式以虚拟的身份表达出来。而政府在大数据资源的帮助下对民众合理化诉求的回应和解决，会使人们对政府的满意度和信任度提升，从而使网络问政对舆论引导和监管发挥更为有效的作用，形成一种良性循环，也为更广泛层面上的政治参与提供了条件，政治社会化的范围也不断扩大。在这一过程中，政治社会化的一个重要功能就是弘扬占主导地位的政治观念，并使各种处于非主流地位的政治观念能够共存。在这种多元共存的文化环境中，潜移默化地引导各种非主流政治观念，同时，缓释它们之间的矛盾，最终达到所有政治观念向主导政治观念趋近的目的。

四　大数据时代网络问政对舆论引导和监管的挑战

网络问政借助于大数据和信息技术的发展，已显现出相对于其他社会治理手段的优势，改善了"官民之间"的沟通状况，使舆情民意能够得到进一步的传达和量化处理。但是，我们也应该看到，政府在网络问政过程中对舆论的引导远没有达到完美的程度。大数据时代网络和数字技术的更新换代速度越来越快，这种快速的发展在一定程度上超过现有体制下政府部门适应的速度（相关人员的专业技能不足以应对快速变化的信息数据环境），加之新的配置和人民的期望不断提升，因而，在网络问政对舆论的引导和监管中可能会出现诸多问题。这些问题可能存在于政府与民众进行信息传递、沟通、反馈以及数据资源周转的每一个环节。

（一）主客体责任不清，参与的程序化问题凸显

大数据环境下，网络问政具有输出主体大众化、沟通渠道便捷化的特点。它赋予民众更多的政治权利，但同时也改变了固有的利益格局。在这种情况下，无论政府的领导者（问政客体）还是普通民众（问政主体）都会有些"不适应"，造成网络问政的主客体在责任划分上的不清晰。具体体现在，有些领导者对网络问政缺乏足够的理性认识，认为这种形式挑战了固有的公共治理传统和政府的权威，因而会产生一定的抵触。如一些政府网站的投诉信箱对群众的意见和建议应付了事，往往以"问题已转给有关部门"等形式敷衍。而一些网民自身素质偏低以及网络传播过程中政府监管存在漏洞，为参与的无序化提供了温床，使得在问政的过程中会出现一些不负责任的言论，或通过微博、微信等实时通信工具传播带有煽动性、攻击性的言论，甚至引发线上线下的群体性事件。因此，大数据时代，虽然普通民众接触了更多的数据信息，但是有时反而由于信息的庞杂而难辨真伪，造成思维上的混乱。而一些别有用心的人正是利用这一点对民意进行操纵，造成网络问政适得其反，舆论引导和监管的形势反而变得愈加复杂。

（二）"数字鸿沟"问题仍未得到解决

在网络问政过程中，由于受到客观条件的限制，在网络技术层面，民众的收入、年龄层次，以及全国各地网络资源的分布都呈现不均衡的发展态势。中国互联网络信息中心发布的第 40 次《中国互联网络发展状况统计报告》显示，截至 2017 年 6 月，我国网民规模达到 7.51 亿，互联网普及率为 54.3%，但是农村网民只占其中的 26.7%，20～39 岁网民占总数的 52.7%。可见，我国还有相当大一部分民众无法通过网络来表达自己的意见。这个问题如果无法及时解决的话，会使网络问政的效果大打折扣，即便运用大数据技术来收集和分析这些信息也是无济于事的。因为从来源的角度讲，这些数据从一开始便是不具有代表性的，在这种情形下，很容易出现部分"弱势群体"肆意"被代表"的情况，这会给舆论的走向和引导带来很大的不确定性。

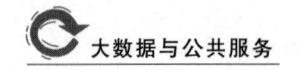

(三) 平台协作化服务水平不高

其实从20世纪90年代开始，欧美的一些国家便开始推行政府机构之间协作化治理和互助式提供公共服务的政策。这种协作分为纵横两个层次，是通过每一级政府以及不同行政部门通力合作实现预期公共利益的政府治理模式。[5]而这种整体性的协作是借助一定的政府信息平台来实现的。在信息时代借助大数据构建快捷的网络问政平台的过程中，各政府机构之间以及政府与第三方机构之间通过协调与合作来进行公共治理，引导和监管公共舆论。

然而，在我国网络问政的发展过程中，缺乏这种协作性的问政模式，整体协作程度不高。客观上说，大数据技术的快速发展，使网络问政平台的精准化程度日益提高。现阶段我国不同层级、不同地域的网络问政平台数量众多，但是，各问政平台相互分割，缺乏交流合作机制，易造成"各自为政"的局面。如果任其发展，则部门之间相互推诿、转移责任的现象将无法避免，这无疑会白白浪费大数据技术所提供的资源优势，加剧政府与民众之间的矛盾，削弱民众对政府的信任，政府通过网络问政对舆论引导的效力也将大大减弱。

(四) 公民的个人隐私有极大的概率被泄露

我们在网络问政过程中收集、分析、运用大数据，是为了更好地汇集民意、解决矛盾，建设一个更加透明的政府。但是，人们在大数据时代虽然可以获得大量信息和数据，却也会在网络问政平台留下自己的"数据指纹"。而我们在前面已经谈到，大数据时代，对政府各机构间的问政平台进行整合有利于更好地解决问题。但矛盾的是，各政府机构在进行协作化发展时，势必会进行数据整合、挖掘和分析，这样一来，公民的私人数据便可能轻易地在不同领域流通，个人隐私将被曝光。因此，政府各机构、各层级的网络问政平台到底应该整合到何种程度，从而在保护公民隐私的情况下合理地解决民众的疑难问题，是一个值得思考的问题。

同时，如果网络问政平台的信息系统遭到破坏，导致大量数据遗失，那么民众很可能将责任算到政府头上，这对于舆论的走向和引导来说是极为不利的。因此，在大数据时代，对政府来说，网络和数据的安全是极为重要的，在构建网络平台的同时应同步构建起网络数据和信息的保障系统。这是出于现实的需要，也是对人民信任的一种负责任的回应。

（五）两个舆论场的博弈

在网络问政过程中存在两个舆论场，一个是自上而下发布新闻和信息的"官方舆论场"，另一个是自下而上表达自身诉求的"民间舆论场"。[6]从传统意义上看，"官方舆论场"在对舆论的引导和监管过程中拥有绝对的主导权；但是大数据时代的到来，使得民众获得信息的机会大为增加，信息不对称的情形在一定程度上被削弱。同时，借助网络平台，民众可以更为自由地表达自己的意见。而且，便捷的沟通和快速的传播方式，再加上"意见领袖"的推波助澜，使得人们的观点更容易形成一种集体效应，进而对舆论施加更多的影响，也给话语权的分配带来很大的冲击。而"官方舆论场"在博弈过程中，如果一味地压制民间舆论，则会使网络问政失去意义；若一味地纵容，又极容易导致舆论的失控，稍有不慎，便会演变成公共舆论危机，这与网络问政的初衷亦是背道而驰的。因此，在大数据时代，政府在网络问政过程中，在保持对舆论引导权的同时，应着重考虑如何在可控的范围内使两个舆论场中产生的观点能够自由地博弈。

五 大数据时代网络问政对舆论引导和监管的路径思考

（一）继续推进立法问责制和制度化建设

大数据时代，网络问政中政府和民众之间的责任划分不清造成的"不适应"，并不是大数据本身导致的，而是由制度的不规范和不健全造成的。因此，构建和完善法律制度和问责制度是必不可少的。法律对网络问政双方的规定务必要详细具体。对于政府而言，立法应该集中在三个方面：一是对政府及时准确地解决涉及人民共同利益或自身利益问题的严格规定；二是对政府官员贪污渎职、违法乱纪等犯罪行为的追踪和问责；三是对政府相关人员打压合法表达自身诉求的群众的惩处。而从民众的角度来说，法律的规范主要应集中在两个方面：一是对盲目从众、传播谣言的人进行教育和警告；二是对编造虚假新闻误导民众，故意借网络问政平台和大数据信息激化政府和民众之间的矛盾，刻意诱导舆论，甚至引发现实中的群体性事件，威胁到社会秩序的人进行严厉惩处，并依法追究其刑事责任。

笔者认为，在法治化建设过程中，有两点应该注意。一是法律规范的精准化，就事论事，不能掺入情感因素，更不能搞扩大化，或违法牵连无关人员。二是法律的作用不仅仅体现在事前的规范上，更重要的是法律的执行力，即对网络问政过程的监督和对违法行为一视同仁的惩处上。

（二）加强落后地区网络基础设施建设，提高民众的整体素质

我国客观上存在由"数字鸿沟"造成的地域之间、城乡之间民众在网络参与中的差异，而数字技术的快速发展和大数据在网络问政中的广泛应用，使得原本已经存在的差异不断扩大。基于此，相关政府部门应该有意识地加大对这部分地区的投资和政策支持，主要是与网络相关的基础设施建设，这是实现进一步公平的物质基础。

民众在年龄结构、文化层次、运用网络技术的熟练程度，以及对网络政治参与与协商民主的理解等方面的差异是难以消除的（或者在短时间内难以消除）。因此，在这几个方面，一是通过政府有侧重地对人民进行引导式的灌输与宣传，如组织人员下乡宣讲、举办网络技能竞赛等，提升人民的网络实用技能、与大数据及政治领域等相关的知识水平；二是提升教育投入，尤其是加强素质教育，提升落后地区民众的文化素质和思想道德水平。这是实现进一步公平的群众基础。如果"数字鸿沟"问题没有完全解决就盲目地运用大数据技术推行网络问政，那么即使政府能够有效地引导和监管公共舆论，也无法证明这种舆论具有广泛的代表性。

（三）"大数据仓库"的建立和对实时处理数据集成方式的运用

对于信息技术发达、数据高速流转的现代社会来说，网络问政过程中面临的一个现实问题是各种问政数据来源过多，质量参差不齐，甄别成本很高。同时，即使能够进行有效的收集，海量数据也不易存储。因此，建立"大数据仓库"并实时处理数据集成，成为网络问政的当务之急。所谓"大数据仓库"，是基于特定的数据结构（以及有关应用程序）所构建的数据中央存储库。[7]建立"大数据仓库"的目的不仅在于储存众多数据资源，而且还要对这些数据进行逻辑性分类，分成不同的结构层，以便对来源不同的各类数据进行有效的甄别，为数据分析和报告的生成提供标准一致的数据资源（见图1）。

实时处理数据集成是指，对收集的大量数据进行管理、整合、传送，周期性地将数据成"批"放入或移出"大数据仓库"。过去，民众将自己

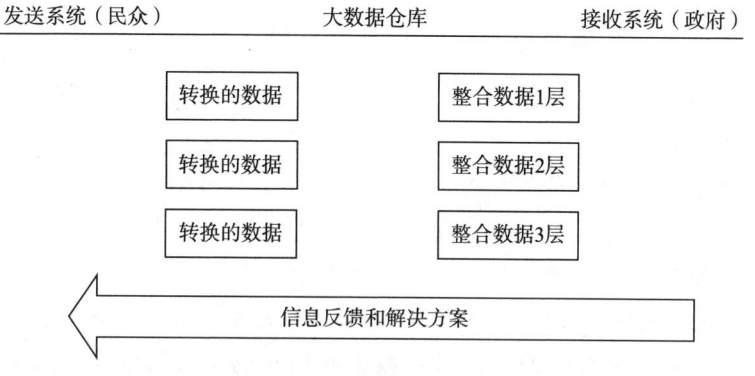

```
发送系统（民众）        大数据仓库           接收系统（政府）

         转换的数据            整合数据1层

         转换的数据            整合数据2层

         转换的数据            整合数据3层

    ←──────────  信息反馈和解决方案  ──────────
```

图 1　网络问政中"大数据仓库"的使用流程

的意见和诉求反映给政府，即发送系统通过点对点的方式将数据信息传送给接收系统，而政府会不定时地处理这些意见和诉求而不是立即处理。这样，二者之间的对接并不同步，这就导致政府对公共舆论的监控和引导有明显的滞后性。实时处理数据集成方式则是按照周期性和一致性的原则对数据进行转换，并及时地将其置入或移出"大数据仓库"，通过两个系统间达成的一致，高效地处理各类数据。也就是说，在网络问政过程中，政府可以通过这种方式与民众定期地进行互动，并及时处理民众的意见和诉求。

（四）网络问政平台的整合与数据和信息保障系统的构建同步

前面已经提到，大数据时代，各领域、各层级政府机构的网络问政平台整合与否可能引起矛盾性的结果，对此，政府需要在两端之间找到一个平衡点，既能保护个人隐私，又能提高各政府机构网络问政平台的整体协作化服务水平。在这种情况下，首先，所谓的"整合"应该是政府机构网络问政平台之间功能和技术上的整合与互补，而不能随意进行个人信息数据资源上的整合、加载与交换。为此，应该通过立法的形式来指定第三方（非利益攸关方）进行严格监管，防止内部人员非法使用网络问政平台收集的数据，或侵犯公民隐私。其次，公民个人信息和数据保障系统也应随着网络问政的实施而同步构建，以防止由外部因素导致的公民个人隐私泄露。对这个"度"的把握与政府的治理能力和经验密切相关。同时，能否合理解决这个问题，关系到政府是否能够维持民众的信任，以及是否能够有效地引导和监控舆论。

(五) 准确把握政府在网络问政中对舆论引导和缓释的力度节点

大数据时代，在网络问政过程中，政府与民众自觉地形成两个舆论场，这两个舆论场针对话语权和舆论引导权进行持续地争夺和博弈。这种情况下，法律的引导和规范固然是必不可少的，但是政府与民众双方的态度，尤其是政府在这一过程中的处理技巧与能力显得更为重要。大数据的发展解构了传统的信息处理体系，一定程度上使人们产生一种思维上的"不适应"，因此，在网络问政过程中，官民双方首先要做的是平等尊重、互相沟通，以民主化、公开化的方式进行数据和信息的交流与解读，这是双方建立信任的基础。对于政府而言，要放下身段，积极回应民众的意见和诉求，尤其是面对突发性舆论危机，不能采取回避或转嫁责任的态度，要同时接受法律和人民的监督。正如丁柏铨先生所说，"在新的舆论格局中，政府应该打好三张'牌'：一是打好亲民爱民的'牌'；二是打好深度报道的'牌'；三是打好舆论监督的'牌'"。[8]但同时，也应精准地分析民众表达意见和诉求的真正目的，对极端、敏感的言论进行及时的疏导和控制，在一张一弛中引导舆论在正常的轨道中运行。

因此，针对网络问政中出现的两个舆论场，要做到二者之间的沟通，而不是"各说各话"，这是一个从"争夺"走向"融合"的过程。当然，这个过程是长期且艰难的，无论政府处理问题的能力，还是公众问政的素质，都需要在不断地"磨合"和"训练"中逐渐提高。

六　结论

大数据时代，数据资源对网络问政及舆论的引导和监管起到了不可替代的作用。在这一过程中，基于庞大的数据规模、迅速的数据流转、多样的数据种类，对收集来的信息进行整合与分析。由于数据量庞大，单位数据的价值密度变得很低。因此，政府在网络问政过程中，需要不断地从每一条单位价值密度很低的数据中提取出潜在的有用信息，并予以精准性地反馈和解决，这对于维护政府形象及有效引导和监管公共舆论来说是至关重要的。

大数据的处理方式，一方面使在网络问政过程中对数据的收集和分析变得更加迅捷化，另一方面也使人们所面对的信息环境更加复杂。良好的舆论环境需要政府和民众共同努力来维护。政府解决问题时应该树立的观念是"及时、精准、坦诚",进而在面对舆论走向时要做到"不回避、不压制、不纵容",在"动态的平衡"中潜移默化地对舆论进行引导和监管。而对于民众来说,整体素质的提高和有序参与是首要的,合理地运用大数据的优势,才能在相异的"两个舆论场"中找到共同的关注点,更好地借助网络问政这个平台形成理性的公共舆论氛围。

综上,我们可以看到,大数据时代对网络公共舆论的监管和引导是运用新技术进行探索的过程。只有通过不断的探索,才能找出政府和社会公众双方的底线在哪里,并在这个底线之上划出一个合理的交流区间。也就是说,大数据时代政府在坚持正确的舆论导向和社会秩序稳定的前提下,可以借助网络问政这个平台,逐步将刻板的政治宣传转化为人性化的政治沟通。这对于舆论的监管和引导来说,将是一个良性循环的过程。

参考文献

[1] 胡泳. 网络问政是否只是问问而已 [N]. 人民日报, 2010 – 04 – 21.
[2] 谢文. 实实在在的大数据 [M] //维克托·迈尔·舍恩伯格, 肯尼思·库克耶. 大数据时代. 杭州: 浙江人民出版社, 2012: 4.
[3] 维克托·迈尔·舍恩伯格, 肯尼思·库克耶. 大数据时代 [M]. 杭州: 浙江人民出版社, 2012: 5.
[4] 喻国明, 李彪. 新闻传播的大数据时代 [M]. 北京: 中国人民大学出版社, 2014: 152 – 155.
[5] 张立荣, 曾维和. 当代西方"整体政府"公共服务模式及其借鉴 [J]. 中国行政管理, 2008 (7).
[6] 王杨. 微博中的"舆论场"及其在构建公共领域中的作为 [J]. 东南传播, 2011 (6).
[7] Reeve April. 大数据管理 [M]. 北京: 机械工业出版社, 2014: 26.
[8] 丁柏铨. 主流话语边缘化困局待解 [J]. 人民论坛, 2012 (13).

数据开放背景下我国政府数据治理能力提升路径研究[*]

宋魏巍　饶　楠[**]

  数据治理能力的提升是当前全球各国政府面对的基本命题，也是促进政府治理现代化发展的重要途径。通过对文献研究与国内外政策实践的比较分析，本文构建了数据治理与政府数据治理能力的基本框架，明确了政府数据治理能力的构成要素以及影响因素，并提出基于数据开放视角的政府数据治理能力提升路径与对策。

一　引言

  随着"互联网+"时代的到来，传统政府治理模式面临前所未有的挑战，数据治理成为理论研究和实务领域中受关注的主题。数据治理和国家治理之间相互促进，现代化治理体系的建设为数据治理能力的提升提供了有利环境，而数据治理也为国家治理提供了治理理念、路径、流程和工具等方面的重要参考。

  2015年国务院印发了《促进大数据发展行动纲要》，明确提出加快政府数据开放与提升数据治理能力的政策目标和重要任务，强调要引导地方政

---

[*] 基金项目：国家社科基金青年项目"大数据环境下我国数字档案资源知识服务研究"（编号：17CTQ032）。

[**] 作者：宋魏巍，中央财经大学政府管理学院讲师；饶楠，中央财经大学政府管理学院研究生。

府因地制宜推动形成公共数据开放与治理能力现代化互相促进的发展格局。2016年中办、国办联合发布的《国家信息化发展战略纲要》成为指导我国信息化发展的重要纲领，进一步明确了以信息化助推国家治理能力提升和治理体系现代化的方向，强调了数据开放和数据治理的重要意义。国家顶层设计的有效实施依赖地方政府对方案的落实与具体行动。因此，国家层面的数据治理要求也为各级政府数据治理能力的提升带来相应的挑战。

本文基于文献研究、政策文本与案例分析等，对国内外政府数据治理的理念、现状和相关问题进行分析，进而提出我国政府数据治理能力提升的路径。

二 研究综述

（一）数据开放进程

在"互联网+"和大数据上升为国家战略的背景下，政府数据开放逐渐成为学界探讨的焦点。二战后美国新闻界发起的"信息自由运动"着力促进政府信息公开，为公民知情权提供保障，成为政府数据开放的萌芽[1]。继1945年"知情权"概念首次进入公众视野后，1953年出版的《人民的知情权》进一步为"信息自由运动"铺垫框架并点明路灯。最终在多方助力下，《信息自由法》和《阳光政府法》于1967年和1976年相继颁布，自此，美国数据开放制度初现雏形。20世纪90年代末期，随着《开源革命之声》的出版，"开源"概念在风靡于软件行业后，又开始聚焦于软件的核心要素——数据，特别是政府部门的公共数据。[2] 得益于"信息自由运动"中开放政府理念的发展，以及西方国家信息技术和政府管理理念变革的相互作用，在开源软件技术变革和大数据时代诉求下，数据开放应运而生。

在信息技术发展的Web1.0时代，政府运用门户网站将物理保管的数据进行公开，并为政府部门自身和社会公众提供数据增值服务。这种发布简单静态信息的传统政府信息公开方式，呈现出"以政府为中心"的特点，政府在其中仅扮演单一的信息提供者的角色。[3] 21世纪以来，随着信息技术的革新，政府数据规模不断扩大，数据开放向纵深发展，其价值也不断被挖掘。2009年，奥巴马政府颁布《开放政府指令》，美国数据开放门户上线。同时，开放政府联盟（OGP）在联合国支持下成立，并于2011年发布

《开放政府宣言》,在国际上掀起了政府开放数据的高潮。得益于Web2.0时代的到来,物联网和云计算等技术得以快速发展,政府形态从政府1.0过渡到政府2.0,数据开放也过渡到"以公民为中心"的全新阶段。在这一阶段,政府信息工作聚焦于后台的信息整合,其角色从单纯的信息提供者向限制性的公开和参与者转变,越来越多的公众也借由互联网社交媒体和官方平台,更加高效便利地参与到互动式的政府治理中来[4]。

当前,随着Web3.0时代的到来,大数据和移动互联网等信息技术的不断革新和发展,各国数据开放进程向全新阶段迈进,"以每个人为中心"的政府3.0概念被广泛探讨[5]。这一全新的数字政府及治理理念,要求政府通过主动公开信息,提供定制化的数据信息和公共服务,促进公民的主动参与,最终构建开放共享、协同合作的全新治理模式(见表1)。

表1 数据开放的发展阶段

发展阶段	阶段一	阶段二	阶段三
核心特点	以政府为中心	以公民为中心	以每个人为中心
技术基础	Web 1.0(互联网)	Web 2.0	Web 3.0(智能网)
政府形态	政府1.0	政府2.0	政府3.0
公开内容	静态政务信息	动态政务数据	全部可公开的政务数据
互动特点	单向沟通:政府→公民	双向互动:政府↔公民	个性化实时双向互动
政府角色	单纯的信息提供者	限制性数据公开和参与者	主动公开者
服务模式	政府导向一站式服务	顾客导向一站式服务	个性化政府服务门户

资料来源:刘晓洋.思维与技术:大数据支持下的政府流程再造[J].新疆师范大学学报(哲学社会科学版),2016(2).

(二)数据治理的内涵

数据科学的发展和组织业务的增长,在很大程度上影响数据管理的视角、过程和方式,在组织内部开展数据治理的重要性日益凸显。数据治理不仅广受业界关注,也于2004年前后进入国外学者和相关研究机构的视野。有学者将"数据治理"定义为,以充分挖掘数据资产价值为目的,是治理主体、过程和技术基础的数据管护方法的集合。[6]也有学者将其总结为政策、技术、权责、流程等的统一,并将数据始终视为国家、社会和组织重要的战略资产。[7]国内学界对数据治理的研究,是从国家治理和大数据治理等政府治理领域的探索开始的。有学者在对国内数据治理整体内容的评述中，将"数据治理"明确总结为：是围绕数据资产采取的一系列措施，是相关政策、标准、技术和过程的集合。[8]2015年5月，中国学者推出了《数据治理白皮书》这一国际标准。其中，对数据治理概念中数据、价值和服务等核心要素进行了系统阐述，认为将数据视为资产是数据治理的核心理念。该报告中将"数据治理"定义为，在数据价值生成的过程中，组织在体制、管理对象和技术三个层面上对数据行使权力和控制的活动集合。[9]

（三）政府数据治理框架

为明确数据治理要素及相互关系，构建科学的数据治理框架，国外学者在进行数据治理研究时，基于不同的关注点、研究背景和动机提出了不同的数据治理框架，如三要素模型、决策域模型、驱动力模型和五层框架模型等。这些框架虽尚未形成统一的标准化体系，但都涵盖了数据标准、政策法规、技术工具、流程和监督考核等要素。

表2 国内外数据治理框架比较

框架名称	提出者	框架内容	框架功能	异同分析
DGI数据治理框架	国际数据治理研究所	针对信息相关过程的决策权和职责体系[10]，从组织、规则和流程三个层面总结数据治理的十大关键要素	展示十个基本组件间的逻辑关系，形成从方法到实践的完整系统	数据治理独立于数据管理，前者负责决策，后者负责执行和反馈，前者领导后者
DAMA数据治理框架	国际数据管理协会	数据管理十大功能与数据治理七大环境要素两个子模型	解决十大功能和七大环境要素间的匹配问题	数据管理包括数据治理，治理是管理的核心

由表2可知，与DAMA框架通过建立两个子模型之间的逻辑关系来对数据治理的功能和环境要素进行匹配不同，DGI框架是将整个政府治理流程融入模型，将治理流程按顺序进行逻辑串联，更加突出其完整性和系统性。两个框架各具特点和优势，但都具有全面涵盖数据治理要义和逻辑明确的特点，因而在国际上具有一定的权威性，备受学界关注。但值得注意的是，目前并未形成较为完善的通用数据治理框架，每个领域的数据治理都有一定的组织特性。

三　数据开放环境中政府数据治理能力架构及影响因素

（一）政府数据开放与政府数据治理能力的关系

1. 以开放共享为特征的数据治理新模式正在形成

数据开放使政府信息公开的进程实现了较大的跨越。信息壁垒和"数据孤岛"的破除，以及数据治理平台的搭建，将多元主体"微数据"优化为"资源包"纳入政府治理数据库，在为民意的广泛汇集清除障碍的同时，也为其在政治生活中的广泛参与提供了渠道。互联网成为数据开放与共享的关键载体，并不断与公共服务领域融合，推动着政府治理方式的变革，加速开放共享数据治理模式的形成。

2. 数据开放促使由权威治理向数据治理转变

以英国、美国为代表的政府数据开放趋势逐渐显现，数据资源的战略性也日趋显露。"数据驱动"促使经济态势和政府治理模式发生转变，越来越多的国家将开放政府数据纳入经济和社会发展规划中。数据开放源源不断地为政府数据治理输送新理念和动能，使得政府、社会、企业的关系在一定程度上实现了重塑。传统的权威治理开始转变为"用数据说话、用数据决策、用数据管理、用数据创新"的数据治理新方式，数据治理也逐渐形成公众广泛参与其中的共建共治格局。

3. 数据治理能力提升加速政府数据开放进程

协同性、整体性和系统性是数据治理能力体系的核心价值所在。因此，要提升政府的数据治理能力，必须构建跨部门、层级和地域的数据共享机制与统一的数据管理及开放平台来实现跨界融合。通过强调数据汇集、关联、留痕等数据处理能力，数据分析及数据智能应用，信息化基础建设及信息安全保障体制等系统化，提升政府数据治理能力。这些举措也进而有效地推动了政府数据开放的进程。

（二）政府数据治理能力架构

对以往的研究进行分析后发现，政府数据治理能力是指以政府为主导的数据治理主体，为了实现社会发展的目标，将数据资产化，通过对数据、技术和保障等层面的具体内容进行界定、实施和调整，以满足不同情境下公共管理需求的能力。由此，针对我国政府数据治理的沿革和实际，本文基于系统论观点，从政策与制度保障、数据层面、技术支撑三个维度总结开放数据环境下我国政府数据治理能力的主要构成要素（见图1）。

1. 政策与制度保障

政策与制度是维护政府数据治理体系正常运转的有效保障，与数据资产价值的开发利用关系密切。政策也为数据管理和技术开发过程提供人才、资金、法律和组织等资源支持。信息安全法律体系、隐私保护能力架构和安全风险防控为数据治理提供数据安全保护，实现开放与安全的内在平衡；同时，通过数据治理绩效评估和审计等举措，监督和优化整个治理流程。

2. 数据层面

数据层面包括数据处理、开放与共享能力，这些也是政府数据治理的基础。其中，数据处理能力，不仅包括源头上对数据的获取、采集和汇聚能力，也包括赋予原始数据以业务价值的元数据管理能力，还包括在数据生命周期各个阶段对数据质量进行测定和监控，以提升数据使用价值的数据质量管理能力。数据开放能力，不仅包括政府向社会提供对政府数据进行访问、获取和利用的权利的能力，还包括数据查询、下载和开发等能力。数据共享能力，既包括政府内部各个层级和部门之间，也包括政府与公众和企业等多元治理主体之间的共享能力。

3. 技术支撑

从操作层面看，技术支撑体系的强弱是政府数据治理能力的重要衡量标准。政府数据治理技术的有效性，体现在技术体系的完备性和基础设施的完善程度两个方面。数据治理的技术体系包括数据采集与整合、数据处理、数据分析等技术。基础的技术设施建设，不仅涉及整个数据治理周期中数据从采集、传输到存储等阶段的建设情况，更包括衔接前端与中后端的数据治理平台建设。

（三）数据开放环境下影响政府数据治理能力提升的关键要素

在数据开放环境下，以互联网为主要载体、以媒介融合为治理创新动力源、以大数据为重要治理工具的新型治理范式正在形成。本文通过改变政府数据治理主体、政府数据平台、政府流程再造、数据资源、数据治理技术、数据共享等六个关键要素，观察其对政府数据治理能力产生怎样的影响（见图2）。

1. 主体：多元数据提供者与治理参与者

数据开放进程的推进，一方面打破了原有的数据治理主体格局，重塑

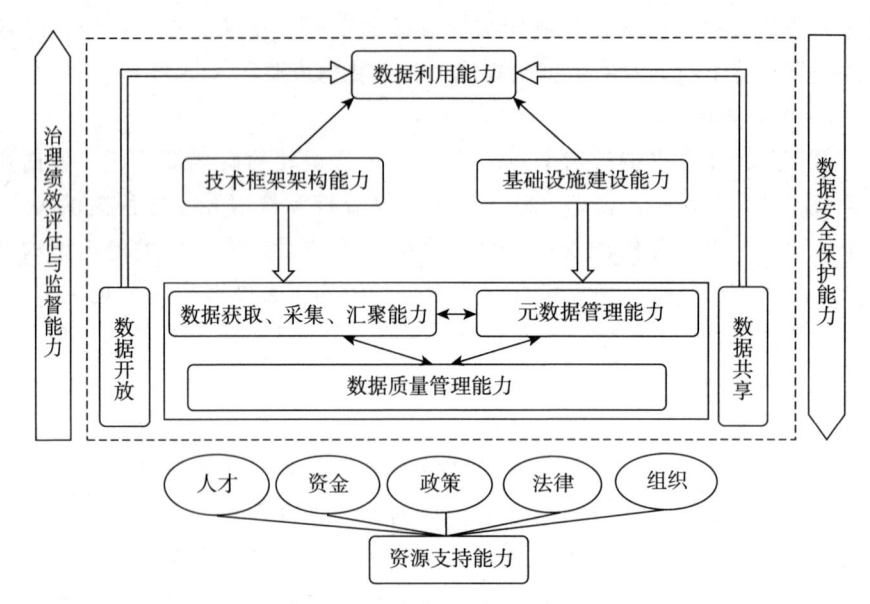

图 1　政府数据治理能力架构

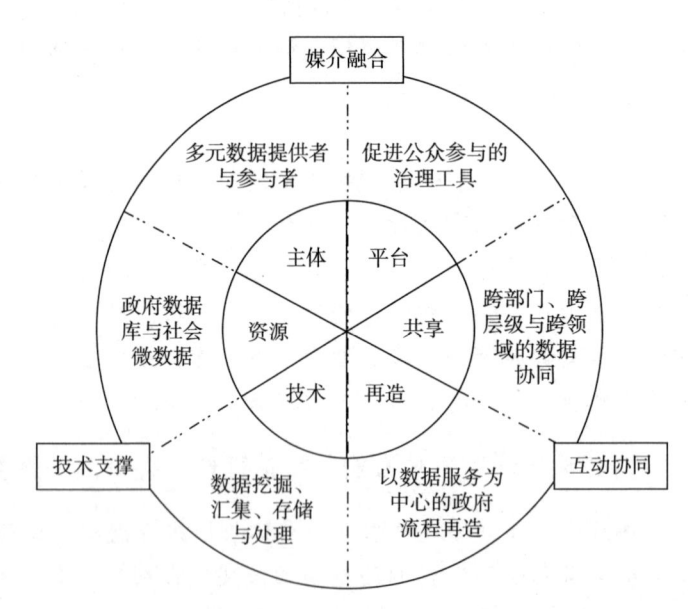

图 2　数据开放环境下影响政府数据治理能力的关键要素

了政府与社会和企业之间的关系，倡导政府主导、公众参与、社会协同并辅以法律保障的新型数据治理思路；另一方面则通过吸纳多元供给者和参与者的优势来创造新型数据众包，为多中心数据治理提供实践支撑。政府以权威的数据生产者与发布者角色，通过用户分析进行个性化数据提供，而开放数据服务链中的其他利益相关者，如个人用户和企业组织等则做出独立的数据贡献，不断产生新的数据需求并创造收益。由此可见，治理主体格局的转变，既能满足政府部门内部治理效率提升的需求，也激发了社会各主体的数据需求、发展需求和共治需求。因此，从主体参与角度来看，治理主体的多元性和协同程度从根本上影响着政府数据治理能力的提升。

2. 资源：政府数据库与社会微数据

传统意义上的政府数据主要是指，从政府部门和其他非政府组织中生成并采集的原始结构性数据，以这些数据为依据做出的决策往往缺乏时效性和精确性。随着数据开放的不断实现，政府得以通过数据开放平台、官方门户网站、社交媒体、智能化终端等多元渠道汇集社会治理数据。日益丰富的数据仓库为政府实现进一步的数据分析利用和治理提供了基础，多元的数据渠道和数据价值则使政府治理过程走向统一化和整体化。因此，从资源角度来看，数据汇集渠道和数据价值的多元化使政府数据治理的整体性功能得以充分发挥，是政府数据治理能力提升的重要基础。

3. 技术：数据挖掘、汇集、存储与处理

数据开放为数据治理带来众多机遇与挑战，从技术层面看亦然。一方面，政府数据开放运动很大程度上是由技术驱动的。随着数据算法统计和数据探勘等技术手段在数据挖掘、汇集、存储和处理等环节的普遍运用，政府数据治理的信息环境趋于复杂，各类数据主体要求政府数据活动和数据流程更加及时且精准。数据开放改变了传统的数据治理环境，对数据技术标准和业务规则提出了更高的应变要求。另一方面，数据开放给数据治理带来了安全、标准和流程等层面的挑战，要求对传统的数据挖掘、整合和分析等技术方法，人员安排及管理理念有所创新。因此，从技术角度来看，数据的挖掘、汇集、存储和处理能力是政府治理和服务趋向精准化和个性化的重要动力，是政府数据治理能力得以提升的技术驱动因素。

4. 平台：促进公众参与的治理工具

传统的数据治理以管控为主要思路，通过标准制定和质量控制为数据部门治理提供有效的基础。大数据时代用户对政府数据开放的需求不断扩大，治理主体和数据用户的范围也持续扩展，因此数据治理平台不再限于为政府数据部门搭建，而需要面向更广泛的多元用户，以提供更加精准的用户导向型决策和数据服务。在数据开放这一外在环境因素的驱动下，政府数据治理体系需要实现政府内部跨层级、跨部门乃至跨区域的合作，最终搭建起开放统一的政府数据资源共享平台。从平台角度来看，共商共建、共享开放的数据平台为数据治理的协同性、系统性和整体性价值取向的实现奠定了基础，也为政府数据治理能力的提升提供了有效的媒介和工具。

5. 再造：以数据服务为中心的政府流程再造

数据时代和信息社会中，政府流程再造有别于传统的单纯提供IT解决方案，是以流程为中心和以公众为导向，将人文因素与信息技术因素相融合，具体表现为数据治理理念革新、组织结构重组和事务流程再造等。在开放数据环境下，政府流程再造的实现，一方面通过大数据利用来整合政务信息，为业务流程与组织架构的再造提供条件，最终实现部门内和跨部门治理效率的提高；另一方面更需要利用大数据决策思维以及数据开放共享来重塑政府数据治理理念，通过对用户需求的深度分析来实现数据价值深挖，进而整合公共服务内容并革新业务流程，提升政府数据治理能力。

6. 共享：跨部门、跨层级与跨领域的数据协同

政府现代化治理所需要的数据不仅仅依赖于传统的政府文件，还需要政府内部各个部门和跨部门间的数据库，以及广泛存在于社会上的微数据，同时还要做到部门间、层级间和区域间的数据协同共享。数据协同即数据的统一、合并、共享与交换，其意义不仅仅在于能够有效简化业务流程、节约运行经费，更在于它是治理能力现代化的重要基础条件，也是政府数据治理的关键内容。[11] 从数据协同角度来看，从传统意义上的文件办理向数据协同转变，既是政府协同的主体能力的提升，也是政府数据治理能力提升和实现治理能力现代化的必经之路。

四　国外政府数据治理实践比较分析

（一）国外政府数据治理现状

自美国率先将大数据从商业领域引入治理领域并上升为国家战略以来，数据资产的战略属性日渐明晰，数据治理受到各国政府的高度重视。英国及欧盟各国、加拿大、澳大利亚等发达国家在顶层设计层面布局大数据战略，制定了发展战略、制度框架、行动方案等全面计划。综观国外政府数据治理现状，主要呈现出技术赋能、开放助力、应用推进并举的状态。在

技术革新方面，无论是德国的"数字德国2015"计划，还是韩国的"智慧首尔2015"计划，都在大力推动云计算、物联网、信息通信等数据技术发展，日本《面向2020年的ICT综合战略》更是提出建设"最尖端IT国家"的宣言。在数据开放方面，当前共有75个国家启动政府数据公开、开放的政府战略，在全球范围内建起50多个数据开放网站。同时，八国集团的《开放数据宪章》行动和欧盟的"泛欧门户"建设计划持续推进，各国通过数据开放为数据治理透明度和效率提升提供助力。在数据应用方面，各国取得了众多成就，如IBM加拿大领导数据中心的建立、澳大利亚公共服务大数据战略的提出，都促进了数据在公共管理领域的应用。

（二）国外政府数据治理政策及实践比较

美国、英国、澳大利亚三个国家在数据治理方面都具有领先的优势。这三个国家基于数据开放环境开展了专门针对数据治理各个领域的专项政策法规的制定工作，并在数据开放和数据治理的长期实践中积累了丰富的经验。通过对典型国家数据治理政策和实践成果的比较分析，能够进一步明确不同治理生态中政府数据治理能力要素的构成及相互关系。

1. 政策体系

首先，通过对政策内容进行横向比较发现，美、英、澳在数据治理进程中都体现出法律法规先行的自由市场基本理念，从顶层设计层面为数据治理提供了相对完善的制度支撑。这些制度涵盖信息自由、隐私保护、网络安全、数据开放和信息资源管理等各个领域，通过资源保障和基础设施建设挖掘数据价值，实现政府数据治理能力的提升。

表3 英、美、澳三国数据治理政策体系对比

	美国[12]	英国	澳大利亚
政策核心	维护公民权利	提升数据能力	增强公共服务
政策重点	保护个人隐私安全	以人为中心的基础设施可关联性和公民数据素养培养[13]	提升公共服务供给能力
基本认知[14]	社会创新动力	人力资源开发对象	国家战略资产
能力核心	数据资源安全、数字政府治理	公民数字技能	配套设施和政策支持体系
涵盖领域	信息自由、隐私保护、网络安全、数据开放和信息资源管理等		
共性议题	政府数据生产力的提升		

通过表3的比较发现，各国政策体系的价值核心存在明显的差异。美国政府坚定秉持保护个人隐私和保障公平、反对歧视的信念，在数据治理政策体系构建中以"数据技术价值最大化和利用风险最小化"的实现为目标，意在保护公民隐私安全。美国政府在政策内容中则将数据资源安全、数字政府治理视为数据治理能力的核心要素，并以此作为数据开发利用必须遵守的基本原则。英国数据治理政策的重点在于"提升公民数据素养"，意在通过增进人与数据和技术的关联进而广泛吸引多元主体参与公共治理。因此，公民数字技能成为英国政府数据治理能力的核心构成。澳大利亚政府数据治理则围绕"提升公共服务供给能力"这一重点展开，形成了一套以数据资产开发为中心的数据治理政策体系。

2. 比较分析

纵观美国、英国、澳大利亚政府在长期数据治理实践中取得的成就，可以归纳出国际上数据治理的主要经验。

第一，在数据层面。开放政府数据是大数据战略行动有效实施的基础，全球已有超过30%的国家启动了政府数据开放战略，通过数据开放共享促进社会转型已然成为国际政府的共识。英国和澳大利亚更进一步，通过开放数据路线图的制定使数据开放流程化。三国通过数据开放门户网站（英国 data.gov.uk、美国 www.data.gov、澳大利亚 data.gov.au）的建设和完善来丰富政府数据集，扩展开放领域，并坚持用户导向的数据开放，从而为社会高效提供符合个性化需求的数据。

第二，在技术层面。三个国家在数据治理能力建设实践中都以技术为主要驱动力，形成了技术、制度与产业协同发展的格局。英国政府对大数据技术的资金投入占到高新技术总投入的30%；美国和澳大利亚政府也专门针对支撑数据治理的核心技术研发，加大人才、资金和基础设施建设等方面的投入。另外，各国在实践中重视对信息基础设施的建设，并将其视为战略资产。澳大利亚率先建成超级国家宽带网工程，使光纤电缆覆盖全国93%的用户，英美也形成了完善的网络基础设施。

第三，在保障层面。鼓励地方政府因地制宜实施数据治理，通过设立大数据主管和监督机构，对中央和地方政府联动治理进行有效协调。如美国设立统一的大数据高级监督组，并成立多机构合作的大数据工作组来负责战略落地；英国政府则着重强调公民数字素养的提升，广泛吸收社会公众力量参与共治。

(三) 国外政府数据治理实践的启示

1. 顺应数据开放的发展趋势，并明晰数据治理的政策重心

由于开放数据本质上强调要素关联和一体化数据管理，[15]因此在数据治理体系完善中既要明确开放数据的要求，同时亟须将传统数据治理政策的重心从行政系统内部不断向外延伸到公众和企业。在政策关注点方面，则注重从数据生命周期管理转换到数据确权、内容挖掘、数据再利用等视角，以及数据隐私安全保护与数据开放利用、政府透明度与个人信息自由裁量权的平衡等方面。

2. 以数据开放为契机，实现多元主体的协同共治

政府部门亟须从传统封闭走向主动公开，在数据开放契机下逐步实现全面开放和多元主体的协同共治[16]。以加速数据融合和强调数据规范为基础，以建立开放政府数据的一体化服务整合平台为中枢，加大核心数据技术的研发创新力度，实现个性化公共服务。总体来看，拓宽数据开放的深度和广度，满足数据开放对数据治理的进阶要求，是发达国家数据治理的基本发展趋势。

3. 以跨部门协同应对复杂的数据治理环境

在英美等国实践成效和政策经验的激励下，澳大利亚政府通过设立跨部门大数据工作组推进数据开放共享和数据协同治理。这一举措突破了原有的信息和服务碎片化困局，通过搭建数据共享框架，对数据生命周期的各个环节进行无缝整合。

五　我国地方政府数据治理能力的提升路径

（一）健全地方政府数据治理的政策法规体系

1. 构建统筹协调的政府数据治理央地政策体系

在各个领域的政策实践中，我国政府各部门及各地方间的信息壁垒仍然是制约统筹协调的主要因素之一。对于地方政府而言，众多顶层设计亟须落地实施，如何及时且有效地将其落实成为地方政府需要思考的难题。贵州省在数据治理建设过程中设立了以各有关部门一把手为成员的大数据发展领导小组，由省级人民政府统筹，形成有针对性的总体发展思路，为数据治理的政策体系构建和完善奠定了基础。因此，在推进

数据治理政策体系和法律法规健全的过程中，应该通过统筹规划来满足国家顶层设计要求[17]，避免各级政府仓促出台各种行动战略和规划纲要。各级政府部门应梳理并制定协调各个利益主体之间权责和利益、公平与效率的制度架构，为数据治理提供目标清晰、理念明确、标准统一的行动规划。

2. 完善以数据生命周期为中心的政府数据治理规范

数据开放的实现，使得来自非传统渠道的异构数据纷纷汇入传统的结构化政府数据库。大量分散的多元异构数据影响了数据整合、关联、共享与协同的有效性，同时也影响了数据在新一轮生命周期中实现再利用的效率和效果。政府部门亟须从数据汇集、描述、分析和处理、存储、共享到再利用的全生命周期各流程，展开相关数据标准和数据库规范的建立与完善。具体的，在数据汇集阶段，要保证格式和内容的规范性、完整性；在数据描述阶段，通过明确描述为后期数据解码奠定基础；在数据存储阶段，要充分考虑存储成本与数据的完整性；在数据共享阶段，则需要针对不同数据制定具有针对性的发布和使用机制；等等。

3. 设计并完善数据开放与隐私安全保护并重的数据治理方案

在数据开放环境下，传统数据治理环境中固有的数据隐私与安全问题更加突出，数据开放与隐私安全之间的矛盾日益尖锐。在大力推进数据开放的同时，为确保数据安全，亟须制定一套能够平衡开放与安全的数据治理方案。首先，政府部门应该积极构建数据安全保护的基础政策，认识到数据安全保护作为开放共享的重要环节和保障，在涉及民生的专门领域，从个人隐私、网络安全、数据平台和技术指导等方面开展有效的政策指引。其次，政府部门应该将数据挖掘、汇集和存储过程中涉及个人隐私、企业机密或敏感数据的领域纳为政策关注的重点，推出数据隐私负面清单，并界定数据供给和使用方的权责范围，为数据开放提供有效、安全的保障。

（二）形成以创新服务为导向的新型数据治理格局

1. 实现政府公共服务的按需供给

政府的主要职能之一在于向公众提供公共服务或产品，在数据治理进程中主要体现为，通过数据挖掘和数据分析实现公共服务产品的个性化。政府要改变以往被动响应的服务模式，通过数据分析技术收集用户的搜索和行为特征，如在政府门户网站、官方社交媒体和网上办事大厅等平台，通过对公民浏览频次、服务申请、栏目关注等行为数据进行分析和关联，主动识别公众需求和偏好，并提供个性化、定制化的服务内容。政府也可以对不同的公共服务需求和相应的公共服务资源占有率、利用率等数据深入分析，进一步按照需求来合理配置公共资源。

2. 推动政务服务向数字化转变

在数据开放环境下，政府数字治理需要实现社会与政府的无障碍、智能化沟通，最终实现公众网上办理业务的一体化。一方面，在对政府服务流程、服务事项、办理程序和审查程序等进行统一规范的基础上，建设省级、市级、县级等多级一体化政务服务平台，并嵌入智能高效的网上办事大厅系统，提供网上查询、申报、办理和权力清单公开等服务。运用数据技术优化政务服务流程，实现一网受理和联动办理。另一方面，要积极在社会保障、交通运输、劳动就业和人居环境等民生领域开展数据应用的探索，将精准扶贫、电子政务、食品安全和智能交通等应用系统整合到地方政府数据服务平台，不断推进数据与农业、工业和服务业的深度融合，促进政府数据治理能力的提升和民生服务的改善。

（三）构建多元主体互动共联的数据治理机制

1. 树立"自上而下"和"自下而上"相结合的数据治理意识

面对大数据时代对政府管理和治理模式的冲击，通过多元治理主体转变传统的权威治理观念、树立数据治理理念是根本的应对举措。为此，首先，我国政府部门应摒弃传统的全能政府单向管理思维，树立起多元互动治理的数据治理理念，充分认识到大数据时代政府职能和角色的转变。其次，各级地方政府应该积极响应国家大数据战略号召，将大数据思维积极融入数据治理进程。积极回应原先由数据意识缺失导致的数据割据、"数据孤岛"和数据质量问题，在社会治理过程中用数据说话、用数据创新、用数据决策。最后，通过与相关机构和企业合作，建设数据分析与应用智能专家库，提高政府部门管理者的数据分析能力与决策能力，强化跨界融合思维和业务数据思维。

2. 通过对开放数据的有效利用，促进公共决策的社会化

公众是数据资源的主要提供者和数据治理的重要主体之一，其参与公共决策的积极性和主动性在很大程度上影响政府数据治理能力的提升。一方面，政府部门应加大数据开放力度，通过加强平台建设和整合，为主动挖掘和广泛汇集社会数据和公众意愿提供载体，拓宽民意渠道，并保证渠

道畅通。同时，促进政府和公民之间的良性互动，通过数据开放平台和数据服务平台等积极回应民众诉求和反馈。在决策中更多地汇聚和体现民意并释放数据红利，提高公众参与的积极性，实现公众参与的常态化和实质化，为政府提供吸纳多元主体优势以提升数据集质量的契机。另一方面，在数据治理过程中重视公众用户群体的多元性和差异性，通过用户数据分析提供定制化服务，吸引更多社会主体主动、理性地参与到治理过程中来。

3. 构建"政府－市场－社会"协作的数据共治模式

在数据治理进程中，要营造政府引导、公民参与、社会推动、企业实施的多元主体协同共治的治理氛围和协作模式，最大限度地发挥数据价值。就地方政府而言，必须充分汇集部门协同数据，并加快数据开放和共享的进程，从权威治理转向数据治理，从经验推导转向"循数治理"，提供多元化、定制化和优质化的公共服务。就企业和公众而言，应该着力强化其参与意识和参与能力，通过构建民意渠道畅通机制和加大宣传培训力度，拓宽参与民众的范围，积极实现政府与公众的有效互动。

（四）积极推动地方政府数据跨界融合进程

1. 构建统筹协调的政府数据发展与管理体制

构建统筹协调的政府数据发展与管理体制，能够为数据治理提供组织保障，而且在落实国家大数据战略的同时汇聚各级力量，以实现有效的数据治理。由于当前我国数据治理的顶层设计中并没有具体的数据发展管理体系，各地政府的数据管理部门的设立情况参差不齐。各个相关部门，如公开、应用、服务等主管部门之间存在权限重叠和职能冲突问题，成为数据治理能力进一步提升的主要制约。因此，各级政府和各地方政府应基于原有的职能和组织架构，设立专门的数据发展主管机构，并明确其权责范围，构建跨部门的领导体系和沟通机制，建立部门协同、统筹协调、互相配合的多层次数据管理体制。

2. 推动跨政府部门的数据协同治理

数据开放向政府部门数据治理体系提出了开放数据组织、架构和开发运用过程的要求，也为政府内部充分的数据流动和共享提供了跨部门协作与交流的契机。政府部门应整合政府内部各类业务流程，有效推动跨部门数据的协同治理。这就要求各级政府首先要通过统一数据信息标准和开放共享标准来整合各个部门、社会和互联网中的异构数据资源，同时也要规范政务服务的信息标准，并协同推动线上审批和电子监管等流程，以实现一网办理和全流程跨部门智能服务。

（五）完善数据治理信息化基础建设和技术支撑

1. 促进由"条数据"向"块数据"的转变

在传统环境下，政府掌握的数据资源大多以"条"而非"块"的状态存在，数据互不联通、相互割裂，呈现分散化和碎片化特征，这也是在数据治理过程中政府部门面临"数据孤岛"和数据资产垄断等困境的主要原因。"块数据"这一新型理念的价值在于，海量数据通过碰撞和交互实现聚集和融合，从解构到重构不断产生关联，从而消除"数据孤岛"现象。从"条数据"到"块数据"的转变，要求以覆盖全域的高速、稳定的网络为基础。因此，对于地方政府而言，应该注重网络基础设施建设的前沿性（如5G网络部署）和全面性（如对农村地区的网络覆盖及支持力度），为数据从"条"到"块"的发展提供通道和载体。

2. 加大核心数据技术的研发与创新力度

在技术驱动下，政府数据治理将朝着更加科学、高效和开放的方向发展。虽然随着我国信息化社会建设的推进，数据治理不断取得成效，信息社会指数得到了较大提升，数据分析和处理技术日趋成熟，但依旧缺乏关键环节和核心领域的自主信息技术。因此，政府部门应该加大资金、政策、人才等资源的投入力度，鼓励与科研机构和企业合作，加大核心技术的自主研发力度，通过"产学研"结合，在数据挖掘、数据加密、完整性验证、自主芯片和操作系统等领域实现技术突破，为将数据应用到智慧城市建设和环境保护等民生领域提供技术保障。

3. 建设各级统筹的政府数据开放共享平台

在数据开放共享平台建设方面，地方政府应当建成一体化数据综合平台，并实现与国家数据共享交换平台的深度对接。首先，要了解各个地方政府的政务系统建设情况，加速整合部门之间和区域之间碎片化、分散化的政府数据系统，及时清理闲置和脱节的政务系统。其次，各级政府的数据资源和政务系统的开放共享平台建设应该注重接口和数据标准的统一，与国家数据共享交换平台实现有效对接。通过跨层级、跨地区和跨部门的政务信息共享，实现政务数据统一标准、统一安全、统一共享，从而全面提升政府公共服务和数据治理能力。

参考文献

[1] 谭海波,张楠.政府数据开放:历史、价值与路径[J].学术论坛,2016,39(6).

[2] Open Government Working Group. The Annotated 8 Principles of Open Government Data [EB/OL]. [2015 – 07 – 06]. http:// opengovdata. org/.

[3] 徐慧娜,郑磊,Theresa Pardo. 国外政府数据开放研究综述:公共管理的视角[J].电子政务,2013(6).

[4] 马亮. 政府2.0的扩散及其影响因素——一项跨国实证研究[J].公共管理学报,2014(1).

[5] 王猛. 政府3.0与治理变革:韩国的经验及其对中国的启示[J].云南社会科学,2016(4).

[6] Malik P. Governing Big Data: Principles and Practices [J]. *IBM Journal of Research and Development*,2013,57(3):1 – 13.

[7] Begg C., Caira T. Exploring the SME Quandary [J]: Data Governance in Practice in the Small to Medium-sized Enterprise Sector Electronic [J]. *Journal Information Systems Evaluation*,2012(15):313.

[8] 张宁,袁勤俭.数据治理研究述评[J].情报杂志,2017(5).

[9] 张明英,潘蓉.《数据治理白皮书》国际标准研究报告要点解读[J].信息技术与标准化,2015(6).

[10] Data Governance Institute. The DGI Data Governance Framework [R/OL]. http:// www. Datagovernance. com/ the-dgi-framework/ dgi-framework. pdf.

[11] 宋魏巍.中国政府数据开放协同机制研究[J].南京社会科学,2018(2).

[12] 黄璜.美国联邦政府数据治理:政策与结构[J].中国行政管理,2017(8).

[13] 宋懿,安小米,马广惠.美英澳政府大数据治理能力研究——基于大数据政策的内容分析[J].情报资料工作,2018(1).

[14] 吴维忆.云端的霸权——"大数据时代"的双重隐喻批判[J].探索与争鸣,2015(4).

[15] 夏义堃.试论数据开放环境下的政府数据治理:概念框架与主要问题[J].图书情报知识,2018(1).

[16] 王芳,陈锋.国家治理进程中的政府大数据开放利用研究[J].中国行政管理,2015(11).

[17] 鲍静,张勇进.政府部门数据治理:一个亟需回应的基本问题[J].中国行政管理,2017(4).

中国网络舆情治理的系统分析与善治路径[*]

张 权[**]

  网络舆情治理是国家治理的重大命题，其核心是在控制社会风险和激发网络活力之间保持平衡。针对实践中治理有效性不足且成本过高的困境，现有研究受限于方法论视角单一而说服力有限。本研究将采用一种系统分析的新视角对该问题进行探究。作为社会系统内的开放子系统，网络舆情系统具有自我调节的功能，同时系统内主体的舆情活动受到来自政府组织、商业机构、社会组织等的外部干预。基于此，好的治理可以理解为在外部干预和自我调节的综合作用下，保持网络舆情演化的动态平衡。然而，舆情系统的运行无规律可循，且多元治理主体受多重行为逻辑支配，导致（从政府的视角看）干预意图、干预行为、干预效果三者并不统一，进而陷入治理困境。在这种情况下，应该转变治理思路，通过简化治理网络层级、重新定位治理主体的角色、设定行动优先级，实现网络舆情的善治。

---

[*] **基金项目**：中国博士后科学基金面上项目"网络舆情治理的标准尺度与现实表现"（编号：2017M620486）；教育部人文社科重点研究基地重大项目"国家治理经验的评估研究"（编号：16JJD810001）；国家社科基金专项项目"十八大以来党中央治国理政的政治思想研究"（编号：16ZZD022）。

[**] **作者**：张权，北京大学政府管理学院政治学博士后，中国电子科学研究院政策研究员，北京大学国家治理研究院兼职研究员。

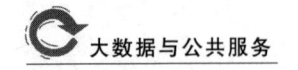

一 引言

随着近年来互联网对公众政治生活的渗透，虚拟空间与现实社会的边界越发模糊，网络参与勃兴并在一定程度上实现了对传统政治活动的替代。鉴于继承自现实社会的行动逻辑与行动策略在付诸实践时免不了出现民意汹涌、泛滥的情况，[1]进而产生溢出效应，对社会稳定构成威胁，网络空间已被视作国家治理的重镇，网络舆情治理更是成为国家治理的重大命题。十八大以来，党中央专门针对网络舆情治理提出了在控制社会风险和激发网络活力之间保持合理平衡的要求。但是在实践中，互联网治理却遭遇了治理有效性不足且治理成本居高不下的困境。所谓有效性不足，指的是难以实现风险可控且活力焕发的双重目标，反而容易陷入"一管就死，一放就乱"的怪圈；而所谓成本居高不下，主要体现为"费力不讨好"，即成本高昂且广受诟病。

这不禁令人反思：对网络舆情的治理为何会表现得不令人满意？学界对此产生了浓厚兴趣，并大致形成两种基本认知。一种认为问题主要出在理念层面，是观念的冲突或矛盾导致治理不力。例如Zheng提出，政府面临"艰难的双重任务"：一方面不得不实施有效的政策，推动信息技术快速发展，另一方面不得不实施控制和监管，以使由新技术带来的政治风险最小化。[2]另一种认为问题主要出在技术层面，对技术或方法运用不当导致力不从心。例如有学者认为，"网络舆情能够在科学的测量方法和有效的学术解读下，变得清晰"，进而可以对其进行有效的预警和疏导。[3]在此基础上，发展出以解释说明为导向和以模拟预测为导向的两类研究。前者重思辨，研究者着力从"是什么"和"为什么"的角度对网络舆情的演化或治理现状进行考察，在掌握约化（reductive）真相的基础上，为应该"怎么办"提供原则性指导意见。例如针对网络舆情危机，有学者认为其本质是权力转移带来的挑战，[4]有学者则指出是话语失序造成的社会不稳定，[5]而周兢认为是社会对立导致的消极情绪传播和蔓延[6]，等等。后者重实用，研究者试图通过数学建模将抽象的理论或现象公式化，然后构建仿真模型展现舆情演化或政策效果，甚至预测未来趋势，为相关治理提供"按图索骥"般的标准化操作建议。例如针对网络舆情风险的预警，康伟以社会网络结构为基础，通过公共与个人网络平台数据对网络舆情关键节点和分层结构进行识别；[7]张一文等基于贝叶斯网络的推理模型，对假设节点的条件概率进行计算,实现对网络舆情的预警[8];何敏华等基于BA无标度网络拓扑结构,利用动力学模型对自适应舆论演化进行仿真[9]……

相关研究虽然成果丰富,描绘出一幅立体且丰满的理论图景,但仍然具有一定的局限性。上述讨论大多基于还原论(reductionism),将宏观层面的社会现象视作微观个体行为线性聚集的结果。[10]但实际上复杂社会中普遍存在非线性关系,不但有反馈(feedback),还有涌现(emergence),因果关系非常复杂。基于单一方法论视角的解释很可能是不完整的,甚至是错误的。例如我们很难辨析,是因为控制权力削弱而导致网络舆情危机,还是两者互为因果(reciprocal causation);成功预警之后的政府干预是缓解危机的自变量(independent variables),还是催化危机的工具变量(instrument variables)。这也是社会科学研究不断在方法上追求创新与完善的原因。

因此,本文转而用另一种研究思路,采用基于整体论(holism)的系统分析视角,将网络舆情视为一个有机之整体,不对其构成部分做"割裂"式的考察,而是试图"通过社会去解释社会现象",[11]在宏观层面探究治理效能不尽如人意的原因。具体的研究思路(同时也是本文的分析框架)如下:将网络舆情视为一个包括主体、规则与环境的开放系统,它处于社会系统之内,受到社会主体的影响。网络舆情治理,就是以政府为核心的社会主体对网络舆情系统进行有目的的主动干预。网络舆情系统的自我运行与来自社会主体的外部干预,共同决定了其在宏观层面如何演化。与当前治理有效性不足相对,好的治理就是指在系统外部干预和系统自我运行的综合作用下令网络舆情动态演化,且演化始终发生在"安全区间"之内,即实现控制风险与激发活力的双重目标(见图1)。基于该框架,文章的结构安排是:首先,类比生态学理论,对网络舆情系统的自行协调能力予以说明;其次,围绕来自社会系统的外部干预倾向、干预主体的成分构成和行为逻辑展开深入讨论;再次,从政府的视角综合考察系统自行协调与系统外部干预两个决定性因素,对分层次治理可能产生的双向后果进行归纳;最后,得出研究结论,并提出实现网络舆情善治的路径。

二 反向调节:网络舆情系统的自行协调

生态学自诞生以来,其基本理论被广泛应用于社会科学领域,为认识

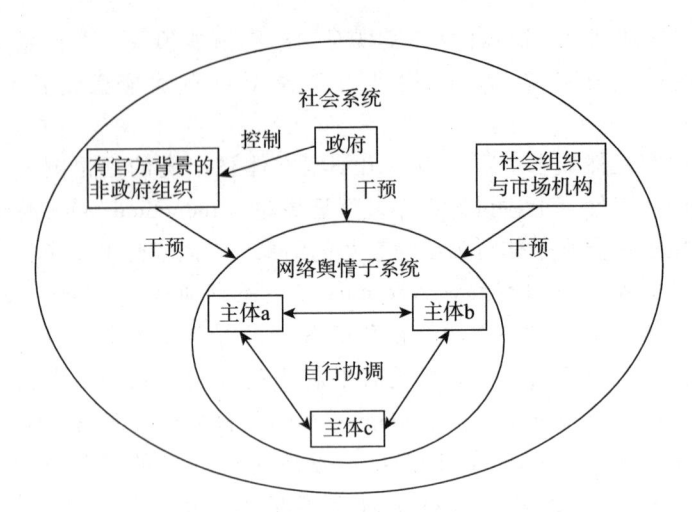

图1 系统分析视角下的网络舆情治理

人类社会行为、行为者之间以及行为者与环境的关系提供了科学的方法论和有效的分析工具。Nardi和O'Day首次通过类比生态学的相关概念定义了信息生态系统。自此之后，生态系统分析逐渐发展为该领域一种新的研究范式。在生态学视阈下考察网络舆情，可以将其视为一个包括主体、规则和环境三种核心要素的生态系统。其中，主体即舆情主体，包括信息生产者、消费者、传播者、分解者，对应的是现实社会中的普通公众或组织；规则包括人类社会的基本规则秩序与网络传播规则，这些规则决定了主体之间的关系，并对主体之间的互动起到约束与引导作用；环境包括技术环境与社会环境，即匿名或实名环境、同意或异议环境等。在规则约束下，系统内诸要素相互联系、协同演化，诸要素之间发生稳定的信息和能量交换。[12]

如果将网络舆情生态系统视作一个整体，那么它包括形成机制、循环机制和组织平衡机制三种运行机制。三者共同作用，令系统无须外界输入特殊指令便可以自行协调，以达到平衡状态。[13]所谓平衡的标志是，系统内任意要素（包括主体、信息、能量等）的比例都不会在动态演化过程中超过某一特定阈值；而所谓自行协调指的是，系统对自身偏离平衡状态的运行所施加的反向调节。例如常建将自行协调称为网络舆情系统的"自清洁"功能，即在网络舆情的形成和发展过程中，通过自发的对话、讨论、比较、甄别等方式，在一定程度上抵消或消解不实信息、非理性判断和极端主张等负面因素。[14]需要说明的是，不同系统的自行协调能力是有限的，而且具有差异：有的系统容错率很高，能够自行"清洁"更大比重的非必需要素；有的则相对"孱弱"，更容易失衡。自行协调能力被认为与系统内各要素的初始比例息息相关，所以我们强调通过自行协调以达到平衡状态并不是必然，而是一种倾向。基于这一点，系统内任意要素所占比例只要不超过自行协调的能力（特定阈值），那么就可以认为系统在该时刻处于平衡状态，系统就理应被视为是健康和安全的。唯有系统变动超出"阈限"（意味着系统出现失衡、衰退），才需要借助外力来调节系统平衡。[15]否则，外部干预作为一个新的、"多余"的变量介入系统运行，反而有可能造成系统失衡。网络舆情生态系统的自行协调是一个不可逆的动态过程，通过外部干预抵消无序杂乱信息的过度增长后，网络舆情生态系统又将恢复平衡，[13]并不会因为外力作用的撤销而立即失衡。值得一提的是，上述一切得以发生，并不是因为存在一个外在的绝对中心对系统施以控制，而是其内生属性使然。另外，也正是系统内行为体的适应性造就了系统的复杂性，在发展变化中的协调性问题，对每个系统而言都是主要的"不解之谜"。Holland 称之为"隐秩序"（hidden order），[16]就像亚当·斯密将市场机制的调节作用形容为"看不见的手"（invisible hand）一样。

概括而言，网络舆情系统的自行协调具有以下特征：①无须外界干预而可以自行协调；②自行协调具有维持系统平衡的倾向，在系统内任意要素比例过高或过低（失衡）时提供反向调节作用；③自行协调是一个不可逆的动态过程，系统在外部干预的协助下恢复平衡后，不会因为干预终止而失衡；④自行协调是伴随系统运行而持续发生的，反向调节的向度和力度均呈现无规律变化。

三 抑制或促进：外部主体的干预倾向

（一）两种干预力量

人类社会是一个更大的生态系统，网络舆情系统相当于社会系统内一个开放的子系统，会受到系统外部因素的影响，即来自社会系统的不同主体的干预。总体看来，针对网络舆情的动态演化，或者更具体地说，针对系统内主体的舆情活动，系统外部存在抑制与促进两种干预力量。

其中，抑制的力量主要来自政府，以及部分具有官方背景的非政府组织，例如网络接入服务商、基础电信运营商、域名注册管理机构、网络信息服务商（部分）等，它们根据相关政策法规，会以限制接入、封锁 IP、屏蔽关键词等方式自觉执行常态化审查，[17]在特殊情况下，还会随时接受政府部门统一指挥，进行运动式治理。[18]另外，在特定情况下抑制的力量还会包括其他私人部门，即与传媒行业无关的社会组织和商业机构等。例如企业为了降低公众对自身负面新闻的关注度，进而消除对其商业形象的不利影响，会采取一些公关行为，对网络舆情活动进行抑制。[19]以政府为主的抑制力量关注的是网络舆情演化的上限，即控制舆情不能过热或者情绪不能过于负面，却几乎不关注下限，也就是并不担心没有批评或重要事件无人问津。

促进力量主要包括新闻媒体、各类自媒体、商业机构（如"狗仔队"等）、"意见领袖"等，在某些情况下还包括作为"喉舌"的官方媒体以及被称为"五毛党"的专业网评队伍，他们为了配合国家意志而在互联网上主动发声，以制造、引导或控制舆论。[20]由于促进力量的类型多元且难以穷尽，我们一般将引导网络舆情活动的主体统称为"网络推手"。与抑制力量相反，促进力量关注的是网络舆情演化的下限，即避免舆情过度冷却，却并不担心过多的人关注某一事件并参与讨论，或者负面舆情过度扩散。例如有些专业机构为了炒作热度，甚至会主动制造负面新闻以博取网民的关注。王子文和马静将"网络推手"的行为特征概括为：对目标事件进行转移式放大，对目标事件进行加工式引导，对网民情绪进行非理性刺激。[21]甚至在极端情况下，部分"网络推手"还会有意识或无意识地参与到策划政治运动、政治改革，甚至以谋求政治权力为目的的活动中。

绝大多数主体介于抑制力量与促进力量之间。例如，作为抑制力量的媒体和作为促进力量的媒体有些是有交集的，甚至是完全相同的行为体在不同情况下扮演不同的角色。例如具有官方背景的网络媒体，要履行"喉舌"的职责，在互联网发布新闻通稿、披露权威信息；但是受"信息娱乐化"的影响[22]与市场逻辑的支配[23]，有些时候也要打制度的"擦边球"，以换取点击率和关注度。而相对独立的非官方媒体，在必要时也会主动牺牲点击率，以表示对国家意志的服从和响应。

（二）三类干预主体

从主体构成的角度看，可以将网络舆情系统外部分别具有抑制与促进干预倾向的行为体大致分为三类：政府组织、相对独立的社会组织与商业机构、具有官方背景的非政府组织。三类主体在对舆情系统进行干预的过程中，分别遵循不同的行为逻辑。

第一类，政府组织：遵循政治逻辑。一般来说，对于直接负责互联网治理的政府部门而言，其职责就是保证网络空间的健康清朗，至于网络社会是否焕发活力，网络舆情能否提供有价值的意见建议，与网民的政治素养、政治效能感等诸多因素紧密相关，这既非政府的分内职责（不纳入绩效考评），亦不是力所能及之事，且在短期内难以看到效果。所以，政府对网络舆情治理的态度往往是：不求有功，但求无过。这实际上是现实社会中"稳定压倒一切"的指导思想向网络空间的延伸。

第二类，相对独立的社会组织与商业机构：遵循市场逻辑。在当前体制下，虽然并不存在完全独立自主的机构，但这类主体不必时刻服从政府的指令，而它们受到制度约束的程度与治理力度的大小基本呈负相关关系。例如2007~2014年，在"整治互联网和手机传播淫秽色情及低俗信息专项运动"中，一大批游走于法律法规"灰色地带"的网络媒体销声匿迹。然而，在相对宽松的常态化治理环境中，迫于市场竞争压力，这类主体为了增加点击量、获得广泛关注，难免会做出短视举动，不惜突破法律与道德的约束，例如前几年恶俗炒作的"网红"甘露露，以及时有发生的网络直播事件等。这种"打游击"的行为实际上是"利益至上"逻辑的具体体现。

第三类，具有官方背景的非政府组织：遵循政治与市场的双重逻辑。两种逻辑对于该类组织的存续都起决定性作用：官方背景决定了，其若不服从命令或不与国家意志"看齐"，则无法在政治生态中生存；而非政府的属性决定了，其如果"铁面无私"或甘于"平庸"，同样无法在市场竞争中生存。学者通过研究发现，各种类型的社交媒体对内容的实际审查力度不一，其中国企运营的社交网站，既不像有政府背景的网站一样采取先审查后发布的自动审查，也比私人企业网站采取先发布再审核的程序更为严格[24]。

前两类主体的目标相对单一，行为逻辑相对简单，对网络舆情实施干预的效果在很大程度上取决于干预的力度和技巧。变数主要集中在第三类主体上，它们的行为受到多重逻辑支配：既要安全，避免被行政惩处，也要生存，避免被受众抛弃；既要服从许可、备案等管理制度，顾忌层级节制的行政隶属，也要顾及并呵护彼此之间（域名注册管理机构与网站、基础电信运营商与终端用户、网络信息服务商与受众等）唇齿相依的供需关系。因此，会见机行事，在抑制与促进两种力量中间摇摆，造成系统外部干预（作为一个整体）的不稳定，也就是干预向度和干预强度不确定。下面将以第三类主体中最具代表性的媒体（既是信息的生产者和传播者，也是舆情内容与活动的审查者）为例，就其多重行为逻辑进行详细讨论。

就本质而言，我国的传媒行业是政府管理下的国家公共事业的一部分。媒体在位势上低于政府，会受到政府通过行政、法律、信息等手段实施的控制与管理，出现政府与媒体易位，即传播者主体身份在必要时被政府取代，成为真正意义上的媒介的情况。[25]从理论上讲，它们的身份一般是辅助者、执行者或者政府进行网络舆情治理的媒介或工具。然而根据托尼·赛奇的观点，产权变更往往伴随着机构属性的重大调整，及其与政府之间关系的重构。随着改革开放与市场化推进，新闻媒体机构逐渐实行企业化经营，成为独立核算的经济实体，"父母"（政府）代为做主的情况不同程度地被市场导向所替代，不同机构的性质介于由官方媒体到商业媒体的连续统之间，表现出不同的行为取向。其中，官方媒体生产的信息较多地受政治因素左右，有选择地发布，以维护政府的形象；商业媒体生产的信息虽转载自官方媒体，但是受经济利益的驱使及从业者自身专业意识的限制，会对内容进行选择，或者会对传播方式等进行加工并评论，以吸引作为稀缺资源的网民的注意力。总而言之，在商业与政治两种宰制力量之下，媒体与政府之间形成错综复杂的关系：有一致、有差异，有合谋、有博弈，有斗争、有互动，呈现出"混沌"的状态。

媒体在网络舆情治理过程中的具体表现，亦符合其"事业性质、企业管理"的双轨制身份[25]，遵循一种技术逻辑、内容逻辑和制度逻辑有机结合的媒介逻辑。[26]多项研究发现，公众更加青睐的是含有负面元素的信息。而根据程曼丽的归纳，政府传播（指在政府控制之下媒体的被动传播）的内容主要包括三类：指令性内容、解释性内容、宣传性内容[25]。这显然不符合或无法满足受众的全部需要。注意力的作用就好比金钱在经济中的作用，是声望和成功的标志。[27]追求注意力的收获，"其一是作为虚拟社会资本的网络威望，其二是作为社会实体资本的商业利益"[28]，而且两者往往是相辅相成的：拥有的受众数量越多，越被视为具有商业价值。所以为了迎合受众心理，获得更多关注，媒体势必要有意识地报道大众所关心的议题，同时采取不同策略，试图消解或回避宣传制度与政策的约束。例如，有人通过对《南方都市报》的深度报道进行个案分析，将媒体"阳奉阴违"的应对机制概括为"策略突围"，包括：①推敲宣传要求的具体字眼，在模糊表达的字句中寻找可能"打擦边球"的余地；②对发稿时机做预判,尽量赶在有关要求下发之前刊发报道,打时间差,抢占先机;③对有关部门下发的通知要求一般只发不收,即发出禁令后不会再发收回或停止的通知,因此,经过一段时间,有些报道的内容是可以再度挖掘的。在条件允许的情况下,媒体甚至还会从事类似于"揭弊"(whistle-blowing)的行为,将目标对准政府,或对官僚机构的内部运作予以揭露,或对政府的失范行为予以曝光。类似行为即使算不上有意识促进网络舆情活动,也会起到诱发的作用。

综上所述,在网络舆情治理过程中,系统外部的行为体并非"铁板一块",抑制力量与促进力量在绝大多数情况下是同时存在的。以政府部门及具有官方背景的非政府组织为主的抑制力量,与以具有官方背景的非政府部门及相对独立的社会组织和商业机构为主的促进力量之间形成了张力(tension),两种力量到底是"东风压倒西风",还是"西风压倒东风",是动态变化且不可预知的。因此,如果将系统外部的干预视为一个整体,那么无论是干预向度还是干预力度都具有极大的不确定性,是难以把握的。

四 意料与意外:政府干预的双向后果

从普通公众的角度看,作为舆情主体,其从事舆情活动的时间顺序与逻辑链条应该是:先获悉并关注事件,即获得信息;再做出反应,即采取行动,包括点赞/拍砖、转发、评论、发帖、跟帖等;其中部分行动会进一步涉及主动表达,包括发表意见以及流露出正面情绪、中性情绪、负面情绪。针对这一点,金兼斌和陈安繁在关于网络舆情热度的研究中,专门对"关注"和"参与"这两个层面做了区分:前者反映信息的到达,即相关事件或话题内容为网络用户所知悉,这是其产生影响力的前提;后者反映用户对有关信息内容的涉入程度,在同等关注的条件下,涉入程度的深浅决定影响力的大小。[29]没有吸引注意力的形式,则很难造成大的传播效应。但是仅有形式(引起关注)而缺乏内容,也不足以产生大的影响(采取行动)。意见/情绪表达作为采取行动的真子集,进一步体现出影响力的大小。而之所以称其为行动的真子集,是因为有些网络舆情活动并不能传递行为者的意见或情绪,例如只转发而不评论,就无法判断转发者对此的态度,即难以分辨是因为赞同而转发还是因为反对而转发。另外,如果只是点赞或拍砖,则只能分辨赞同或反对的态度,但是该行为不能传递正面或负面的情绪。这些行为自然不具备更进一步的影响力。据此我们认为，网络舆情活动涉及三个层面：信息—行为—情绪。从理论上讲，治理主体向网络舆情系统施加外部干预，任意作用于三个层面均可对网络舆情产生影响，抑制与促进的干预倾向在三个层面分别对应表现为信息层面的封锁/曝光、行为层面的压制/煽动、情绪层面的中和/激化，如图2所示。

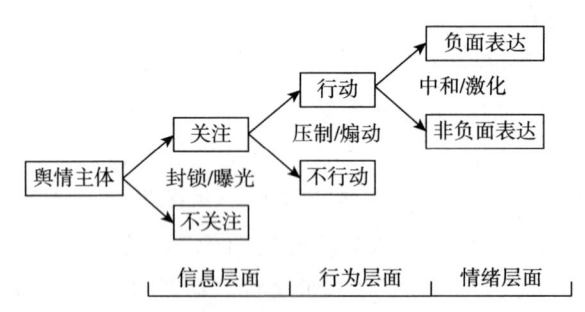

图2　网络舆情活动涉及的三个层面及外部干预

上文已经提及，网络舆情系统的自我调节与来自社会系统主体的外部干预共同决定网络舆情如何演化。一方面，网络舆情系统自我调节的向度和力度，或者无法预判，或者动态变化难以把握；另一方面，系统外部干预的向度与力度，虽然在理论上符合各行为主体的主观偏好，但由于无法掌握各个主体的真实意图，所以对其行为也是无法预判的。除此之外，非公开干预或线下干预等情况普遍存在，例如有关部门请"喝茶"，或者网民在QQ群、微信群内组织非公开讨论等，亦会对网络舆情活动造成影响，成为影响网络舆情演化的不确定因素。这些不可预判的变量综合作用，结果显然更加无法掌握：如果在某一时刻作用向度相同，那么会产生叠加作用；如果作用向度相反，那么会产生抵消作用。

从作为核心治理主体的政府视角看，即使根据自身意图采取相应行动，行动的结果也并不一定符合意图。例如意在抑制的干预行动作用于网络舆情系统，可能反而会得到促进的结果；[30]相反，意在促进的干预行动作用于网络舆情系统，也可能会得到抑制的结果。为了更进一步说明这种情况，以下从干预结果（促进作用/抑制作用）和作用层面（信息层面：封锁/曝光；行动层面：压制/煽动；情绪层面：中和/激化）两个维度构建2×6矩阵，对于不同干预行动可能会造成不同效果的12种情况（6种意图与结果相符的情况和6种意图与结果不符的情况）做不完全归纳，实际上也是针对造成不同情况的主要理论阐释进行不完全归纳。无论施加于信息层面、行为层面、情绪层面的影响是抑制导向还是促进导向，最终体现于网络舆情（行为）的结果都不一定是对应的正向或负向。或者更准确地说，由于其他主体的干预不可控，以及网络舆情系统的自我调节具有混沌性，出现与干预预期相符或相悖的结果都很正常，都有经得起检验的因果机制予以解释。反过来看，这种因果机制的发现在某种程度上也恰恰证明了外部干预与自我调节两个变量相互作用的混沌性。除此之外，外部干预还会产生跨层级的影响，例如，向网络舆情系统注入"正能量"（增加正面情绪），可以作为中和负面情绪的手段，但也可能会提升网络舆情热度，起煽动作用；单纯压制负面情绪，例如删帖、封ID等，也可能会造成舆情热度的降低，进一步增加网络舆情演化的复杂性与干预结果的不可控。因此，从政府角度看，从事网络舆情治理的意图与行动、行动与结果都很有可能是不一致的。

五 结论与讨论：通往善治的路径

从系统分析的角度看，网络舆情（系统）可以视作一个生态系统，而且是人类社会系统内一个开放的子系统。网络舆情系统具备自我协调的功能，同时受社会系统的影响，即接受来自社会系统主体的外部干预。网络舆情治理就是来自社会系统的、以政府为核心的多元治理主体对网络舆情系统进行主观干预。好的治理就是在系统外部干预和系统自身调节的综合作用下，使网络舆情的动态演化符合风险可控与活力焕发的双重要求。本文通过分别考察网络舆情系统的自我调节功能，以及来自系统外部的社会主体的干预，对实践中治理有效性不足而成本居高不下的原因进行探究，主要研究发现简述如下。

其一，政府无法掌握网络舆情系统的自行协调规律。舆情主体持续活动，舆情系统的自行协调会给予其反向调节，但向度和力度都随主体之间的互动而动态变化，复杂适应性系统（Complex Adaptive System，CAS）所具备的自扩展、自适应、自协调的机制（目前）并无规律可循。

其二，政府无法完全控制其他外部主体的干预行为。外部主体构成成分复杂，具有多重行动逻辑。其中具有官方背景的非政府组织虽然接受政府指挥，但是以政府为中心的命令和控制系统从来不会得到绝对意义上的服从和高效运转，即便政府系统内部上下级之间也会出现"阳奉阴违"、"变通"执行的情况，[31]遑论同时还受到市场逻辑支配的非政府组织。此外,还有一部分相对独立的社会组织和商业机构不受行政命令制约,与政府"打游击"。

其三,两个不可预判、不可掌控的变量综合作用,为治理过程与结果带来极大的不确定性。所谓"一分耕耘,一分收获",对于政府的网络舆情治理而言或许并不适用,有大投入并不一定能够得到相应的产出。但是通过干预得到什么样的结果,即网络舆情演化所表现出的可以观察的客观事实,反映的就是治理的绩效。政府为了提高治理有效性而不得不加大投入、加强控制,是以治理成本居高不下——该结论实际上符合周雪光提出的国家治理有效性与组织负荷成本间存在根本矛盾。

基于以上发现我们提出,走出治理困境还需要从经典理论中寻找答案,从转变治理理念处着眼。通过简化治理网络层级、重新定位治理主体的角色、设定行动优先级,以实现网络舆情的善治。具体论述如下:

治理理论兴起的背景,是以政府为最主要的行动者、以层级制为主要组织特征的治理模式面临困境。治理理论的核心在于探讨公共部门改革中国家本质和作用的变化。虽然现有理论存在争议和矛盾,但无论强调政府作为一个独特的行动者,在元治理(meta governance)中主导治理网络,还是主张政府作为治理活动中一个平等的参与者,最低限度参与治理过程,各种流派对于政府不再是解决公共问题唯一的行动者,而是与多元行动者构成治理网络,共同参与治国理政这一点基本达成共识。但在目前的实践中,所谓共同参与只停留在名义上,领导体制的变革(中央网络安全和信息化领导小组与中央网信办的成立)、相关政策法规的密集出台、信息基础设施与资源的垄断管制、网络接入与信息服务的许可备案、终端用户的实名注册等,本质上都是在强化传统的社会控制机制,并在此基础上将网络空间离散的主体关系与传播结构再集中化。如图3所示,当前的网络舆情治理形成了三级治理网络:政府、多元行动者、网络舆情主体。各主体在复杂的治理网络中的角色具有二重性,政府既参与"划桨"(rowing),也进行"掌舵"(steering),即一方面要关注治理对象并对其他主体发号施令,另一方面要督促其他主体落实指令。而多元行动者既是治理主体,又是治理对象,一方面要参与网络舆情治理,另一方面要接受政府的指挥和控制,并与之"周旋";作为舆情主体的普通公众,则完全是干预行为的被动接受者。三级治理网络中的各个主体在治理过程中同时行动。遭遇治理困境,实际上在很大程度上是政府没有摆脱以传统意义上自上而下的命令和控制为核心的惯性思维使然。

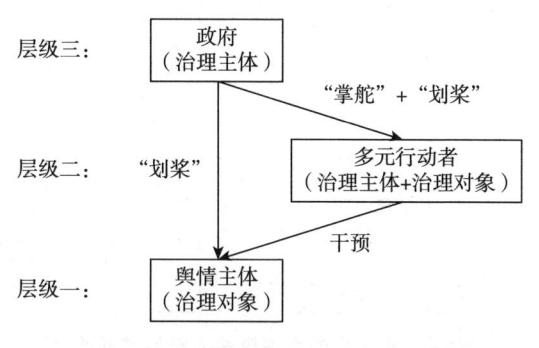

```
层级三:    政府
         (治理主体)
                  ＼
                   ＼ "掌舵"+"划桨"
                    ＼
层级二: "划桨"     多元行动者
              →  (治理主体+治理对象)
                    │
                    │ 干预
                    ↓
层级一:    舆情主体
         (治理对象)
```

图3　实践中的网络舆情三级治理网络

俞可平提出社会管理和社会自治的关系："社会管理是一种政府行为，是政府依法对社会事务、社会组织和社会生活的规范和管理……社会自治就是人民群众的自我管理。"唯有政府与公民对社会生活共同治理（并实现治理目标——笔者注），才有可能达到善治（good governance）的最佳状态。政府应该跳出传统的社会控制思维，在理念上接受自身只是作为一种调度参量发挥作用的客观事实，除了直接参与治理过程，还应该与其他行为者真正建立伙伴关系，树立明确的目标并确定优先权。[32] 以多元行动者作为舆情治理的"先锋部队"，令非政府主体的干预和舆情系统的自我调节相互作用，如果效果不够理想，难以达到既定目标，则再由政府实施干预。如图4所示，变三级治理网络为两级治理网络，其中网络舆情主体的自治与多元行动者的治理构成第一个层级，政府则位于治理网络的第二个层级。在该网络中，政府是治理者，第一个层级是其治理对象；多元行动者也是治理者，舆情系统是其治理对象；舆情主体则既是治理对象，也是自治者。各主体在行动上的排序为：多元行动者优先行动，且与网络舆情系统的自治同时发生，政府治理有条件发生且行动滞后——唯有其他主体治理效果不理想时才启动，这相当于部分放弃了对其他主体的监督协调、对演化过程的即时追踪以及对系统自我调节规律的探索，只关注结果是否符合既定目标，由在动态变化中的"亦步亦趋"转为类似于"以静制动"、"以逸待劳"的治理策略，掌握治理的主动权。这不仅可以节约治理的成本，还提升了治理的效果，是实现网络舆情善治的路径。

本文的贡献在于，采用系统分析的方法对网络舆情治理现状进行深入分析，并针对造成当前治理困境的原因提出独到解释，一定程度上弥补了现有研究的不足。在此基础上，通过理论探讨，不仅指出实现网络舆情善

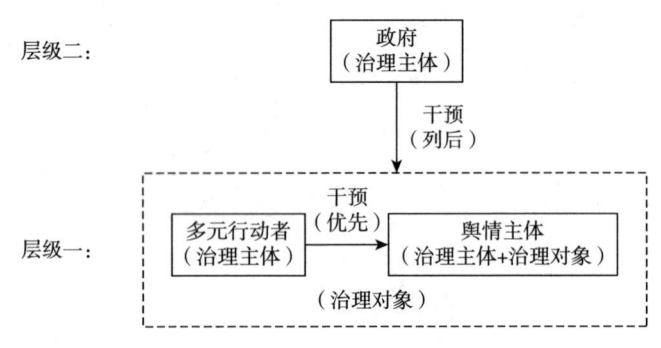

图4　改善后的网络舆情两级治理网络

治的改善路径，还为当前尚处于"前理论"阶段[31]的治理理论及其相关理念应用于指导实践找到了切入点。总的来说，本研究在理论层面具有创新性，在论述方面具有启发性，结论对于实践而言亦具有一定的指导意义。当然，受限于篇幅、研究旨趣与研究能力，本研究也存在一定的局限性，例如并未就如何将中央提出的双重目标转化成一个可以指导治理实践的量化标准——其作用在于解决政府干预从何"下手"、何时"出手"、何时"收手"的问题——进行探讨，笔者将在后续研究中重点关注。最后，关于本文所采用的研究视角，有必要做一个补充说明：整体论与还原论孰优孰劣并无定论，关于哪种方法论更科学的争论经久不息且愈演愈烈。本文对两者并无褒贬，也无意为争论再添一笔，只是希望采用新的研究视角，为该领域中的现有研究补充一种分析问题、解释问题的思路。

参考文献

[1] Richard Davis. *Politics Online*: *Blogs*, *Chatrooms and Discussion Groups in American Democracy* [M] //New York: Routledge, 2005.

[2] Zheng Yongnian. *Technological Empowerment*: *The Internet*, *State*, *and Society in China* [M] //Stanford: Stanford University Press, 2007.

[3] 王慧军，石岩，胡明礼，等. 舆情热度的最优监控问题研究 [J]. 情报杂志，2012，31 (1).

[4] 宋辰婷. 互联网时代的权力演化趋势 [J]. 社会科学研究，2017 (2).

[5] 徐元善，金华. 话语失序与网络舆情治理危机研究：困境与路径 [J]. 公共管理与政策评论，2015，4 (4).

[6] 周兢. 塔尔德对立理论视域的舆情危机及其消解 [J]. 学术论坛，2012，35 (2).

[7] 康伟. 基于 SNA 的突发事件网络舆情关键节点识别 [J]. 公共管理学报, 2012 (3).

[8] 张一文, 齐佳音, 方滨兴, 等. 基于贝叶斯网络建模的非常规危机事件网络舆情预警研究 [J]. 图书馆情报工作, 2012, 56 (2).

[9] 何敏华, 张端明, 王海艳, 等. 基于无标度网络拓扑结构变化的舆论演化模型 [J]. 物理学报, 2010, 59 (8).

[10] 王飞跃, 史帝夫·兰森. 从人工生命到人工社会——复杂社会系统研究的现状和展望 [J]. 复杂系统与复杂性科学, 2004, 1 (1).

[11] 迪尔凯姆. 社会学方法的规则 [M]. 北京: 华夏出版社, 1999: 79-91.

[12] 谢金林. 网络舆论生态系统内在机理及其治理研究 [J]. 上海行政学院学报, 2013, 14 (4).

[13] 王建亚, 宇文姝丽. 网络舆情生态系统的构成及运行机制研究 [J]. 情报理论与实践, 2014, 37 (1).

[14] 常健. 网络舆情的"自清洁"功能及其实现条件 [J]. 天津社会科学, 2013 (6).

[15] 史达. 互联网政治生态系统构成及其互动机制研究 [J]. 政治学研究, 2010 (3).

[16] Holland J. *Hidden Order: How Adaptation Builds Complexity* [M]. Massachusetts: Perseus Books, 1995.

[17] 唐海华. 挑战与回应: 中国互联网传播管理体制的机理探析 [J]. 江苏行政学院学报, 2016 (3).

[18] 曹龙虎. 中国网络的运动式治理 [J]. 香港: 二十一世纪, 2013, 137 (6).

[19] 黄杰. 互联网使用、抗争表演与消费者维权行动的新图景——基于"斗牛行动"的个案分析 [J]. 公共行政评论, 2015 (4): 98-133.

[20] King G., Pan J., Roberts M. E. How the Chinese Government Fabricates Social Media Posts for Strategic Distraction, Not Engaged Argument [J]. *American Political Science Association*, 2017, 111 (3): 484-501.

[21] 王子文, 马静. 网络舆情中的"网络推手"问题研究 [J]. 政治学研究, 2011 (2).

[22] 约翰·H. 麦克马纳斯. 市场新闻业: 公民自行小心? [M]. 张磊, 译. 北京: 新华出版社, 2004.

[23] 李良荣. 论中国新闻媒体的双轨制——再论中国新闻媒体的双重性 [J]. 现代传播, 2003 (4).

[24] King G., Pan J., Roberts M. E. Reverse Engineering Chinese Censorship: Randomized Experimentation and Participant Observation [J]. *Science*, 2013, 345 (6199): 1251722.

[25] 程曼丽. 政府传播机理初探 [J]. 北京大学学报, 2004, 41 (2).

[26] 郑雯, 黄荣贵. "媒介逻辑"如何影响中国的抗争? ——基于 40 个拆迁案例的模糊集定性比较分析 [J]. 国际新闻界, 2016 (4).

[27] 胡泳. 众声喧哗 [M]. 桂林: 广西师范大学出版社, 2008: 151.
[28] 党生翠. 网络舆论蝴蝶效应研究 [M]. 北京: 中国人民大学出版社, 2013: 119.
[29] 金兼斌, 陈安繁. 网络事件和话题的热度: 基于传播效果的操作化测量设计 [J]. 现代传播, 2017, 39 (5): 71 – 75.
[30] Jessop B. The Rise of Governance and Risks of Failure: The Case of Economic Development [J]. *International Social Science Journal*, 1998, 50 (1).
[31] 周雪光, 练宏. 中国政府的治理模式: 一个"控制权"理论 [J]. 社会学研究, 2012 (5).
[32] Pierre J., Peters B. G. Governing Complex Societies [J]. *Basingstoke: Palgrave Macmillan*, 2005.

数据治理与策略性回应：地方治理的政策工具创新分析

曾盛聪　卞思瑶[*]

  大数据开启了政府治理的新时代，其划时代意义并不局限于宏观的政府治理层面，对于地方政府而言，利用大数据实现地方治理方式创新更具有在地探索性和实践先锋性意义。本文以政策工具理论为分析工具，解析地方政府数据治理与政策工具创新的内在一致性。在引证和比对我国部分地方政府数据治理的多个经验性案例的基础上，既概括其中可供借鉴的数据治理之道，也总结问题所在，进而前瞻性地探索地方政府推进数据治理工具的整体建构与深化运用的创新路径。

一　问题的提出

  大数据作为互联网时代飞速发展的重要创新形式，越来越成为现代国家和政府治理所倚重的工具与途径。就政府信息处理维度看，政府职能已由传统时期的统计管理（主要是为决策者和精英阶层提供决策方案和信息支持）发展为当今数据时代下政府通过数据整合和资源流通解决信息碎片化、资源融合等问题，以促进政府、社会与公民之间的资源共享，通过数据化形式推动治理能力现代化。[1]

---

  * 作者：曾盛聪，福建师范大学公共管理学院教授，博士生导师；卞思瑶，福建师范大学公共管理学院研究生。

当前，围绕大数据发展中的政府治理与国家治理体系初步形成了一些概念性框架，学者普遍认为大数据推进了政府管理由单一主导型逐步向服务型、高效型转变，而地方政府作为治理体系中的主力军，更是在运用大数据治理方面颇有成效。大数据作为一种新型政策工具，极大地推进了当代政府所能应用的治理工具的科学化、技术化和精准化水平，不仅为政府治理方式方法的创新创设了全新的境遇与场域，而且为政府治理的工具与手段带来革命性变革。但由于各地政治、经济、文化等因素存在差异性，今天的地方治理方式更加趋于多样化，那么地方政府该如何运用大数据这一新时期的政策工具，发挥其治理的创新性和有效性呢？地方政府在大数据治理方面又面临哪些困难与挑战？地方政府如何因应大数据带来的社会变革，驱动自身治理方式转变？这是大数据时代地方政府治理的时代性课题。对这些问题的回答和加深理解，也是新时代地方政府变革与创新的前提条件。

从政府治理的普遍层面看，"数字政府"的提出更加凸显了政府治理方式的创新。互联网深化发展时代，数字经济已经越发深入影响人们的生活，因此数字政府的实现和发展，是将当今"互联网+"科技运用于社会管理的重要一步，也是服务型政府的重要载体。显而易见，在大数据时代推进数据治理在地方政府中的持续发展并扩大其适用领域，是现代政府治理创新的重要突破方向。为了使地方政府能更好地进行决策意见收集、资源共享和整合，在公共安全、智能服务、监管力度等方面，大数据都提出了地方政府治理的有效性和可持续性问题。地方政府对数据治理有效性的回应，在地方政府自身变革中具有焦点性、枢纽性意义。

二 分析框架：一个政策工具的理论视角

政策工具，亦即政府工具或治理工具（gover tools），它与政府职能一起成为公共行政基础理论体系中的两个模块。[2] 如果说政府职能理论从应然价值论意义上界定了现代政府的性质、职责与使命，那么政策工具理论则从工具论或方法论层面揭示出政府在治理过程中对所掌握的工具与筹码的运用。政策工具理论并不是建基于政府治理某一个微观视角的新式理论，而是与政府职能理论一样具有宏观性和基础性意义。政策工具理论可谓是公共管理学的"新知识生长点"，[3] 运用政策工具理论分析今天地方政府的数据治理问题，旨在从宏观视角彰显数据治理之于现代政府治理所具有的战略性和革命性意义与价值。

（一）政策工具的理论要义及其发展

作为实现政府职能和达成政策目标的手段，政策工具被形象地比喻为政府"箭袋"里的"箭"。政府为"击中"问题而使用的"箭"，显然不会是单一或一次性的，而必须也必然是复合、多元的工具系统。"相对于早期的政府行为极大局限于由政府官员直接提供产品与服务，现今的政策工具得到了极大的完善"，"用于处理公共问题的方式、手段和政策工具大量增加"，这是当代政府施政基本形式深刻转变的重要特征。而作为公共行动的工具，政策工具系统在现代技术条件下快速丰富并不断推陈出新，推动了"新治理"的兴起。[4]

进而言之，政策工具作为用来解决公共问题的可供辨识与选择的方案体系，被运用于政府管理工作的各个方面。同时，根据工具不同的特征和适用环境，将其融入不同的社会现状中进行研究，抉择后并对其绩效进行衡量、考核。政策工具的选择在一定程度上受国家政策、社会情境、文化地域等因素影响，大多出自决策者自身的经验、传统、需求等主观想法。但随着社会深入发展，政府建设逐渐向服务型、高效型转变，政策工具的建构也须能够有效地应用于政策实施过程中的各个重要阶段，尽可能体现其效能上的高效性和价值上的合理性。[2]

如今，政策工具已由过去依赖于层级制政府机构供给标准服务的陈规逐渐向新型政策工具转变，表现出高度的间接性。作为"新治理"的范式，许多新型政策工具的使用旨在促成其功能叠加与优化的系统效应。这一变化使得诸多政府机构和非政府机构能够参与到公共事务治理行动中。正因如此，对政策工具的选择不仅是技术决策，更多体现的是决策者的政治意向。[4]当然，政策工具的运用就是要在最大限度上实现资源配置的有效性，增加项目可供选择的方案和资源，满足社会需求，实现其治理目标和社会价值。显然，政策工具不可能是一成不变的，工具本身不断进行自我更新。特别是在大数据时代大踏步走来的当下，政策工具必将摆脱路径依赖和约定俗成的"上级供给"模式，逐渐朝多元化、精确化方向迈进，成为政府"箭袋"里多样化的"箭"，并使政府治理过程更具有灵活性和精准性。

（二）数据治理与政策工具融合的可行性分析

"在经济生活中，理性的社会行动、计划、改革——总之，解决问题——的可能性并不取决于我们选择什么神奇而宏伟的方案,而主要取决于我们选择什么样的社会技术。"[4]大数据作为当今最新的"社会技术",它在治理意义上为数据的挖掘利用与政策工具的创新融合赋予新契机,展现出全新的资源生产的公共政策方式、组织方式与治理方式,体现出时代创造性与社会发展趋势。

政策工具经过了识别与分类、选择运用以及绩效评估等一系列过程,能够很好地适应政府治理方式。大数据通过丰富的数据资源和先进的管理技术,能提高政府工作的透明度,有效地进行资源整合,为政府治理理念转变提供技术支持。[5]大数据与政策工具的融合模式,正是在社会环境、服务多元化、技术更新和创新思维的相互作用并综合推动下,成为政府治理的又一途径(见图1)。在数据治理时代,可以在象数的意义上来认识和把握数据,并回归或建立起象数思维,推进治理工具与方法创新。[6]

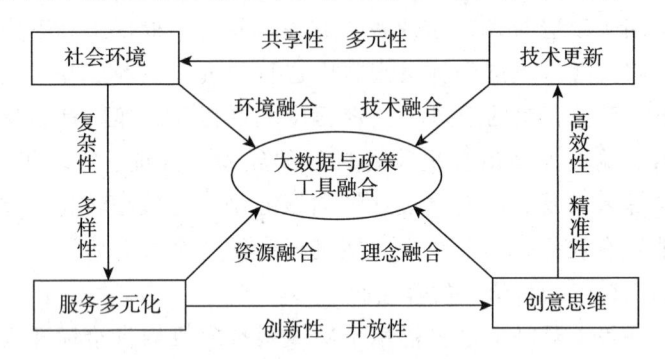

图1 大数据与政策工具融合模式

1. 社会环境推动下的融合需求

随着经济社会的快速发展,我国社会已经进入高度复杂性阶段,社会和社会问题均呈现出高度复杂性和高度不确定性。[7]高度复杂性社会对政府治理的精准性必然提出更高要求,这亦是复杂社会条件下实现政府治理有效性的重要前提。大数据作为政府治理的创新方式,不仅适应当今互联网时代的发展,是当今治理模式创新的一大产物,也是我国新时代治理能力现代化的必然要求。大数据正是通过互联网环境将公民的需求整合,快速对网上信息和记录进行收集和计算,形成相应的数据库,从而使政府的公共事务与人民生活紧密相连,贴近人民群众的生活需求,提供便捷高效的一体化服务,以实现效率最大化,同时节省成本,降低人工费用,满足绿色发展需要。[8]我们可以看到,大数据在环境评估和政策分析方面为政府工作提供了一个系统化的工作流程,将其运用于政务工作中,能促进政府职能有效转变，提高政府的工作效率，为人们解决更多实际问题，真正体现出为人民服务的宗旨和原则。

2. 服务多元化发展下的融合需求

在事务复杂化的社会环境下，政府面对多元化群体，实现多样化的社会服务和治理模式更新，是新时代我国治理体系创新的重点。例如，曾经的"办证难"、"办事难"一度引发人民的热议，如今，网络化和大数据技术的普及运用，使政务服务更好地实现了资源共享，一次办理即可使相应的信息流通，无须进行多次操作，无疑为政府和公民提供了双向便利。政府可以减少审批流程和人工操作成本，为更多需要办理疑难业务的客户提供帮助；对于公民而言，可以减少办事成本，并且通过数据整理形成个人档案，有效地将各项事务联系起来。[9]由于人们需求不同，政府所提供的服务也随之丰富起来，现已基本普及的行政服务中心就是政府服务方式创新的新途径，通过将部分资源进行更新重组和整合归类，人们能够在同一个地点通过互联网与数据共享平台办理不同的业务。特别是对于地方政府而言，通过大数据将地方事务的个性与相关性进行整合，形成各地的信息聚集库，有助于政府部门按照相对统一的规范标准与服务要求进行相应的事务处理。

3. 技术更新促进中的融合需求

大数据通过量化的方式将政府重要的公共资源转变成数据资源和信息资源，政府部门利用多元化渠道收集数据，通过数据分析制定相应的决策，逐步向大数据管理迈进。大数据作为数据集合体，集合了大量的数据信息，并使这些信息通过系统网络快速流转，形成多样的数据类型和模式，数据信息的价值密度降低。[10]大数据通过云计算、存储技术和感知技术等完成数据采集、处理、存储、形成结果四个过程，并运用技术操作对碎片化信息进行深度挖掘，形成有效的信息链，提高行政效率。不仅如此，对于突发事件能够做出紧急预判，有助于提高政府工作中数据挖掘、加工和增值能力，全面把握社会事务的发展规律，掌控有效监管的动态过程和政策实施效果，提高政府治理的精准性、高效性和可预见性，提升政府服务水平，促进政府治理的现代化发展。

4. 创新思维推进下的融合需求

政策工具从来都具有动态性，政策工具的每一个革命性变革都仰赖社会技术的演进与创新。大数据作为一种新的治理方式与工具运用，具有开放性、多元性、共享性等特征，推动政策工具新一轮的变革。大数据治理的创新方式还提供新的政府治理模式，为深化供给侧结构性改革提出了新的依据。创新理念推动大数据不断从市场运营深入到社会生活的各个方面，无论是政府管理、健康医疗，还是智慧城市项目的运作，都显现出大数据对于新时代我国公共事务创新方式的突破。对政府治理而言，大数据在一定程度上打破了传统政府管理模式的主导和控制状态，并逐渐渗透到政府治理的各个方面。同时，大数据运用的广泛性和精确性，为政府治理创新提供了更多的途径和思路，以实现政府部门间的数据共享与整合，打破"信息孤岛"状态。[11]

"近五十年来，我们见证了在使用政策工具来解决公共问题方面公共行动基本技能的巨大变革。一系列具有潜力的政策工具，以及每一个所拥有的多种设计选择，使得找到适合几乎各种情况并且在该过程中将众多社会行动者带入解决公众需求的事业当中的工具成为可能。"[4]随着新事物的不断成熟发展，政府治理工作也不断与时俱进，不少地区已经成立了相关的大数据管理部门，对大数据程序的开发和应用进行研究，通过数据分析和整合找出相应的问题，并结合当地的社会环境和现实状况，遵循具体问题具体分析的原则，对地区发展做出前瞻性、建设性回应。此外，还可运用大数据对治理效果进行监督和反馈，保证流程的完整与顺畅。以政策工具理论为分析框架，引入数据治理的创新思维，有利于对地方数据治理政策工具的整体建构与深化运用，推动"新治理"的形成。

三 地方数据治理政策工具的创新探索

（一）地方政府运用大数据治理的实例分析

1. 广东佛山：三大创新举措提升管理效能

近年来，广东省佛山市禅城区以大数据治理为契机，相继推出了"一门式"、"云平台"、"区块链"三大创新举措，推动政府治理向高效、主动、精准模式转变，成为全国创新治理的最佳案例之一。

禅城作为佛山市中心城区，没有地理优势、资源优势和政策优势，与其他城区一样存在行政效率低下、审批流程复杂、群众办事难问题。在2014年9月，禅城区率先运用信息技术，推行"一门式"改革，通过串联、并联、跳转等方式破除信息壁垒，实现共享，推动协同共建行政审批流程。这项改革不仅实现了"一窗办理"所有事项，每次只需5~10分钟，同时还做到24小时"全域通办"、"零跑腿服务"，更好地为推进简政放权提供了可行性实践。2015年依靠"信息化+网格化"的"云平台",将全区的信息连接起来,进行实时监控,一旦出现突发事件,可及时进行有效处理。通过数据整合与分析,治理模式由单一、静态、人治型管理转向多样、动态、法治型治理。经过一系列试点实践,禅城区在2016年创建了广东省大数据综合试验区,以"共建、共享、共用"为原则,以数据服务、决策、监管和治理为框架,全面实现数据化。2017年,禅城区推出了"小区块大数据"平台,通过连接虚拟经济与实体经济,实现信息公开透明,建设智能信用社会。禅城通过大数据平台,推进决策、服务和管理一体化,从而真正提供以人民为中心的数据服务。[12]

2. 贵州:"云上贵州"平台推进数字政府建设

贵州是我国首个大数据综合试验区,"云上贵州"系统平台自上线后,成为全国首个省级政府数据统筹存储、管理、交换、共享的云服务平台。如今,在政策、资源等方面都因大数据的发展积累了更多的经验。如贵州大数据主体产业拉动工业增长,与实体经济融合发展,并通过"云上贵州"平台和"精准扶贫大数据支撑平台"打通扶贫、教育等13个部门的数据,得到国家层面认可,同时还率先实现乡镇医疗全覆盖,并提升互联网出省宽带能力。[13]不仅如此,贵州还获批建设全国首个国家大数据工程实验室,建立了一系列科研与发展创新中心,推进大数据战略行动和综合试验区建设。在大数据业务推动下,贵州也吸引了越来越多的投资者和研究机构进行数据研究,努力提升大数据与实体经济、社会管理和现实生活的融合程度,更好地促进社会经济发展,将智能化作为自身发展的一大特色,成为数据发展的交换枢纽。

3. 其他地方政府运用大数据治理的尝试

北京市东城区利用大数据技术创新政府管理和社会服务,通过能力提升、数据分析、数据汇集、数据共享和社会数据传送,形成社会自治能力现代化开发利用的应用框架,进行社会公共服务建设。[14]

重庆市提出要在民生服务、城市管理、电子商务、工业制造等数据资源丰富的行业,以及外包服务等重点领域开展大数据示范应用。重庆市合川区作为连接西北省区和成渝经济区的交通要道,近年来,以网格化管理为基础,首先,通过建立指挥体系和信息系统以及设立民调中心,构建了大数据治理平台。其次,全面掌握基础信息、汇聚社会信息并共享部门信息,实现大数据治理。再者,实现智能化预警,通过信息系统对全区的安全稳定形势进行分析和判断,并加强监管控制,实现智能化服务,达到服务精准化。最后，通过制度体系加强对大数据治理的保障，保证治理能力的效率和公正性。[15]

武汉市于 2014 年 10 月发布了《武汉市大数据产业发展行动计划（2014—2018 年）》，提出通过构建"2 + 7 + N"大数据产业发展格局，建设国内领先、国内知名的大数据产业和数据资源聚集"洼地"。[16]

（二）地方政府运用大数据治理的类型与成效

就传统政策工具研究范式而言，部分学者将政策工具按照与政府的关联程度分为传统型工具、市场化工具、引导型工具、自愿型工具（见表1）。[17]而数据治理则是一种高度复合型或高度整合型政策工具运用，不仅需要政府部门政策、资源等配套程序的跟进，同时需要与企业建立合作关系，以提升大数据技术和管理效能。在硬性条件相对完善之后，通过宣传和培训了解数据治理的理念和运营方式，将大数据管理模式运用于社会公共服务。不仅如此，非政府组织和社区根据自愿原则成为数据治理的参与者和实践者，有利于以大数据为基础的电子政务更快形成规范化系统。

表1 政策工具类型

政策工具分类	具体体现
传统型工具	直接政府管理、社会规制、经济规制等
市场化工具	补贴、税收优惠、政策扶持、政企合作等
引导型工具	政策宣传、研讨会和系列推广活动、培训等
自愿型工具	非政府组织参与、社区服务等

从上述地方政府数据治理的较典型案例中可以看出，各地根据实际情况普遍将大数据技术运用到政府治理过程中，激活了数据技术作为现代治理工具所具有的独特功能与价值。由此，我们进而对部分地区的地方政府大数据治理的政策工具效应进行整合与分类（见表2）。

表2 地方政府大数据治理的政策工具效应类型

内容 地区	治理措施	政策工具	治理成效	治理趋势	成效归因
贵州	"云上贵州"平台	市场化工具、引导型工具	成为国家首个大数据综合试验区	各个领域通过数据治理连接起来	1. 政府重视； 2. 与企业积极合作

续表

内容\地区	治理措施	政策工具	治理成效	治理趋势	成效归因
广东佛山	"一门式"、"云平台"、"区块链"等	传统型工具	成立市数字政府管理局以及统筹机构	深入发展个性化服务	1. 政府重视与社会发展趋势；2. 发展的延续性
北京	数据体系化	市场化工具	建立数据技术应用框架	以技术突破实现深化发展	1. 技术更新快；2. 体系化建设
重庆	大数据平台；智慧城管信息系统	传统型工具	成效不明显，发展前景好	建立数字经济集群，智慧城市成熟发展	1. 政策缺乏延续性；2. 地方特色不明显
湖北武汉	"万企上云"工程；"互联网+产业"生态体系	自愿型工具	成效不明显	管理技术精细化、创新化发展	1. 地方政府重视不够；2. 发展方向不清晰

（1）以传统型工具为基础导入数据治理。从政策工具分类中可以看到，传统型工具主要是以政府为主导，通过政府直接管理或拨款进行数据分析和整合的初始建设，并出台相应的政策，进一步推出大数据发展平台，开展适用性事务处理，并不断深入发展。

（2）借助市场化工具推进数据治理。企业是社会关系中创造生产力的活跃力量，而技术作为数据治理的关键环节，与企业合作能够加强治理能力建设。引入市场化工具、运用更先进的技术进行管理，有利于治理的精准化和系统化发展。

（3）以引导型工具和自愿型工具为途径进行数据治理。在大数据平台和相关工作开展过程中离不开积极的宣传和推广，全民的积极参与和社区力量的加入使得治理模式更具适应性，贴近群众的社会生活，由此数据治理理念深入人心。

通过案例分析可知，各地均以数据治理为技术手段与路径，尝试探索地方治理政策工具的融合创新。地方政府通过数据网络建立了逐步系统化的数据使用与管理模式，将城市交通、医疗服务、人才教育以及基础设施建设等一系列社会公共服务体系连成数据链。不仅如此，地方政府借助数据治理铺开了一条越发精细化、精准化的社会治理道路。从政府治理过程看，由于决策者的有限理性，政府的决策易受到科学依据缺乏的制约，而借助大数据进行数据分析和评估直至决策后的跟进与完善，则能够帮助地方政府在决策与治理过程中减少不必要的成本损失。同时，多元治理主体共同参与的地方治理方案与行动，不论是通过政务App，还是通过行政服务中心的参与，都是借助互联网和大数据的融合技术，以公民意愿为导向，将公民的日常事务数据化，对服务流程进行缩减，提高办事与行政效率。公民可以进行数据共享，通过平台信息公开监督政府行为，及时与政府部门进行互动，大大激发了其对政府治理的参与热情，强化了公民的主体性精神与社会责任感。

（三）地方政府运用数据治理的难题与挑战

1. 数据治理作为政策工具缺乏整体性建构

大数据带来革命性变革，数据治理大趋势已日渐被各级政府所认识，不少地方政府也加快步伐，尝试推进数据治理的在地化探索。但对于数据治理作为一种独立、新型的政策工具如何建构和运行，数据治理的基本规律、运行机理与推进机制如何呈现，当前各级政府部门的重视并不够，在地方治理层面大多数地方政府也未能将此提上议事日程。从上述列举的地方探索的案例看，数据处理与利用严格意义上说尚处于"电子政务"阶段，还未真正达到"数据治理"阶段。对数据治理作为政策工具的整体性建构所要解决的问题，诸如数据治理的过程与规律、数据工具的识别与分类、数据工具的特性与情境、数据工具选题及其绩效评价等，地方政府仍较缺乏系统性研究与探索性实践。

2. 数据治理的技术与重点有待强化

从国内成功案例来看，地方政府在数据治理的实践探究中，在数据挖掘与利用的技术环节，仍受到自身技术水准的掣肘。地方政府无论是在数据存储能力还是数据传递方面，都存在明显不足。与互联网企业相比，作为公共部门的政府部门在技术研发与创新上有先天不足。技术手段是政策工具创新的前提，政府作为公共部门在技术研发与支持上的滞后，大大阻碍了数据治理的推进。此外，从政府治理的特殊性看，强调价值数据的共享和共用，对保密信息不过分公开，因此在数据治理过程中我们要区分数据的性质和特点，注意信息的保密性，防止数据信息泄露、数据资源被盗。

3. 数据治理的政策工具评估标准欠规范

对政策工具的研究最终是为了指导实践。很多学者在工具选择理论上投入大量精力，他们希望在理想的情境下，对工具的合理选择能够带来预期的高绩效。[3]政策工具作为实施公共行为的手段，在评估过程中形成了一系列评估标准：有效性、高效性、公平性等。由于数据治理中涉及的政策工具较为广泛，政策工具功能的发挥更多体现为数据传输与服务对既有政策工具的影响与改进，因此地方政府在选择工具时，不仅要考虑工具的内在性质，还必须考虑外部环境的特点。而最高效的工具可能不是最有效的工具，而是能够实现收益和成本相对均衡的政策工具。[4]在大数据时代，数据服务下政策工具的多样性、复杂性、综合性更加突出，这在一定程度上影响了政府对单一政策工具包括数据治理有效性的准确评判。工具错综复杂也使地方政府对关键的工具维度和地区治理目标的判断不够准确，导致对数据治理这一政策工具的运用出现间断。

四 数据治理与地方政府的策略性回应

（一）地方政府数据治理经验的"政策扩散"

前文所述的我国地方政府数据治理的经验性案例，尽管还算不上治理范式，但它们的数据治理在地化探索及取得的成效具有先发意义甚至标杆效应。借助经验性案例的"政策扩散"效应，地方政府可以从中捕捉到数据治理时代政策工具创新的策略性选择。

1. 市场化工具的协同效应：破解政府部门的"技术瓶颈"

2014年贵州省政府与阿里巴巴集团宣布达成《云计算和大数据战略合作框架协议》，阿里巴巴在贵州省大力发展云计算和大数据，结合贵州的产业优势、产业发展需求和阿里巴巴发展的战略布局，制订合作发展计划。贵州成为全国首个基于云计算建成省级政府数据共享平台的省份。从某种程度上来说，如今的"智慧城市"、"互联网＋"电子政务的形式都源于贵州与阿里云的合作。"云上贵州"作为双方合作的产物，从仅有大数据发展的概念和想法到如今能够真正将大数据运用于社会服务的各个方面，与贵州和阿里巴巴企业的紧密合作分不开。市场化工具的引入，能在地方推广和数据保护等方面起到积极作用。同时，以合作为基础的政府建设有利于降低成本，将各项事务做得更加细致。

2. 传统型工具和引导型工具的延续：催生地方治理的方法规范

传统型政府工具主要是指，运用行政手段、法律手段和经济手段等方式强化政府管理的有效性。虽然大数据是政府治理的新政策工具，但在运用过程中依旧要保持政府在社会治理中的积极引导作用，通过法律约束和政策制定，将大数据治理进一步规范化和秩序化，使其成为社会发展稳定的推动力。不仅如此,还要通过思想教育方式大力宣传数据治理的正效应,使公民能够更好地适应新的参与方式,尽可能地保证数据安全和隐私,以达到社会共享的目的。[18]同时,政府在数据治理中不应停顿或犹豫不决,在政策的执行和贯彻落实中,应重视数据治理中出现的一些隐患,对数据安全、技术更新等相关问题及时进行修复。贵州、广州等地能够在大数据治理方面取得突破,正是因为当地政府在数据治理上的持续行动和一系列政策铺垫,无论是从政策执行前的制定、评估和预算等方面对大数据治理进行较为全面的分析,还是从一两个行业的试点到全行业渗透,都在努力沿着法治化、系统化和规范化的道路前进。

3. 混合型工具的创新机制:促进治理工具的多元化

目前,有许多地区已经设立了专门的大数据管理局或大数据研究中心,通过专门的机构对大数据治理环节进行严格的监管和治理,各类机构的设置也反映出地方政府积极回应大数据时代的要求。但目前机构的设置还处于初级阶段,机构职责定位不清,如何将大数据运用于政府工作和治理的各个方面,还需要进一步分析和探讨。此外,由于数据治理是一个量化的概念,在一些特殊事件上无法进行精细化处理,因此,要将数据治理与传统治理融合,需要创新政策工具,并通过市场化方式积极将企业、公民融入大数据治理中。企业不断完善数据治理技术和流程,公民积极参与数据治理和数据监督,政府则通过数据治理不断完善公共事务的各个方面,无论政治、经济还是文化建设,逐渐形成规范体系,使数据治理更快地融入人们的日常生活中。[19]

(二) 推进数据治理工具的整体运用与发展

地方政府对数据治理时代的策略性回应,仅通过开展少数实践案例的扩散、复制与模仿是远远不够的。政策工具作为公共物品的供给方式与公共服务的实现机制,在数据治理时代正在发生深刻变革。地方政府必须积极因应数据治理的勃兴,推进数据治理政策工具的整体运用与发展,才能担负起数据治理时代公共物品与服务的前线谋划者和供给者角色。

1. 推动数据由"技术手段"向"治理工具"转变

数据由技术手段向治理工具转变,意味着地方政府迫切需要推进数据治理政策工具的整体性建构与运用,从新型政策工具视角审视并发展数据治理,而不是仅停留于文件电子化或者政务电子化,也不能光是以传统型工具为基础导入数据治理。数据治理政策工具的整体性建构关键在于数据汇集与协同。推动数据由技术手段向治理工具转变的过程，也是由电子化的文件办理走向整体性数据协同的过程。政策文件作为文本数据，只是数据类型中一个很小的部分，现代政府治理所依赖的数据，还需要政府内部各部门之间、不同层级政府之间、政府与社会之间、政府与企业之间以及社会各个领域的数据，并要做到政府部门内部、各级各地政府之间以及政府与社会之间数据的大汇集与大协同。通过数据联通、汇集、合并、交换、共享，减少各类数据所承载的政务的重复性，避免各自为政，简化政府过程，优化数据治理绩效。[20] 相较于中央层级的政府而言，地方政府的数据资源规划、数据资源管理、数据资源应用等更容易陷入碎片化、零散化困境，这也更凸显出地方政府数据协同的重要性。只有完成数据治理政策工具的整体性建构与运用，数据治理作为一种完整的"新工具"才能发挥出巨大的整合力与创新力。

2. 强化对数据治理工具的识别、分类与结构化

"政策工具"本身是一个抽象的概念，是人们有感于纷繁复杂的公共生活，希望从政府日常实践中提炼出几种达成目标的手段和方法而提出的。[21] 大数据时代和高度复杂性社会的到来，更加强化了政策工具在概念意义上的混沌性和实践运用上的综合性特征。作为推进数据治理政策工具的整体运用与深化发展的策略，地方政府亟须在数据汇集与协同基础上进一步推进对数据治理政策工具的识别与分类，以"建构主义"立场识别工具背后的"主观意义"[3]，在错综复杂的爆炸性数据信息中开展去粗取精、去伪存真工作，识别有价值的数据信息，剔除虚假数据信息，在数据协同的前提下推进地方治理数据信息的子集化、结构化过程。从微观视角看，数据资源包括政务数据资源（部门内部的数据资源）、社会数据资源（社会组织生成的数据资源）、互联网数据资源（网络虚拟组织的数据资源）；而政务数据资源又可分为政府网站数据、业务系统数据、专门采集/检测/监测数据、工作存档归档数据等小类，每个小类还有更微层面的细分。[20] 因此，地方政府需要从构建新型政策工具的视角，完善数据治理的网络平台、数据存储管理云平台、共享交换平台等承载性平台建设，强化数据识别、筛选、分类、归集等数据利用系统建设，逐级深入推进地方治理数据信息的子集化，以此为路径，不断推进地方治理数据的结构化进程。

3. 注重对数据治理工具的选择与运用

政策工具的选择、应用和组合是政策工具研究最基本的主题和归属，而对政策工具的合理选择与运用旨在取得高绩效。[3] 数据治理时代，地方政

府在推进数据治理工具的识别、分类、子集化与结构化基础上,必然要强调对数据治理工具的选择与运用,这是从数据采集走向数据运用的实现过程,也是从政务电子化走向数据治理的实现方式。政策工具视角下对数据治理工具的选择与运用,可分为数据工具的内部利用、外部服务和内外融合等多个维度。无论内部还是外部数据利用,其目标均指向通过数据协同与运用而催生出新政务、新服务和新业态,实现治理形态与绩效的革命性变革。从内部利用看,地方政府要利用构建的统一数据承载平台,激活对内部数据的管理功能,支撑政府系统中更多部门的应用;从外部服务看,地方政府对外提供各种数据服务,开创新政务,如政府数据开放、"互联网+"政务服务、新型公共服务、大数据便民服务等。[20]此外,地方政府创新外部服务与治理新形式反作用于内部治理主体与结构的变革,搭建政府与数据企业、社会组织及公民联结的新模式,使治理成为"智"理,促进政府自身简政放权和自我革命。

4. 推进对数据治理工具的绩效评价

政策工具以绩效获得为导向,因此政策工具理论必定十分注重对政策工具的绩效评价,选择工具的过程其实也是评价工具的过程。[21]因数据治理还处于探索阶段,当前鲜有地方政府全面展开对数据治理的绩效评价,或者仅对电子政务和数据服务进行一般正面描述与评价。随着地方政府对数据治理工具更广泛、更全面的运用,数据治理工具的绩效评价及其反馈机制、退出路线就成了数据治理不可或缺的重要环节。对数据治理工具的绩效评价,既包括宏观层面的对数据工具系统性、整体性、协同性的评价,也包括中观层面对数据汇集、信息渠道变革、承载平台、数据服务、数据流动的评价,还包括微观层面对数据生成、获取、存储、共享、管理、公开等纵向流程的评价,以及对某一项数据子集开放程度、某一项数据工具利用情况等横向内容的绩效评价。通过绩效评价,形成数据治理工具有效性、适应性、可管理性、风险性、公平性、合法性和政治可行性等的反馈机制、改进路径和退出线路,以评促建,推进地方政府数据治理工具效率的整体跃升。

五 结语

数据治理作为一种新型治理工具,将更加深入推动地方政府公共物品供给方式与公共服务机制的革命性变革,地方政府治理也亟须推进数据治理这一新型政策工具的整体性建构与深化运用,这样才能推进数据治理更加快速发展并取得更高的治理绩效。地方政府治理从"文件电子化"或"政务电子化"走向全面"数据治理"是一个值得期待的发展过程,它吁求地方政府对于数据的认识与定位要由"技术手段"向"治理工具"全面转变,吁求地方政府强化对数据治理工具的识别与分类、选择与运用、评价与反馈,而这些课题无疑也是数据治理时代理论界和实践部门亟待加强的研究领域。诚如有学者指出的那样,面对大数据时代的大踏步到来,我们"对属于社会科学研究领域中的数据治理研究寄予期望,它应当有着面向未来的宏大抱负,把着眼点放在大数据的建构功能上,为人类的前行开拓道路"。[6]

参考文献

[1] 戴长征, 鲍静. 数字政府治理——基于社会形态演变进程的考察 [J]. 中国行政管理, 2017 (9).

[2] 卓越, 李富贵. 政府工具新探 [J]. 中国行政管理, 2018 (1).

[3] 陈振明. 公共管理学原理 [M]. 北京: 中国人民大学出版社, 2017: 172, 175, 182 - 183.

[4] 莱斯特·M. 萨拉蒙. 政府工具: 新治理指南 [M]. 北京: 北京大学出版社, 2016: 1, 6 - 8, 18 - 19, 526.

[5] 陈振明, 和经纬. 政府工具研究的新进展 [J]. 东南学术, 2006 (6).

[6] 张康之. 数据治理: 认识与建构的向度 [J]. 电子政务, 2018 (1).

[7] 张康之. 论高度复杂性条件下的行动方针 [J]. 南京师大学报 (社会科学版), 2016 (4).

[8] 赵强, 单炜. 大数据政府创新: 基于数据流的公共价值创造 [J]. 中国科技论坛, 2014 (12).

[9] 苏玉娟. 政府数据治理的五重系统特性讨论 [J]. 理论探索, 2016 (2).

[10] 于浩. 大数据时代政府数据管理的机遇、挑战与对策 [J]. 中国行政管理, 2015 (3).

[11] 王山. 大数据时代中国政府治理能力建设与公共治理创新 [J]. 求实, 2017 (1).

[12] "数字政府"提升管理效能 广东省佛山禅城区以大数据推动社会治理现代化 [EB/OL]. [2018 - 01 - 17]. http://www.cbdio.com/BigData/2018 - 01/17/content_ 5664723.htm.

[13] 贵州大数据给政府治理带来变革 [EB/OL]. [2017 - 01 - 11]. http://www.cbdio.com/BigData/2017 - 01/11/content_ 5428266.htm.

[14] 陈之常．应用大数据推进政府治理能力现代化——以北京市东城区为例［J］．中国行政管理，2015（2）．

[15] 崔佳，蒋云龙．重庆江北区大数据辅助社会治理［N］．人民时报，2017-12-12（13）．

[16] 武汉大数据雄起　建成全国大数据"洼地"［EB/OL］．［2014-12-16］．https://www.aliyun.com/zixun/content/2_11_471885.html．

[17] 王辉．政策工具视角下多元福利有效运用逻辑——以川北S村互助式养老为个案［J］．公共管理学报，2015（4）．

[18] 王芳，陈锋．国家治理进程中的政府大数据开放利用研究［J］．中国行政管理，2015（11）．

[19] 何增科．地方治理创新与地方治理现代化——以广东省为例［J］．公共管理学报，2017（2）．

[20] 鲍静，张勇进．政府部门数据治理：一个亟需回应的基本问题［J］．中国行政管理，2017（4）．

[21] 陈振明．政府工具导论［M］．北京：北京大学出版社，2009：20，91．

他山之石

政府数据治理视角下集约化政府网站平台研究[*]

——以英国 GOV.UK 为例

王丽荣[**]

政府数据治理在国家治理现代化中的重要性日益凸显。政府网站平台是政府数据治理的主要载体，是推进国家治理体系建设和治理能力现代化的重要途径。在电子政务方面世界排名第一的英国政府，成立了专门的数字协调机构 GDS，负责统一运营政府网站平台，以用户需求为核心，发布数字战略规划，启用统一的平台和数字标准，制定清晰的路线图和时间表，成功实现了各部门网站向集约化平台 GOV.UK 的过渡。英国政府网站平台 GOV.UK 的做法和经验，为我国政府集约化网站平台的建设、发展及治理提供了重要的借鉴和启示。

一 引言

截至 2017 年 12 月，我国注册域名的政府网站数量达到 47941 个，但网站使用率仅为 18.6%[1]。我国政府网站的用户点击量 77% 集中在首页和第二屏，其他部分关注量较少，甚至有些栏目无人问津，政府网站的利用

---

[*] 基金项目：国家社科基金重点项目"政府数据治理与统一开放平台体制机制研究"（编号：17AZZ016）。

[**] 作者：王丽荣，山东师范大学公共管理学院讲师，国家治理研究中心数字治理研究部主任。

效率偏低[2]。2013年，超过2/3的网站已经或正在与上级主管、本级门户网站整合[3]。由此可见，当务之急已不再是网站功能的增多和数量的增加，而是满足公众的切实需求。英国电子政务在《2016联合国电子政务调查报告》中排名第1，电子政务发展指数为0.9193，线上服务成分为1.0000；而我国排名第63，电子政务发展指数为0.6071，线上服务成分为0.7681[4]。尽管我国政府也在不断推动网站建设，并取得了较大进步，但网站服务水平与欧美发达国家差距明显，离满足公众需求还很远。

近年来，政府大数据、政府数据开放与共享，不仅使社会各界普遍认识到数据在国家治理现代化中的重要性，促进了数据及其技术在政府治理中的应用，也使"政府数据治理"成为一个重要的治理议题[5]。政府网站平台是政府数据治理的主要载体，政府数据治理通过政府网站这个重要媒介将政府部门的声音传递给公众，同时通过对公众反馈的分析，及时调整政策，引导舆论，"促进网络政治、网络民主的全面升级"[6]。2017年6月7日，国务院办公厅印发《政府网站平台发展指引》，首次提出集约化是解决我国政府网站"信息孤岛"、"数据烟囱"等问题的有效途径[7]。英国是较早实施数字化战略的国家，"数字政府即平台"是英国政府数字服务发展的重要经验，并已经取得了阶段性成果[8]。在政府网站趋向平台发展的背景下，数字转型正在重塑公民与国家之间的关系。我国现有的政府网站模式已经不能满足公众的需要，需要借鉴发达国家政府网站平台的做法来为公众提供更好的服务。在这种实践倒逼的背景下，我国政府网站平台建设究竟如何实施才能更好地为公众服务？发达国家集约化政府网站平台高效运行的背后蕴藏着什么样的运作机制？本文通过对英国政府网站平台集约化的治理结构、原则和保障措施进行剖析，尝试回答上述问题，以此为我国政府网站平台的设计、建设与治理提供借鉴。

二 英国政府网站平台集约化的动力因素

GOV.UK建立于2012年10月。根据公众的实际需求和业务特点，GOV.UK按照主题组织资源，将所有服务资源按照交通出行、教育学习、个人纳税、择业就业、住房和社区、旅游运输、企业开办、缴税退税、国际贸易等主题分类，进行跨政府部门整合[9]。可见，英国政府网站平台协调各政府部门，服务内容定位明确，主要围绕本国公民实际需求提供在线服务。其背后的动力因素主要体现在：

（1）实践驱动。内阁委托外部数字顾问 Martha Lane Fox，针对政府数字服务提供的一份报告，彻底改善政府互联网服务，主张简化政府流程并加强数字政府建设，以提高在线渠道的质量和使用率，建议将之前的 Direct-gov、Business Link 等站点集中到单一域名下[10]。据此提议，内阁建立 GOV.UK，旨在提升英国的政府数字服务水平，提高服务质量，改善用户体验，使其能与顶尖的在线商业机构提供的服务相媲美。

（2）成本驱动。金融危机伊始，西方政府债务数额庞大，因此如何降低政府成本也成为英国政府必须考虑的问题。据英国内阁估计，从线下到数字渠道的移动服务每年将节省17亿~18亿英镑。有大量证据支持这样一种观点，即公共服务的数字化交付，至少可以以较低的单位成本提供与其他渠道一样强大的服务。2012年《数字效率报告》显示，对于部分政府服务而言，数字交易的平均成本几乎为电话交易成本的1/20，邮递交易成本的1/30，面对面交易成本的1/50[11]。

三　英国集约化政府网站平台的治理结构

政府数字服务小组 GDS（Government Digital Service）于2011年建立，隶属于内阁办公室。英国政府网站集约化平台之所以实现了跨部门的信息资源共享与整合，缘于 GDS 和各政府部门之间良好的数字化沟通。GDS 由政府数字技术部长级小组，以及中央政府部门和下属政府的数字领导者网络、数据领导者网络和技术领导者网络协同管理，接受 GDS 咨询委员会、数据指导小组、隐私和消费者咨询集团共同指导[12]。

（一）GDS 的管理机构

除政府数字技术部长级小组外，数字领导者网络、技术领导者网络和数据领导者网络共同管理 GDS，分别负责英国政府的数字、技术和数据方面。数字领导者网络的职责在于推动政府的数字议程。技术领导者网络的主要职责是引领政府的技术发展，确保配备合适的技术来提供大量数字服务。数据领导者网络主要确保各部门正确地使用数据和管理方法，促进政府政策的传达和运营目标的实现。

（二）GDS 的指导机构

GDS 咨询委员会、数据指导小组及隐私和消费者咨询集团共同指导

GDS。GDS 咨询委员会支持推动政府转型和提供优质公共服务的数字技术中心。数据指导小组负责对公共部门内外的政府数据的使用、管理进行战略监督。隐私和消费者咨询集团的主要职责是建议政府如何为用户提供简单、可信和安全的公共服务，就政府身份保证计划和与数据相关计划等方面提供独立的审查、分析、指导和反馈。

四 集约化平台 GOV.UK 的保障措施

（一）数字战略规划

英国政府于 2012 年 11 月首次发布《政府数字战略》，旨在提升政府部门的数字领导能力，重新设计事务服务，以在默认情况下满足新的数字服务标准。该战略包含了基于 11 个原则的 14 项行动计划。2013 年 12 月发布了更新后的《政府数字战略》，阐明了政府在默认情况下将如何数字化，承诺将完成向 GOV.UK 的过渡（规定了 24 个中央部门及各分支机构的服务向 GOV.UK 迁移的最终截止时间）。在默认的情况下，政府通过唯一的网站平台 GOV.UK 以数字方式提供公共服务，使公众只需访问 GOV.UK 即可获取不同部门和机构发布的信息和提供的服务。此战略包括 16 项行动计划，旨在继续运营和完善 GOV.UK 在线平台。

2017 年 3 月英国政府发布《英国数字战略 2017》，针对英国数字经济发展提出更全面、更深入的规划，旨在为英国脱欧后适应未来经济发展，打造世界领先的数字经济和全面推进数字转型提出具体部署。该战略为英国发展数字经济列出了七大目标，同时阐述了英国发展数字经济的七大举措。政府数字战略是其中重要的战略之一，强调以平台型政府理念为基础推进数字化建设，继续加强跨政府平台建设，进一步完善在线身份识别系统 GOV.UK Verify、政府支付系统 GOV.UK Pay、政府公告系统 GOV.UK Notify 等。

政府数字战略为 GOV.UK 提供高质量的数字产品以满足用户的需要、持续改善服务提供了框架。战略规定，每 3 个月发表一篇关于 GOV.UK 的定期季度报告，公布政府在实现战略目标方面的进展情况，同时要求中央政府各部门也制定部门数字战略，定期报告他们将采取哪些行动执行政府的数字战略。

（二）各部门与 GDS 高度配合与协同

依据政府总体数字战略和各部门的数字战略，按照《GDS 服务设计手册》的要求，各部门的数字团队参与设计和构建部门数字化服务，与 GDS 团队一起完成部门数字转型。例如商业、能源和产业战略部（BEIS）的学徒培训数字转换范例。在 2014 年初，该部门即创建了首席数字办公室（CDO）和首席技术办公室（CTO），承担了所有数字服务交付的全部任务，并利用该机构即将重组的机会，与 GDS 就遗留的 IT 系统、部门硬件、部门内部技能和能力等方面进行了沟通协调，按预期实现了此转换的成功上线。

（三）统一的数字服务标准

GDS 发布了一套包含 18 项指标的数字服务标准，内容可归纳为三类。第一类为技术类：使用敏捷方法（Agile Methods）；完善评价工具和系统；所有源代码开放；开放的标准和统一的平台；收集性能数据；确定性能指标，包括用户满意度、数字参与度、完成率、每项事务处理的成本；性能平台的性能数据报告。第二类为服务类：理解用户需求；持续的用户研究和可用性测试；持续改善；测试政府端到用户端的服务；确保用户首次体验成功；保持用户体验与 GOV.UK 一致；激励用户使用数字服务。第三类为管理类：建立多学科研究小组；准确理解安全和隐私问题；制订服务离线计划；从头到尾由部长负责测试。所有面向公众的事务服务必须符合这套标准，以此来检查服务是否足够好，以方便公众使用。统一的数字服务标准使 GOV.UK 保持了较高的质量水准，能提供高质量的公共服务，并帮助政府各部门提供良好的数字服务。

（四）分期分部门迁移

1. 部门网站向 GOV.UK 迁移的原则

需要首先考虑用户的影响（有多少人访问），然后考虑此部门网站运营的成本，还要考虑到组织的意愿和是否愿意合作。例如，一个组织可能希望关闭网站和过渡内容，愿意迁移到 GOV.UK，但是它可能被绑定到一个合同，所以在短期内无法与之合作。最后，需要评估 GDS 是否拥有支持转换工作复杂性所需的资源。一旦考虑完所有这些因素，就可对网站进行排名，并进行下一步工作。在此基础上，英国政府部门网站平台在进行集约时执行了清晰的路线设计（任务明确的 GOV. UK 路线图）。向 GOV. UK 迁移的顺序主要根据交易量大小进行，首先从处理中央政府 90% 交易的 7 个部门 [税务海关总署（HMRC），交通部（DFT），工作和养老金部（DWP），司法部（MOJ），商业、能源和产业战略部（BEIS），环境及食品和农村事务部（Defra）、内政部] 开始。每个部门都与内阁办公室达成三个重要的范例服务转换表，并规定了严格的发布和实施时间。英国年度财政报告显示，"GOV. UK 路线图"中没有一个任务会超过 3 个月。因此，除了参与和发现阶段，在每个过渡项目上花费的时间大约为 3 个月，时间可以灵活，更大的过渡项目可能需要更多时间。

2. 部门网站向 GOV. UK 迁移的过程

2013 年 1 月，政府通过一个"数字转型计划"（the Transformation Programme），计划利用 400 天时间来改造 8 个部门的 25 项主要服务，使它们在默认情况下变得数字化和更简单、更清晰、更快捷，此计划于 2015 年 3 月完成。2012～2013 年英国政府关闭了 1795 个部门网站，2013～2014 年关闭了 1829 个部门网站。2013 年 5 月所有中央部门完成过渡，2014 年 9 月 24 个部级部门完成过渡，到 12 月 312 个核心部门全部过渡完毕。

英国政府部门或机构网站向 GOV. UK 的过渡历经如下五个阶段。第一阶段主题为"参与"，主要是了解部门和机构过渡的需求，进行用户敏捷方法及数据分析和信息安全培训，制订过渡时间表；第二阶段主要确定用户真正需要的内容，培训使用捕获用户需求的工具 Maslow，并提出建议存档的内容；第三阶段主要为创建做准备工作，包括针对 GOV. UK 平台风格和应用工具的培训、有关内容发布及计划的准备工作；第四阶段，培训内容构建及其发布、使用管理内容工作流的工具 Trello，并将内容发布在 GOV. UK 上；第五阶段，主要是进行发布及项目文件交接，评估过渡的影响和作用。

（五）阶段性迭代特征

为适应技术、政策和公众需要的快速变化，GOV. UK 采用 Scrum、Kanban、Lean 三种敏捷方法，强调适应变化，以人为中心[15]，主要特征是迭代和循序渐进。敏捷迭代方法是 GOV. UK 成功的一个重要保证，GOV. UK 的开发分为 Discovery、Alpha、Beta、Live 等阶段（见表 1），需要不断学习和改进以满足用户需求。只有当足够多的反馈显示此阶段满足用户需求时，才会进入下一阶段，否则会继续改善或停止开发。另外，敏捷交付方法每一阶段需要进行成本支出控制，检查服务或技术是否能得到 GDS 批准。

表 1 GOV.UK 各开发阶段间的逻辑关系

	Discovery 阶段	Alpha 阶段	Beta 阶段	Live 阶段
目标	识别用户及需求，识别用户满意的服务及其所在部门，预期用户在平台的使用过程，满足易访问性要求，构建技术方案以解决遗留问题	构建并与用户测试服务原型，保证此服务技术可行	解决任何技术问题或挑战，使服务符合数字服务标准，得到服务认证，制订服务启动计划，执行常规可访问性测试	保证服务信息安全，评估服务，为服务转换或集成制订计划
团队	产品管理技能者、用户研究员、设计师、内容设计师、开发员	产品经理、交付经理或 scrum 管理员、用户研究员、内容设计师、设计师、开发员、技术和辅助数字及可访问性领先者、数字性能分析师、技术架构师、Web 操作工程师、质量保证和测试技能师	性能分析员、Web 操作和开发员以及设计员，增加内容设计人员数量	可持续的、多学科的团队，并且不要解散或移交服务团队
周期	4~8 周	8 周	取决于项目范围	持续改进服务时间
进入下一阶段的条件	构建服务范围，评估是否进入 Alpha 阶段，为进入下一阶段进行团队准备，评估成功服务	是否进入 Beta 阶段及其业务准备	发布私测版，建立测试版原型	根据用户反馈和进一步的用户研究来不断改进服务

（六）开源技术和开发工具

为使各部门网站平台向 GOV.UK 过渡，英国政府使用开源软件建立了过渡系统，因此各网站平台不需要支付昂贵的软件许可费用。GDS 开发了支持政府机构和部门网站平台向 GOV.UK 过渡的转换工具应用程序，它用于将管理源网站平台重定向到 GOV.UK 的 URL 映射数据库，然后由名为 "Bouncer" 的单独应用程序读取和实现这些映射。Bouncer 应用程序负责网站平台流量向 GOV.UK 转变，通过应用程序重定向流量，一部分通信由部门和机构内部处理，另一部分由部门和机构内部建立的重定向覆盖这些数

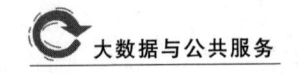

据中的重定向。所有参与转换的存储库都被标记为在 GitHub 技术社区的 govuktransition 中。

五 GOV.UK 对我国政府集约化网站平台的启示

（一）建立强有力的网站平台协调机构

GOV.UK 之所以取得成功，主要原因在于英国内阁成立的政府数字服务小组 GDS 发挥了重要的协调作用。该机构制定了默认网站平台的数字服务标准，负责开发统一的平台通用技术，担负政府网站平台的建设及运营，协调各部门的网站过渡并提供数字培训。对于我国而言，要建立集约化网站平台可以借鉴英国经验，需要获得国家层面顶层设计的有力支持，尽快成立专门主管网站平台的国家级协调机构，成员包括各个部委、省级政府部门的信息主管。并组建专业政府网站平台开发团队，定期与各部委、省级政府相关部门召开会议并对其进行培训，交流网站建设的经验与教训，发布测评和评估结果，通报网站的发布和运行情况，协调各部委和省级政府，实现部门级网站向国家集约化平台的过渡。

专门机构的设立有助于自上而下地推行国家整体电子政务发展目标，划分权责，保障规划和管理的一致性，使各级政府部门和机构能够在统一的指令和标准的指导下实施网站建设，统一管理和监督政府网站的设计、实施、运营和评估，有效解决网站建设水平两极分化严重的问题。

（二）发布政府数字战略

英国政府于 2012 年、2013 年及 2017 年分别发布政府数字战略，设定了明确的途径，以帮助英国在启动并推进政府数字化业务方面占据优势地位。在推进政府数字战略的过程中，各政府部门在 GDS 指导下结合业务制定具体的实施战略，并及时总结战略的实施成效，成为政府网站平台建设和发展的中坚力量。我国可以由新成立的数字协调机构，根据外部环境变化适时发布平台战略规划，以进行统筹设计，从而形成相对统一的数字目标与方法，并为实现平台贯通提供框架设计。

（三）实施过渡策略和整合服务

GOV.UK 采取分期分部门的过渡策略，根据业务重要程度和业务量大小选择部门和范例业务，并且严格规定实施和发布的时间，从而实现部门网站向 GOV.UK 的高质量过渡。我国政府可以根据现阶段各部门网站的运行情况进行数据分析，选取与公众密切程度较高的部门，在此基础上将分散在不同级别及部门间或一个部门内的各类业务进行整合，发布过渡时间表，实现统一规划、统一标准、统一规范、统一管理的，全国通用的、集约化的网站服务平台的建设目标。此网站平台使用统一的数据管理平台，以统一标准进行核心功能的统一开发和设定，以统一的方式维护，积极推进网站数据资源的整合与互通共享。建好基于集约理念的政府网站平台，是实现政府网站建设从无序到有序、从粗放到集约、从分散到整合的必由之路，也是实现政府数据治理的必然选择。

参考文献

[1] CNNIC. 第 39 次《中国互联网络发展状况统计报告》[R/OL]. [2018-01-31]. http://www.cac.gov.cn/2018-01/31/c_1122347026.htm.

[2] 商务部. 中国软件评测中心发布 2017 年政府网站评估报告 [R/OL]. [2017-03-30]. http://www.mofcom.gov.cn/article/zt_jxpg2016/.

[3] 国家信息中心网络政府研究中心课题组. 中国政府网站发展数据报告（2013）[J]. 电子政务，2014（3）.

[4] 联合国经济和社会事务部. 2016 联合国电子政务调查报告（中文版）[R]. 北京：国家行政学院电子政务研究中心，2016.

[5] 黄璜. 美国联邦政府数据治理：政策与结构 [J]. 中国行政管理，2017（8）.

[6] 李振，鲍宗豪. "云治理"：大数据时代社会治理的新模式 [J]. 天津社会科学，2015（3）.

[7] 国务院办公厅. 关于印发政府网站平台发展指引的通知 [EB/OL]. [2017-05-15]. http://www.gov.cn/zhengce/content/2017-06/08/content_5200760.htm.

[8] 张晓，鲍静. 数字政府即平台：英国政府数字化转型战略研究及其启示 [J]. 中国行政管理，2018（3）.

[9] The website of UK [EB/OL]. https://www.gov.uk/.

[10] Lane – Fox, M. Directgov 2010 and Beyond: Revolution Not Evolution-Letter to Francis Maude. Retrieved October 19, 2012, from Cabinet Office [EB/OL]. http://www.cabinetoffice.gov.uk/resource-library/directgov-2010 – and-beyond-revolution-notevolution.

[11] Departmental Digital Strategies [R/OL]. https://www.gov.uk/publications/digital-efficiency-report/digitalefficiency-report.

[12] The Website of GDS [EB/OL]. https://www.gov.uk/government/organisations/government-digital-Service.

[13] Martin Fowler. The New Methodology [M/OL]. [2002-02-04]. http://www.martinfowler.com/articles/ewMethodology.html.

政府数据治理的国际经验与启示

夏义堃*

政府数据治理是当前政府信息管理研究的热点问题。对发达国家政府数据治理经验的总结,有助于把握政府数据治理的普遍规律,推动我国政府数据的开发利用。本文借助大量文献调研与案例分析,对政府数据治理的战略框架、内容体系以及生态环境等核心要素进行了深入而全面的国际比较,系统分析了具有代表性的国家的政府数据治理实践所采取的普遍做法,进而为我国政府数据治理实践提供启示和借鉴。

一 强化政府数据治理的顶层设计

(一)战略层面的统筹规划与宏观指导

随着政府信息管理的不断深入,政府信息工作视角逐步切入到更微观的数据层面。[1]2010年以来,许多国家出台了有关政府数据开放的国家战略,英国政府发布了《开放数据白皮书》,澳大利亚颁布了《公共数据政策宣言》,新西兰制定了《新西兰数据和信息管理原则》,等等。上述文件不仅强调了政府数据在提升透明度、促进参与、鼓励创新和保持数字经济增长中的巨大作用,而且还要求将政府数据作为资产进行管理,并在相关操作性文件中对数据开放的目标、范围、标准、元数据、数据质量以及利用原则、数据安全等数据治理的核心问题予以明确。例如马耳他的《国家数

---

* 作者:夏义堃,武汉大学人文社会科学研究院副院长。

字化战略2014—2020》、《国家数据战略》强化了政府数据治理的整体观，重在强调政府数据资产如何被使用、共享和再利用，以确保能够对所有政府数据和记录进行恰当的管理。[2]除国家层面的数据战略外，一些地方政府也纷纷确立数据治理目标，对政府数据流程管理及开发利用进行有针对性的指导。例如美国俄克拉荷马州教育局的《数据治理项目手册》规定，数据治理的任务是确保收集、使用和提供最高质量的数据给重要的利益相关者，并提高效率、保护隐私，使决策者和教育工作者更好地做出决策。[3]而费城市政府行为健康和智力残疾服务部则在《数据治理框架实施计划》中涉及数据治理战略分析，包括政府数据治理的优势与面临的挑战，以及数据治理机构的角色与作用发挥等各方面。[4]

为加强对政府数据治理工作的领导，一些时任政府首脑如美国总统奥巴马、英国首相布朗等，纷纷发表有关推动数据开放、数据共享以及促进数据利用的讲话，以引导和强化政府数据治理观念的形成。此外，部分行政领导人还直接参与到政府数据项目管理，如澳大利亚总理马尔科姆·特恩布尔一直保持着对公共数据政策的直接参与和高水平领导。

（二）日益健全的信息法律制度

整体而言，西方发达国家十分注重运用法律制度体系来规范和保障政府数据治理行为，充分利用政策条文体现政府数据思想和数据治理的核心要义。例如美国联邦预算管理局发布的《开放数据政策》备忘录，开宗明义，明确其主题为"开放数据政策——管理信息资产"。与以往的信息制度相比，近几年一些政府与数据治理相关的法律制度的完善更加突出针对性与适用性原则，许多国家结合实际，在数据标准、质量、流程及组织管理和数据安全等方面做出更加详细的专业性规定。同时，还十分注重数据立法与法规政策制定的完整性，不同法规政策之间关联程度高，形成了覆盖政府数据流程、前后环节呼应、内容衔接紧密的一体化制度体系，而不是碎片化的单一政策推进，以制度合力直接指导政府数据实践（见表1）。

表1 部分发达国家政府数据治理政策一览

内容领域	国家	政策名称
数据标准与质量管理	美国	《法规遵从备忘录》（2011）、《13642号总统令：将公开与机器可读作为政府信息的新标准（2013）》等

续表

内容领域	国家	政策名称
数据标准与质量管理	英国	《公共数据原则》（2012）、《政府开放数据5星评分标准》（2012）、《开放数据宪章》（2013）、《政府开放数据标准集》、《公共部门数据规范》
	澳大利亚	《公共服务大数据战略》（2013）、《澳大利亚政府信息互用性构架》、《澳大利亚政府公共数据政策声明》（2015）、《澳大利亚政府机构共享数据指南》（2016）
	新西兰	《新西兰政府数据管理政策与标准》（2000）、《新西兰统计局元数据与文档指南》（2012）
数据生命周期管理	美国	《21世纪数字政府：构建一个更好的为美国人民服务的平台》（2012）
	英国	《抓住数据机遇：英国数据能力策略》（2013）、《开放政府合作组织英国国家行动计划2013—2015》（2013）、《国家信息基础设施框架NII》（2015）
	澳大利亚	《发布公共部门信息：新的建议》等
	新西兰	《新西兰数据及信息管理原则》（2011）、《新西兰统计局数据管理与开放实践指南》（2012）
数据资产管理	美国	
	英国	《政府许可框架》（UKGLF，2010）、《简化英国公共部门信息的再利用：英国政务许可框架与政务公开许可》（2011）等
	澳大利亚	《澳大利亚政府部门知识产权原则声明》（2010）、《政府开放获取和许可框架》（2011）、《开放公共部门信息原则》（2011）
	新西兰	《高价值公共数据再利用的优先级与开放——流程指南》（2012）、《新西兰政府开放获取特许框架》（2014）等
数据安全与风险管理	美国	13526号总统令（2009）、13556号总统令（2010）、《M-16-04备忘录：联邦政府网络安全战略与实施计划》（2015）、《网络安全国家行动计划》（2016）、13719号总统令（2016）
	英国	《数据保护监管行动政策》（2013）
	澳大利亚	《信息安全管理指南》
	新西兰	《政府机构风险管理守则》（2009）、《云计算：信息安全与隐私考虑》（2014）、《风险评估流程——信息安全》（2014）

  针对开放环境下政府数据利用中频频出现的隐私侵害、数据泄露，一些国家积极开展信息法律制度的系统性修订更新。如英国的《一般数据保护法规》于2018年5月生效，以取代《数据保护法案1998》；新西兰先后对《隐私法》、《版权法》、《公共记录法》、《统计法》进行审查和修订，避

免过时法规所造成的数据管理混乱；澳大利亚政府对信息政策进行了多次审查，2010年通过的《信息自由法改革修正案》促使政府在信息披露和出版方面更加积极主动，2012年颁布的《隐私修正法》则对1988年《隐私法》进行了重大调整，增加了个人身份标识等内容；2014年美国颁布的《国家网络安全保护法》旨在更新2002年的《国土安全法案》，拓展政府的网络安全管理职能。

（三）建立政府数据治理的组织体系

"实施数据治理项目最困难的是管理者参与数据管理作用的发挥"[5]。许多国家都认识到强有力的领导者和专业化的数据管理者是政府数据治理不可或缺的重要推动力量，并结合已有的信息管理体制建立起职责清晰、运转高效的数据治理组织体系：既有负责数据战略顶层设计与宏观引导的决策领导部门，也有负责所在政府部门具体数据治理任务的推进执行机构；既有负责数据标准、数据安全以及存储、开放等专项职能的专业性数据管理机构，也有负责各部门数据治理工作、从事协调沟通和评估监督的专门性机构。

一方面，除设置国家层面数据治理的宏观领导机构外，各国更加侧重于政府数据管理岗位的细分与专业化。美国联邦政府各部纷纷在决策层面设有数据治理指导委员会，在管理层面设有数据管理委员会和首席数据官办公室，在员工层面设有数据治理工作群。商务部、农业部、交通部、能源部以及科罗拉多州、纽约、费城等分别设立了政府首席数据官/首席分析官办公室，直接负责将本部门的数据转化为可操作的信息资产（见图1、表2）。

数据战略与标准制定 → 团队建设 → 数据管理与深度分析 → 数据/服务发送和参与 → 培育数据驱动型政府

图1　首席数据官/首席分析官工作流程

表2　政府首席数据官/首席分析官办公室工作人员业务职责与任务

任务类型	典型职责
业务流程分析	（1）研究要解决的问题，确定预期政策结果，向负责结果的部门阐明业务进行过程中可能遇到的挑战； （2）阐明所分析项目的目标以及如何创造效益； （3）与所分析项目的部门的最终用户互动交流

续表

任务类型	典型职责
数据分析	（1）清理和规范大型数据集； （2）进行分析，以确定数据集的趋势和基本事实； （3）创建业务智能报告
数据可视化	利用地理信息系统和其他平台，创建政策问题空间和时间地图，以便直观洞察
数据建模、数据工程和数据科学	（1）构建和配置数据基础设施，确保准确性、安全性和可靠性； （2）清理和规范大型数据集； （3）探索大型数据集，以发现模式、趋势并给出见解； （4）应用决策科学和/或通过机器学习等开发复杂模型； （5）基于测试结果的测试模型和数据精炼； （6）与其他部门首席数据官/首席分析官及其员工共事合作，寻找方法来实施模型
绩效分析	具有绩效管理职责的首席数据官/首席分析官办公室，应与各部门合作来跟踪运行的数据以满足要求
项目管理	首席数据官/首席分析官办公室，应有专门的项目管理人员，以保持大型或长期项目正常运行，并在技能性资源之间进行协调

资料来源：Jane Wiseman（2017）. Lessons from Leading CDOs: A Framework for Better Civic Analytics [EB/OL]. http://ash.harvard.edu/files/ash/files/leasons_from_leading_cdos.pdf.

在首席数据官/首席分析官之下，各部门还根据需要设置数据管理员、数据分析师、数据建模专家、数据架构师以及安全分析师等不同职位，从事数据加工、整理。新西兰在中央政府各部任命了由高级官员出任的数据专员，数据专员之下设有若干负责具体数据任务的数据管理员；澳大利亚联邦政府则构建了"数字信息和文件管理能力矩阵"，对所有参与政府数据工作的人员进行精准的角色定位、能力规划，明确不同类别人员数据管理的职责。[6]

另一方面，强调数据治理组织、机构间的业务协同与跨部门合作，以解决标准不一、数据割据等问题。2013年，澳大利亚成立了政府2.0指导小组，负责跨部门政府数据活动的协调沟通，以推动政府部门间数据行动的协同与资源共享；美国联邦政府首席信息官委员会、预算管理局常常建立跨部门工作组，如开放政府工作组，吸引了来自42个联邦部门和机构的高级官员参加，分享数据治理最佳实践与技术，形成了定期的跨部门协作交流机制。此外，一些数据分析社区如Corinium还定期举办政府首席数据官/首席分析官会议，促使联邦和州政府内的业界同行相互交流数据治理的经验和体会。[7]

二　完善政府数据治理的内容体系

从本质上讲，政府数据治理与信息管理的核心差异体现在二者的关注对象、工作重心和实施方法上。与后者专注于信息收集、加工、存储、传播等关键环节的专业化处理不同，前者着眼于政府部门间以及政府内部不同岗位间数据流动与操作处理的整体性运作，强调数据处理各环节、要素以及方法手段的相互衔接，主张数据治理从分散走向集中、从部分走向整体、从碎片走向整合，要求系统化配置数据资源并建立一体化治理内容框架。

（一）建立整体化政府数据治理的内容框架与实施方案

"强大的数据治理框架对于确保负责任的数据利用至关重要。"[8]从各国实践来看，前瞻性国家已经意识到需要运用整体化思维来整合政府数据管理的制度、方法和技术，即对数据战略、信息制度、数据开放与开发利用流程的整体运行和数据风险监控过程进行有机整合，并在政府数据决策部门、业务指导部门和执行机构之间实现管理目标的衔接统一。2011年英国政府发布的《公共部门信息原则》强调，要为整个政府建立连贯的信息使用方式和信息管理方法。[9]2014年，开放数据研究所制定的《英国开放数据路线图2015》，对政府数据行动计划进行了系统化阐述，包括制定连贯的开放数据战略、开放更多公共数据、支持更广泛的数据利用以及提供数据培训和技能拓展等。

从内容结构看，中微观层面的数据开放、隐私保护、数据安全、信息资源建设无疑是各国政府关注的主要内容。而整体化数据思维要求与上述内容相关的信息制度、组织机构、人员配备、业务管理以及技术手段、基础设施等实现有机整合和相互关联。以阿联酋迪拜市政府的《开放与共享数据框架》为例[10]，不仅强调运用整体性理念来解决地方政府开放数据治理问题，还明确了政府数据活动所涉及的标准和领域（见表3）。从美国政府数据管理实践来看，借助开放政府规划、数字政府战略、IT战略规划以及信息管理战略，可以成功地将政府数据治理的核心要素与重要内容融入国家战略框架，并形成前后连贯、内外衔接的开放式治理体系。

表3　迪拜数据治理框架一览

实施	评估	识别	界定
数据生命周期中各标准 数据管理组织 数据质量监测 数据战略路线图	业务简介 数据管理业务 处理数据管理组织 数据架构 数据质量	数据编目与登记 核准调整 数据分类 数据质量修复 数据聚合与摄入方法论	数据管理组织 数据生命周期中各标准 数据建模标准 数据质量与生命周期标准

在实践中，新西兰内政部提出应将数据和信息治理放在管理的优先位置予以重视，并要求政府部门聚焦于记录和控制数据信息流程，将数据信息管理职责嵌入工作中，共享数据信息，确保数据信息质量[11]，智慧地利用数据信息等方面。澳大利亚联邦政府还明确了政府数据治理的优先级和时间表，推进举措包括：讨论关键数据政策，实施高价值数据项目，培育外在合作伙伴和刺激数据再利用，发布非敏感数据集，培养数据分析能力，创建数据目录，发布数据管理标准，简化数据流程，明确成本管理等。[12]

（二）高度重视数据安全与风险防范问题

网络环境下导致政府数据安全问题的诱因明显增多，不同的数据访问权限、不一致的数据来源、不兼容的数据格式都可能导致政府数据被泄露。各国均认识到数据安全的重要性，分别围绕数据安全与标准界定、管理体制建构、监控预警和防范应对，通过健全信息法律、制定数据安全战略与行动计划、开发新技术等方式，形成完善的政府数据安全与风险防范管理体系。

在实践中，各国大多经历了从信息系统安全向政府数据内容安全与开发利用流程安全并重的转变。例如，美国从克林顿时期的《信息时代保护关键基础设施》、《保卫美国的网络空间——信息系统保护国家计划》，到布什时期的《国土安全法案》、《联邦信息安全管理法案》，再到奥巴马时期的《网络空间行动战略》、《网络情报共享与信息法》，政策体系不断修订完善，政府数据安全管理的内容框架逐步清晰完善；并要求政府机构将隐私保护和数据风险防范纳入数据生命周期管理的每个阶段，分领域制定完整的数据安全标准和指南。同时，一些国家分别在政府部门设置相应职位，专门负责数据安全管理。例如英国在中央政府各部配备了隐私保护专家，新西兰设立了政府首席隐私官，2014年内政部还颁发了《隐私成熟度评估框架的用户指南》；澳大利亚新南威尔士州政府任命了首席信息安全官，负责州政府及所属公共机构的网络信息利用安全；[13]而瑞典、匈牙利、芬兰等国则任命数据保护监察专员。

为强化数据安全管理的执行，美国《国家/国土安全和隐私保密检查表和指南》规定，各部门提交给 Data.gov 网站的数据都应进行安全审查。新西兰政府通信安保局还编制了《信息安全手册》，内容包括风险管理和治理、安全保证和技术标准等，为政府部门和公共机构提供最低技术安全标准和安全指导。

（三）优化数据资产价值开发的举措

许多国家及时把握住政府数据开放与数据资产价值实现的时代契机，主动从法律政策角度强化政府数据的资产属性。新西兰的《开放与透明政府宣言》明确提出，所有公共服务部门应承诺要积极披露高价值公共数据，以促进数据再利用。《政府 ICT 战略和行动计划 2017》还将信息资产管理作为重点工作。同时，一些国家分别从数据标准、再利用授权以及定价收费和过程管理等角度掌控数据价值链管理的关键环节，以确保政府数据资产得到有效开发。例如，澳大利亚的开放政府许可框架将数据再利用的授权许可类型划分为四类，不同类型的政府数据可采用不同的授权模式与收费标准，进行差异化限制或鼓励。在创造条件促进数据资产价值实现方面，新西兰政府编制了"信息资产目录模板"，信息通信技术部制定了《数据投资框架》，内政部还将高价值公共数据再利用的披露流程划分为七个阶段，并对不同阶段的工作内容与运行规则进行了操作性描述，[14]以为数据再利用提供有针对性的指导。

多元协同伙伴关系被西方国家视为政府数据资产价值开发的核心要素。美国采取了完全与开放的数据增值加工策略，注重与私营部门建立稳定而密切的沟通机制和数据共享机制。2014 年，美国商务部部长佩妮·普利兹克宣布成立由 15 个私营部门领导者组成的数据咨询委员会，[15]以建立政府与企业的对话机制，共同探索如何为企业提供更多有用、及时和可访问的数据，实现更有效的数据开发与共享。

（四）技术创新是提升政府数据治理能力的有效途径

"数据环境越大、越完善，数据治理的技术需求就越困难和复杂。"[16]无论是政府数据工具的开发，还是平台和应用程序互操作性的实现，以及基于深度分析和学习的数据关联等，都需要强有力的技术支撑。为此，各国均强调要将最新的信息技术应用到政府数据治理活动中。例如奥巴马总统创立首席技术官职位，启动《大数据研发计划》，以确保最新信息技术及时应用于政府数据管理。2017年5月，特朗普总统创建技术委员会，以改造和推进政府数字服务的现代化。8月，白宫发布《联邦信息技术（IT）现代化计划》，要求联邦政府最大限度地建立云计算、使用云服务，同时进行网络系统的整合和改进，优先处理需要升级的关键应用，提高政府整体信息技术安全。[17]

针对部门间信息技术与实施水平的差异，美国还建立了政府部门间技术合作与联动机制。预算管理局、总务署、首席信息官委员会加强了与各联邦机构首席信息官、首席隐私官的沟通，协商确定可优先进行现代化的网络系统，以优化各部门的IT管理架构和标准，妥善处理不同机构间数据标准和技术能力的异质性问题。

三 重视政府数据治理生态体系建设

（一）积极应对政府数据治理对公务员能力要求的挑战

在英国，缺乏信息技能被公务员列为阻碍政府数字转型的三大关键障碍之一[18]。美国通过对联邦和州不同等级政府的数据管理人员的访谈发现，数据治理的成功主要取决于政府机构及其数据管理人员克服传统体系，实施新的现代技术的过程和能力。[19]一方面，数据治理理念对公职人员（不仅仅是信息技术人员）的数据思维、数据挖掘与存储能力、关联分析能力、激活能力、精准推送能力以及知识结构等提出了更高要求；另一方面，公务员的数据管理理念与数据驾驭能力并不能适应上述要求，亟待强化数据能力培训。对此，澳大利亚公共服务委员会联合政府统计局等部门合作开发了有关数据和分析技能提升的整体培训计划，公共服务部门的雇员可根据需要接受短期工作岗位实习、大学课程、数据合作伙伴关系（跨部门合作）培训和数据扫盲计划等有针对性的训练（见图2）。[20]英国《开放数据路线图2015》指出，政府应加强公务员数据素养的培训。2017年，政府数据科学合作伙伴关系组织召开了第一届政府数据科学会议，在合作开展政府数据科学家职业发展路径研究、举办跨政府部门数据交流活动、开展公务员数据技能培训等方面进行尝试。[21]

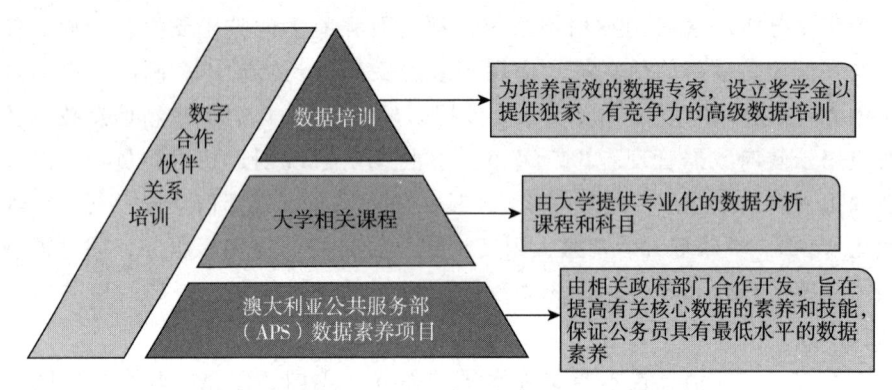

图2　澳大利亚公共服务部门雇员数据技能提升培训体系

（二）高度重视和努力培育政府数据治理的合作伙伴

在数字政府领域，传统以线性方式独立进行数据管理的做法已不能满足需要，"越来越需要跨组织边界的协同治理，利用技术提供公共服务的集成和定制"。[22]广泛吸纳社会力量，培育合作伙伴，形成纵横交错的开放式跨界政府数据治理协作机制，已经成为发达国家的通行做法。例如，美国政府《开放数据行动计划》提出应加强与社会力量的协作，共同确定有价值数据集的优先发布，重视从用户角度分析和提出数据政策。英国政府注重在数据治理政策执行与推广过程中发挥非政府组织和企业的作用，其数据战略委员会下属的开放数据用户小组由政府部门、企业单位、学术专家、市民等多方代表构成，强调数据开发利益相关者之间的整体互动。澳大利亚综合运用行政、市场和社会动员等手段，不仅设有鼓励数据利用创新的总理奖，总理与内阁中的各政府部门还与澳大利亚信息产业协会、Pollenizer有限公司、谷歌等孵化机构合作，开展公私合作的DataStart建设，旨在鼓励和培育技术型初创企业利用开放的公共数据开展数据驱动的创新。[23]

（三）对政府数据治理活动进行必要的监督和指导

目前，许多国家提出要对政府数据活动开展检查监督。英国在《开放数据白皮书》中承诺要对公共部门信息的使用情况进行独立评估，美国前总统奥巴马要求联邦首席绩效官与总统管理委员会建立跨部门优先目标来跟踪开放数据政策，评估相关工作绩效。从实际操作来看，各国的数据治理评估往往聚焦于数据开放效果、数据安全以及特定的行业和领域。例如2014年，新西兰国家服务委员会、财政部以及总理和内阁开展了对政府统计数据的全面评估,从数据管理优先级、核心业务变化和组织领导、外在关系、财务以及资源管理等角度检验统计数据管理的应用成效。[24]英国国家审计机构通过对政府各部门数据进行安全检查,指出政府数据保护十分复杂,需要对政府数据风险进行管理。[25]经合组织(OECD)开展了对部分国家健康数据开发利用情况的评估,内容涉及健康数据的安全利用、隐私保护、风险识别以及好的数据治理实践等内容。[24,26]从评估框架与内容体系的完整性角度出发,美国总统行政办公室制定的《联邦政府数据成熟度模型》可视为对数据治理的整体性评估,涉及分析能力、数据文化、数据管理、数据人员、系统与技术以及数据治理六个维度,并将政府机构数据成熟度由低到高依次划分为五个阶段(见表4)。[27]而新西兰内政部颁布的数据和信息治理年度成熟度评价指标,则主要考察各机构的数据/信息工具、流程、政策与标准、培训、主数据管理、质量保障等实际执行和运用情况并做出判断。[28]

(四)注重数据治理文化建设

政府数据治理意味着要在整个组织体系内嵌入数据思维。数据文化有助于固化组织机构的数据治理秩序与规则体系,重塑数据流程,形成人们的自觉行动。各国都高度重视数据文化建设,爱尔兰政府提出要在跨部门的公共服务中开发数据驱动型文化,[29]美国联邦储备委员会首席数据官办公室将数据驱动文化的转变作为数据管理的重要机遇,[30]澳大利亚新南威尔士州政府将政府内部数字文化建设作为数字政府战略的重要内容。[31]

表4 美国联邦政府数据成熟度模型

维度	第一阶段	第二阶段	第三阶段	第四阶段	第五阶段
分析能力	综合报告	描述性分析	诊断性分析	预测性分析	多功能说明分析
数据文化	数据使用不协调,点对点,质量问题限制了使用	数据使用需经申请,有关质量的项目要求刚起步	有一些常规性的数据和分析,并有质量计划来支持关键性的资产	对数据跨越机构和部门的高需求,驱动决策制定	机构间相关数据共享分析、最佳实践
数据管理	单打独斗式数据管理,文档稀疏,没有常规性运用标准	单打独斗式数据管理,有一些文档,没有常规性运用标准	跨机构的数据管理,文件是统一的,运用了一些标准	数据管理考虑到跨功能应用程序,文件是统一的,经常运用标准	数据管理考虑到整个机构的需求,文件是统一的,标准得到统一运用

续表

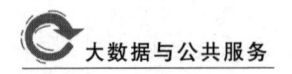

维度	第一阶段	第二阶段	第三阶段	第四阶段	第五阶段
数据人员	没有执行数据任务的专门人员	有一些单一的数据团队；数据人员没有明确的职业发展路径	为数据人员规划了职业发展路径	数据专业人员与主题专家相结合	多学科团队共同完成机构的使命，迎接运行中面临的挑战
系统与技术	数据存储在孤立的系统中，需经常复制数据以便利用	数据存储在孤立的系统中，可通过编程访问某些数据	有一些常见的数据系统，可以通过编程访问某些数据	有一些常见的数据系统，可通过编程访问关键数据，有一些常见的工具	有一些核心的、常见的数据系统，可通过编程访问关键数据，常见工具可以跨机构使用
数据治理	技术人员的松散联系	部门内部层面的协作、数据所有权和管理	机构层面的协作、数据所有权和管理	为了数据治理而在机构层面建立负责任的组织	数据所有权和管理水平的多机构整体提升
综合描述	不同的系统和群体，单个系统层面的数据管理活性，数据质量低，没有决策能力		数据质量低，数据质量低	为了数据质量、政府范围内的标准执行以及自动化和决策支持，通过行政合作和问责制而实现透明度和 ROI 使命	
	低水平 ➝			高水平 ➝	

从部分国家的数据文化建设实践来看，一方面，竭力凸显政府数据的价值，营造数据利用的氛围。例如新西兰政府强调数据文化和数据治理的相互依存与相互促进，主张应树立对政府数据的信任和信心。[32] 美国的费城政府则关注数据价值和数据价值测度结果，鼓励人们对政府数据的自觉利用。[33] 另一方面，采取多种方式营造氛围，激发各方数据开发的积极性。美国旧金山市首席数据官团队，通过举办活动庆祝数据的示范性使用、创建数据利用奖励计划等，将各政府部门的数据协调人员紧密联系在一起，形成良好的数据合力，打造跨部门的数据利用和共享文化。[34]

四 对我国的启示

数据是 21 世纪政府的生命线，是帮助政府实现其信息资产的全部价值并进行管理的关键因素。我国正处在深化政府行政改革、提高国家治理能力的关键时期，对数据治理理念及其他国家数据治理经验的总结，对于加强和改进我国政府的数据开发利用具有重要的指导和借鉴意义。

（1）既要充分认识到数据治理对于改革政府的深远意义，不断强化政府领导及公务人员的数据思维,也要深入研究政府数据治理的规律,结合我国实际,强化数据治理的宏观指导与统筹规划,理顺电子政务、信息公开、开放数据与政府数据治理之间的内在关系,周密设计政府数据治理的整体行动方案。

(2) 既要强化政府数据的资产价值,认真研究开放数据环境下政府数据再利用的特点与经营模式,引导和激励更多社会资本参与对政府数据的合作开发与综合利用;同时,也要提高政府数据利用的风险防范意识,建立数据安全标准体系和评估体系,采取技术、管理等多种手段加强数据主权维护和个人隐私保护,进而提高数据资产价值实现的安全性。

(3) 既要健全政府数据治理的组织领导体系,明确不同类型数据管理机构与数据职位的职能边界,构建职责清晰、运转高效、协调有序的数据治理内部运行机制;同时,也要加强政府数据生态建设,吸引更多企业和民间机构参与政府数据治理过程,推动政府数据与企业数据、社会数据的融合,形成治理主体的多元化、治理视角的多维化和治理方式的多样化,进而增强政府数据调控能力,构建多维交互平台。

(4) 既要关注政府数据治理结构的优化,不断完善信息法律制度,强化数据治理的制度保障和监督指导,也要准确把握政府数据治理的核心问题,在数据质量管理、数据资产管理和数据风险识别防范方面综合运用技术、管理、制度等手段,实现数据管理方式创新与服务模式创新,建立起系统性与协同性并重的数据治理方法体系。

(5) 既要正视公务员数据能力缺失的现实,建立多层次、多模式的数据素养培训体系,满足不同岗位公务员的数据能力需求,也要培育以理性、有序、安全、共享、开放为核心的政府数据文化,建立数据管理问责制度与激励机制,进而提高政府数据的聚合效应,增强数据洞察力,实现高价值数据的精准加工和精准递送。

参考文献

[1] 夏义堃. 试论数据开放环境下的政府数据治理:概念框架与主要内容. 图书情报知识, 2018 (1).

[2] National Digital Strategy 2014 – 2020 [R/OL]. Digital Malta. digitalmalta. org. mt/en/Documents/Digital% 20Malta% 202014% 20 - % 202020. pdf.

[3] Oklahoma State Department of Education. Data Governance Program Manual [M/OL]. http://sde. ok. gov/sde/sites/ok. gov. sde/ files/documents/files/SBE% 20Data% 20Governance% 20

Manual_final. pdf.

[4] Paolini D. J. City of Philadelphia Department of Behavioral Health and Intellectual disability Services. Data Governance Framework Implementation Plan [R/OL]. http://dbhids.org/wp-content/uploads/2016/03/OCIO-DBHIDS-DG-Framework-Implementation-Plan-v1.0.pdf.

[5] Marsolo K. and Kirkendall E. S. Data Governance and Strategies for Data Integration [M] // Hutton J. J. (ed.). *Pediatric Biomedical Informatics*. Translational Bioinformatics 10, 101–120.

[6] 王露露, 徐拥军. 澳大利亚政府信息治理框架的特点研究及启示. 图书情报工作, 2017 (8): 33–42.

[7] The Premier Two-Day Event For Data and Analytics in Government [EB/OL]. https://coriniumintelligence.com/chiefdataofficergovernment/.

[8] Berens Jos and Verhulst S. G. The GovLab Selected Readings on Data Governance [M/OL]. http://thegovlab.org/the-govlab-selected-readings-on-data-governance/.

[9] Information Principles [EB/OL]. https://www.gov.uk/government/uploads/system/uploads/attachment_data/file/85987/Information_Principles_UK_Public_Sector_final.pdf.

[10] Dubai Open and Shared Data Framework [EB/OL]. http://dubaidata.ae.

[11] Department of Internal Affairs. Data and Information Governance: Methodology for Data and Information Governance [R/OL]. https://www.ict.govt.nz/assets/Guidance-and-Resources/Data-and-Information-Governance-and-Maturity/Data-and-Information-Governance-v2.2.pdf.

[12] Commonwealth of Australia, Department of the Prime Minister and Cabinet. Public Sector Data Management.

[13] NSW charts Three-step Path to Digital Dominance [EB/OL]. https://www.itnews.com.au/news/nsw-charts-three-step-path-to-digital-dominance-462724.

[14] Government Information Services Department of Internal Affairs. Prioritisation and Release of High Value Public Data for Reuse Process and Guidelines [EB/OL]. 2012.

[15] Gurin J., Ariss Audrey, Garcia Katherine. Realizing the Potential of Open Government Data: A Roundtable with the U. S. Department of Commerce [EB/OL].

[16] Marsolo K. and Kirkendall E. S. Data Governance and Strategies for Data Integration [M] // Hutton J. J. (ed.), *Pediatric Biomedical Informatics*, Translational Bioinformatics 10, 101–120.

[17] 美国发布联邦信息技术现代化计划 [EB/OL]. http://www.sohu.com/a/193753881_468720.

[18] Brecknell S. Civil Servants Studying in Their Own Time to Catch up on Digital Skills [M/OL]. https://www.publictechnology.net/articles/news/civil-servants-studying-their-own-time-catch-digital-skills. 2017.

[19] State of the Union: Data and Analytics in Government [R/OL]. Corinium Intelli-

gence. com/chiefdataofficergovernment.

[20] The Department of the Prime Minister and Cabinet of Australian Government. Data skills and Capability in the Australian Public Service [R]. 2015, 12.

[21] Duhaney D. Building Capability and Community through the Government Data Science Partnership [EB/OL]. https://gds. blog. gov. uk/2017/07/20/building-capability-and-community-through-the-government-data-science-partnership/.

[22] Dawes S. S., Cresswell A. M., Pardo T. A. 2009. From "Need to Know" to "Need to Share": Tangled Problems, Information Boundaries, and the Building of Public Sector Knowledge Networks [J/OL]. *Public Administration Review* 69 (3): 392 – 402. doi: 10. 1111/puar. 2009. 69. issue – 3.

[23] DataStart. https://www. pmc. gov. au/public-data/data-initiatives.

[24] State Services Commission, The Treasury and the Department of the Prime Minister and Cabinet. Review of the Statistics New Zealand (Statistics NZ) [J/OL]. http://www. ssc. govt. nz/sites/all/files/pif-review-statisticsnz-dec14. PDF.

[25] National Audit Office. Protecting Information across Government [R/OL]. www. nao. org. uk/report/protecting-information-across-government/.

[26] OECD, Health Data Governance: Privacy, Monitoring and Research [R/OL]. OECD Publishing, Paris.

[27] Executive Office of the President of United States. The Federal Government Data Maturity Model [R/OL]. www. ntis. gov/TheDataCabinet/assets/FDMM. pdf.

[28] Data and Information Governance and Maturity [R/OL]. https:// www. ict. govt. nz/assets/Guidance-and-Resources/Data-and-Information-Governance-and-Maturity/Data-and-Information-Governance-v2. 2. pdf.

[29] Government Reform Unit, Department of Public Expenditure and Reform. Open Data Strategy 2017 – 2022 [R].

[30] Kraemer M. Federal Reserve Board Chief Data Office Mission and Priorities [R/OL]. https://bigdatawg. nist. gov/Day2_10_OCDO_Priorities-NIST_Workshop-June_2017. pdf.

[31] NSW Government. Digital NSW-designing our future [R/OL]. https://www. digital. nsw. gov. au/download/ DigitalStrategy. pdf.

[32] New Zealand Data Futures Forum. Harnessing the Economic and Social Power of Data [EB/OL].

[33] Goldsmith S. Infusing Government with a Data-Driven Culture [EB/OL]. http:// www. governing. com/ blogs/bfc/col-infusing-government-data-driven-culture-philadelphia-michael-nutter. html.

[34] Wiseman J. Discovering the True Value of City Data Experts [EB/OL]. http://datasmart. ash. harvard. edu/news/article/discovering-the-true-value-of-data-experts-who-are-showing-cities-the-money.

基于文献计量的国内外"智慧社会"研究进展与对比分析

杨 菁 姚 媛[*]

  本文以"智慧社会"为关键词,采集SSCI数据库文献480篇和CNKI期刊数据库文献434篇,基于CiteSpace Ⅲ文献计量软件,对比分析国内外"智慧社会"研究的进展与发现。从研究脉络来看,SSCI数据库文献的"智慧社会"研究经历了"智慧模式"——"智慧化革命"——"智慧社会"的逻辑发展过程,CNKI期刊数据库文献的"智慧社会"研究则在经历了"智慧城市"、"智慧社区"研究阶段后聚焦于"智慧社会"这一研究中心。从研究视角来看,SSCI数据库文献的"智慧社会"研究强调技术与社会治理变革的融合,CNKI期刊数据库文献的"智慧社会"研究多从社会治理变革视角着手,具有国家议题导向。未来,我国"智慧社会"研究需要综合"智慧城市"、"智慧社区"的研究成果,从技术与治理视角探究具有我国特色的"智慧社会"治理模式,以实现"智慧社会"学术研究的体系化、实践的可操作化。

  党的十九大报告明确提出建设"智慧社会"的目标。[1]"智慧社会"是"智慧城市"理念的拓展,是"智慧城市"的升级版。[2]"智慧社会"就是数字化、网络化、智能化融合的社会,数字化是前提,网络化是路径,智能化是手段。在推进"智慧社会"的过程中,"智慧政府"扮演着关键角

---

  * 作者:杨菁,电子科技大学公共管理学院教授、硕士生导师,副院长;姚媛,电子科技大学公共管理学院硕士研究生。

色。[3]那么,"智慧社会"是从哪些概念中演化出来的?当前学界对"智慧社会"的研究热点是什么,未来发展方向又是什么呢?基于以上问题,本文采用 CiteSpace Ⅲ 文献计量分析软件,对国内外最近 10 余年有关"智慧社会"的研究文献进行分析,梳理当前国内外"智慧社会"研究的脉络,对比国内外"智慧社会"研究的重点,并展望未来"智慧社会"研究的方向。

一 数据来源与方法

本文以 Web of Science 中的社会科学引文索引(SSCI)数据库和中国知网(CNKI)期刊数据库为检索源获取样本,检索时间限定在 2007~2018 年(截至 4 月 1 日,以下不一一注明)。在 SSCI 数据库中以"Smart Society"和"Intelligent Society"为主题进行检索,共获得 480 条结果;在 CNKI 期刊数据库中以"智慧社会"为关键词进行精确检索,共获得 398 条结果。对上述文献的标题、作者、摘要、关键词、出版年代、参考文献、研究机构等基本信息进行编码,剔除会议通知、征文启事和书评等无关文献后,采用 CiteSpace Ⅲ 软件对以上信息进行逐一分析。

二 发文量与作者分布

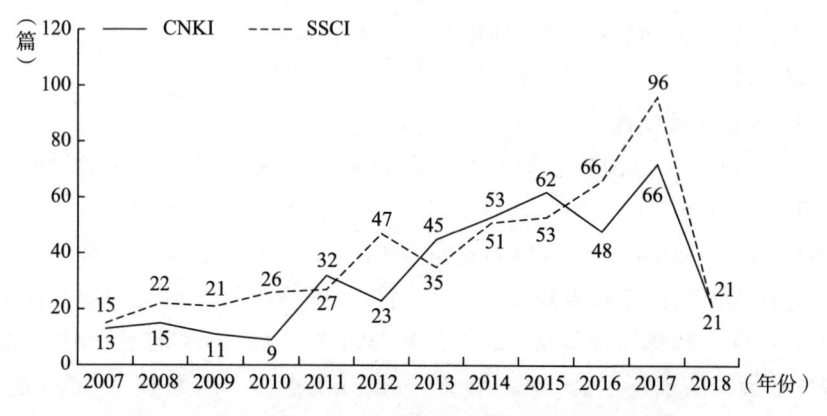

图 1 2007~2018 年 SSCI 数据库和 CNKI 期刊数据库
"智慧社会"发文量统计

由图 1 可知,2007~2018 年(因 2018 年数据不具有完整性,故不纳入分析），国内外"智慧社会"发文量呈逐步增长的趋势。国内外"智慧社会"研究起步大致相同，2017年的发文量较2007年增长四五倍。其中，国外"智慧社会"的研究于2015~2017年增长较快，发文数量略高于国内。

（一）不同国家和地区的发文量

美国是"智慧社会"研究的集中地（128篇），其次是英国、中国、荷兰、韩国、澳大利亚、西班牙等国家。此外，国外比较重视国家间的合作，特别是美国，与英国、加拿大、法国、德国、澳大利亚、巴西等国家合作相对较多。

（二）发文作者与机构的共现关系

1. 研究机构共现分析

由表1可知，国外SSCI数据库中昆士兰大学、莫纳什大学、斯坦福大学、乌得勒支大学、代尔夫特理工大学、香港城市大学、宾夕法尼亚大学是发文最多的研究机构（各5篇），其次是4篇的佛罗里达国际大学、明尼苏达大学、南安普顿大学。在SSCI数据库高产作者中未见中国学者。浙江大学宁波理工学院（3篇）是在CNKI期刊数据库发表文章最多的中国研究机构。在机构合作方面，既有国际上的合作，如香港城市大学和昆士兰大学、乌得勒支大学；也有同一国家不同地区间的合作，如斯坦福大学、密歇根大学和宾夕法尼亚大学。与国外以高校为主力的科研环境不同，国内"智慧社会"研究的主力除高校外，党政机关，如中共中央政治局等也占据了一席之地，但机构共现关系不明显。

2. 作者共现分析

Kanazawa S.是国外"智慧社会"领域发表文章最多的作者（4篇），其次是Charlton B. G.、Mainka A.、Lee J.（各3篇）。他们每个人的侧重点各不相同，Kanazawa S.[4]和Charlton B. G.[5]分别从社会学、心理学的视角出发，探究人的智能化发展，认为从一社会个体出发，通过实现个体的智慧发展达成"智慧社会"这一目标。Mainka A.、Lee J.则把研究重心放在"智慧社会"实现技术上。Mainka A.的研究重点为"智慧社会"实践，采用跨学科的方法，结合信息科学、城市研究和社会学来分析伦敦作为一个世界信息城市的发展和实践。[6] Lee J.擅长研究5G服务网络及相关网络体系的技术要求。[7]在作者共现方面，国内外作者共现情况均不明显。国外作者共现组合略多，但共现次数最多仅为2次，例如Pollitt M. G.和Anaya

K. L.、Cochrane T. A. 和 Raffensperger J. F.，前者来自英国的剑桥大学，后者来自英国的坎特伯雷大学。国内仅出现一对共现组合（2 次），分别是来自浙江大学宁波理工学院和浙江工商大学人文学院的帅瑞芳和黄寅。[8]

三 高被引作者与研究机构

（一）SSCI 数据库高被引文献分析

SSCI 数据库"智慧社会"研究相关文献被引次数最多的是 Boyd R.、Richerson R. J.、Henrich J. 2011 年在 *Proceedings of the National Academy of Sciences of the United States of America* 上发表的 The Cultural Niche：Why Social Learning is Essential for Human Adaptation，共被引用 230 次，被视为"智慧社会"研究领域最重要、最经典的文献。该文从社会心理学出发，通过心理实验总结出社会化对个体智能化思维方式的影响，强调社会学习对个体发展的重要作用，即从"智慧社会"的主体——人的角度进行阐述，通过实现人的智能化和智能社会化来实现"智慧社会"目标。[9] Reis R. S.、Salvo D.、Ogilvie D. 2016 年在 *Lancet* 上发表的 Scaling up Physical Activity Interventions Worldwide：Stepping up to Larger and Smarter Approaches to Get People Moving 一文共被引用 44 次。该文从治理角度提出如何实现健康智能的社会。文章指出，"智慧社会"需要全民参与协同治理，需要政府和社会共同努力。[10] 被引次数为 23 次，由 Mandel J. C.、Kreda D. A.、Mandl K. D. 2016 年发表在 *Journal of the American Medical Informatics Association* 的

表 1 2007~2018 年 SSCI 数据库与 CNKI 期刊数据库有关"智慧社会"研究的研究机构与作者共现信息

单位：篇

SSCI 数据库		CNKI 期刊数据库	
研究机构	作者	研究机构	作者
University Queensland (5)	Kanazawa S. (4)	浙江大学宁波理工学院 (3)	刘平 (3)
Monash University (5)	Charlton B. G. (3)	国土资源部 (2)	徐晓琳 (2)
Stanford University (5)	Mainka A. (3)	安徽大学哲学系 (2)	郭金平 (2)
University Utrecht (5)	Lee J. (3)	中共中央政治局 (2)	吴励生 (2)

续表

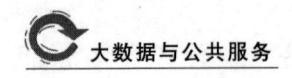

SSCI 数据库		CNKI 期刊数据库	
研究机构	作者	研究机构	作者
Delft University Technology (5)	Barroso I. C. (2)	华中科技大学公共管理学院 (2)	李丹 (2)
City University HongKong (5)	Boyd R. (2)	中关村创新研修学院 (2)	汪玉凯 (2)
University Penn (5)	Kaivo—oja J. (2)	中央社会主义学院 (2)	尚进 (2)
Florida Int University (4)	Alam F. (2)	国家测绘地理信息局 (2)	李源潮 (2)
University Minnesota (4)	Mehmood R. (2)	复旦大学社会工作系 (2)	桑国卫 (2)
University Southampton (4)	Gomez—Nieto M. A. (2)	武汉大学哲学系 (2)	贾庆林 (2)

表2 2007~2018年 SSCI 数据库和 CNKI 期刊数据库"智慧社会"研究高被引文献信息

来源	作者	文献名称	期刊名称	频次
SSCI 数据库	Boyd R. Richerson P. J. Henrich J.	The Cultural Niche: Why Social Learning is Essential for Human Adaptation	*Proceedings of the National Academy of Sciences of the United States of America*	230
	Reis R. S. Salvo D. Ogilvie D.	Scaling up Physical Activity Interventions Worldwide: Stepping up to Larger and Smarter Approaches to Get People Moving	*Lancet*	44
	Mandel J. C. Kreda D. A. Mandl K. D.	SMART on FHIR: a Standards—based, Interoperable Apps Platform for Electronic Health Records	*Journal of the American Medical Informatics Association*	23
	Lowndes V. Gardner A.	Local Governance under the Conservatives: Super—Austerity, Devolution and the "Smarter State"	*Local Government Studies*	19

续表

来源	作者	文献名称	期刊名称	频次
CNKI 期刊数据库	贾庆林	《健全社会主义协商民主制度，为全面建成小康社会广泛凝聚智慧和力量》	《求是》	75
	康春鹏	《"智慧社区"在社会管理中的应用》	《北京青年政治学院学报》	49
	陈山枝	《关于我国推进智慧城市的思考与建议——从我国社会经济发展及转型的视角》	《电信科学》	31
	邓正来	《"生存性智慧模式"——对中国市民社会研究既有理论模型的检视》	《吉林大学社会科学学报》	29
	徐晓林、朱国伟	《智慧政务：信息社会电子治理的生活化路径》	《自然辩证法通讯》	26

SMART on FHIR：a Standards—based, Interoperable Apps Platform for Electronic Health Records 一文，利用临床数据模型和应用程序编程更新了 SMART（可替代医疗应用和可重用技术），从技术视角展开"智慧社区"实践研究。尽管这篇文献从技术视角研究"智慧社区"，但文献结论部分转向社会治理，提出成功的社区建设需要拥有共同目标的多元主体参与，即"智慧社会"是一个需要多元主体参与的协同治理过程。[11] Lowndes V.、Gardner A. 2016 年发表在 Local Government Studies 上的 Local Governance under the Conservatives：Super—Austerity, Devolution and the "Smarter State"，从政治学的角度研究"智慧国家"。通过对英国保守党"智慧国家"政策的跟踪调查，批判该政策的实施使选举不利的地区面临选举失败的风险，加剧了选举的不公平，并未真正实现智慧治理。公众尚未充分参与是这一政策失败的根源。"智慧国家"的实现，在权力下放的同时，需要保证公众的充分参与。[12] 这篇文献的被引次数为 19 次（见表 2）。

通过对 SSCI 数据库"智慧社会"研究高被引文献的分析发现，国外"智慧社会"研究采用多学科视角，涉及社会学、政治学、工程学等。值得注意的是，国外高被引文献并未直接提及"智慧社会"概念和实现机制，而是将"智慧社会"应用于具体的场景，如个人的"智能化发展"、"智慧医疗"、"智慧政府"等，最终均从社会治理、社会主体协同参与视角提出对策建议。

（二）CNKI 期刊数据库高被引文献分析

CNKI 期刊数据库高被引文献分为两类。一类是国内学者或政府官员，基于政府工作报告、相关政策文本探究社会治理变革的文献。如国内"智慧社会"研究被引次数最高的文献《健全社会主义协商民主制度，为全面建成小康社会广泛凝聚智慧和力量》，全文并未直接提及"智慧社会"，却成为后期"智慧社会"、"智慧治理"理论研究的重要官方政策依据。该文被引次数为 75 次。另一类文献是国内学者通过"智慧城市"、"智慧社区"、"智慧政务"等与"智慧社会"相关的研究成果，间接提出建设"智慧社会"。康春鹏基于对"智慧社区"概念的讨论认为，这种新型社区形态是未来城市发展的主要方向，将对未来产业发展和社会管理模式等带来颠覆性的影响。[13]该文被引次数为 49 次。陈山枝对比了"数字城市"和"智慧城市"的内涵，基于经济发展及转型的视角，认为"智慧城市"将实现以人为本的社会管理新模式，提出了我国建设"智慧城市"的具体政策建议，认为顶层设计重塑和跨部门信息共享是建设"智慧城市"的"一把手"工程。[14]邓正来从社会治理角度出发，将市民视为重要的治理主体，基于我国市民社会研究的最新思考，即"生存性智慧模式"，解决政府失灵问题，以期实现智慧化的社会运行机制。[15]徐晓林、朱国伟从"智慧政务"入手，认为随着信息技术的跃迁式发展，"智慧政务"将推动包容性电子治理的实现。当公民实现了对技术的控制后，技术民主的愿景将呈现。[16]

整体来看，国内"智慧社会"的研究中政府官员讲话、政策文本的引用占大多数。一方面，政府文件和官员对"智慧社会"关键问题的回应为尚处于起步阶段的"智慧社会"研究提供了一个风向标，为"智慧社会"的建设和发展指明了道路，为后续的概念界定和"智慧社会"的实践与评价提供参考；另一方面，"智慧社会"这一概念的准确定义以及未来的建设方向、发展目标在学界均未达成共识，当前正处于建设"智慧社会"理论呼吁造势阶段，是从"智慧城市"、"智慧政府"过渡到"智慧社会"的背景讨论阶段。这也从侧面说明了我国的"智慧社会"研究具有较强的政策需求导向。

四　研究领域与主题分布

（一）研究领域分布

从 SCI 数据库"智慧社会"研究领域信息（表3）看，"智慧社会"研究领域多样，涉及工程、商业与经济学、计算机科学、心理学、环境科学、环境研究、信息科学与图书馆学等领域。作为一个崭新的研究课题，"智慧社会"是交叉学科研究的热点。2007年，"智慧社会"研究主要以技术应用开发为主，主要集中在工程领域、环境科学领域、信息科学领域。而在社会科学领域中，尽管出现的频次较自然科学领域少，但是其中心度高于自然科学领域，表明"智慧社会"的主要研究对象多为工程、环境方面，最终落脚于社会科学领域，试图通过技术手段解决社会科学问题。

国内对"智慧社会"的研究集中在经济管理、中外政治、行政管理领域，多从社会发展管理角度进行研究，科学与工程方面的文献较少。

表3 2007~2018年SSCI数据库"智慧社会"研究领域信息

研究领域	年份	频次	中心度
Engineering	2008	78	0.19
Business&economics	2007	63	0.04
Computer science	2007	56	0.09
Psychology	2007	54	0.18
Environmental sciences	2007	51	0.07
Science&technology— other topics	2007	42	0.27
Environmental studies	2007	40	0.09
Environmental science&tecnology	2008	36	0.07
Green&sustainable science&technology	2011	32	0.01
Information science&library science	2007	32	0.05
Social sciences— other topics	2007	30	0.28
Social sciences	2007	29	0.20

（二）研究主题分析

本文运用CiteSpaceⅢ对SSCI数据库和CNKI期刊数据库的文献信息进行关键词共现分析。通过多次调试，将二者的阈值设定为Top50，通过Pathfinder进行精炼化，再将可视化视图调整为Timeline模式。每个节点为一个关键词，节点连线表示该节点与其他节点的关联度，连线越粗表明节点之间的联系越紧密。节点圈大小是由关键词出现的频次决定的，大圈则出现频率高；节点圈的颜色由浅到深表示时间从早期到近期的变化。

1. SSCI 数据库"智慧社会"研究主题发展脉络

对 SSCI 数据库中"智慧社会"研究有效文献的关键词进行可视化图谱分析，共得到 428 个关键词和 946 条连线。根据"智慧社会"关键词的 Timeline 视图，结合高频关键词信息（表4），对各个时期的"智慧社会"研究主题进行辨识。结果显示，SSCI 数据库"智慧社会"研究呈现三个阶段，即"智慧模式"、"智慧化革命"和"智慧城市"，并且形成了以"System"和"Smart City"主题为中心的两个较大聚类。

第一阶段，2007~2010 年，"智慧社会"研究探讨了"智慧模式"。在 System（系统）这个大聚类周围又分布着众多小聚类，如 Technology（技术）、Information（信息）、Model（模式）、Performance（绩效）等为这一时期的研究焦点。基于"智慧+"视野研究如何实现"智慧系统"，从技术视角研究"智慧+"，如"智慧教育"、"智慧医疗"，提出了"智慧+"的基本概念和"智慧系统"的实现路径。这一阶段的研究围绕"智慧社会"形成了一条主线和两大路径。主线即"智慧系统"，同时延伸出两大研究路径：一是从技术视角提出如何利用智慧网络技术构建"智慧系统"，另一是从制度设计、组织结构入手规划"智慧社会"。

第二阶段，2011~2014 年，国外"智慧社会"研究强调"智慧+"对社会治理改革的影响，目的是实现社会可持续发展。在这一个阶段，从强调"智慧+"概念和实现路径转为关注"智慧+"对社会治理的革新，智慧治理越来越受到学界的关注。这一阶段围绕 Innovation（创新）这个中心度比较高的主题，出现的关键词有 Sustainability（持续性）、Privacy（私人）、Governance（治理）等。学者们纷纷认为，"智慧社会"不仅仅指智能技术的应用，更多的是一种智能化的管理系统。这一阶段"智慧社会"的研究焦点并非"智慧+"的具体实施，或如何从技术视角实现智能化，而是从智慧化治理、规划、分析和发展入手，实现智慧化的治理变革，即通过管理思想的改革实现社会的可持续发展。Malhotra A.、Melville N. P. 等从环境可持续性出发，认为信息化系统将有利于解决这一问题，由一个大型技术咨询公司利用信息化技术发起一个"智能城市"讨论，以提高公民对气候和能源问题的认识，推动其对环境可持续发展问题的积极参与。[17] Raimundo Díaz—Díaz 和 Daniel Pérez—González 通过对西班牙 Santander 市议会管理的 Santander City Brain 平台案例的研究，认为虚拟社交媒体是公民社会的有效工具，因为它能够制定政治议程，并影响政治话语的框架。[18]

第三阶段，2015~2018 年，"智慧社会"研究出现了较为明显的聚类，即"智慧城市"(Smart City)。这一阶段并未出现像前两个阶段一样的明显关键词。与第二阶段重视管理变革和创新不同,这一阶段的研究从技术入手,最终落在"智慧城市"的实施路径和实践上,说明技术又重新回到人们的研究视野中。与第一阶段强调信息技术不同,这里的技术不单指基础设施,而是注重数据应用和信息协同。也有大量文献从管理学、环境生态学等视角重新考量"智慧城市"建设。Deen M. J. 综合利用传感器、无线通信、低功耗电子设备和智能设备,设计出专门用来解决城市发展进程中日益明显的人口老龄化问题的智慧家居系统。[19] Marcus 和 Koch 创新视角,相对于原来关注"智慧城市"可操作的智能技术的实现,将城市视为实现"智慧城市"系统的一种"设施",认为城市本身就是"智慧城市"系统实现减缓、存储以及保持各种能源和要素资源的一种技术,提出基于多样性和资源密度规划城市空间资本,认为城市本身就是一种智慧化技术。[20]

表4　2007~2018年 SSCI 数据库和 CNKI 期刊数据库"智慧社会"研究高频关键词信息

SSCI 数据库			CNKI 期刊数据库		
关键词	年份	频次	关键词	年份	频次
System	2009	42	智慧城市	2011	60
Technology	2008	29	智慧城市建设	2010	38
Model	2010	26	中华人民共和国	2007	20
Innovation	2012	24	智慧社区	2012	13
Smart City	2015	24	物联网	2012	11
Performance	2009	23	社会管理	2011	11
Impact	2008	22	企业管理	2010	9
City	2008	21	和谐社会	2007	9
Information	2007	18	中国特色社会主义	2014	8
Smart Grid	2012	17	人工智能	2015	8

2. CNKI 期刊数据库"智慧社会"研究主题发展脉络

基于 CNKI 期刊数据库关键词共现可视化图谱(图2),共得到451个关键词和748条连线。总体来看,CNKI 期刊数据库的"智慧社会"研究主要基于两大研究方向:一是基于社会治理和政策导向的"智慧社会"治理模式研究;二是结合大数据、人工智能、信息社会等概念,从基础设备和技术操作视角提出"智慧社会"具体形态的实践,如"智慧城市"、"智慧社区"的建设。这两种研究视角分别从治理和技术层面研究"智慧社会",并非相互对立,而是相互联系、互相作用的关系。

图 2　2007~2018 年 CNKI 期刊数据库"智慧社会"研究主题情况(部分)

智能化治理模式为"智慧社会"的发展提供思路和路径支撑,大数据、人工智能则为"智慧社会"的发展创造条件。

国内"智慧社会"研究主题形成了两个比较大的聚类,即"智慧城市"和"智慧城市建设"(图3)。"智慧城市"研究对我国"智慧社会"研究起着重要作用。从时间脉络来看,我国"智慧社会"研究经历了从"智慧城市"到"智慧社区",最终"智慧社会"成为研究中心的演变过程。"智慧社会"的前期研究并未直接关注"智慧社会"及其建设路径,而是从"智慧城市"着手。"智慧社会"、"智慧社区"和"智慧社区建设"是仅次于"智慧城市"和"智慧城市建设"聚类的较受关注的关键词。

第一阶段,2007~2011 年,散布在"智慧城市"、"智慧城市建设"周

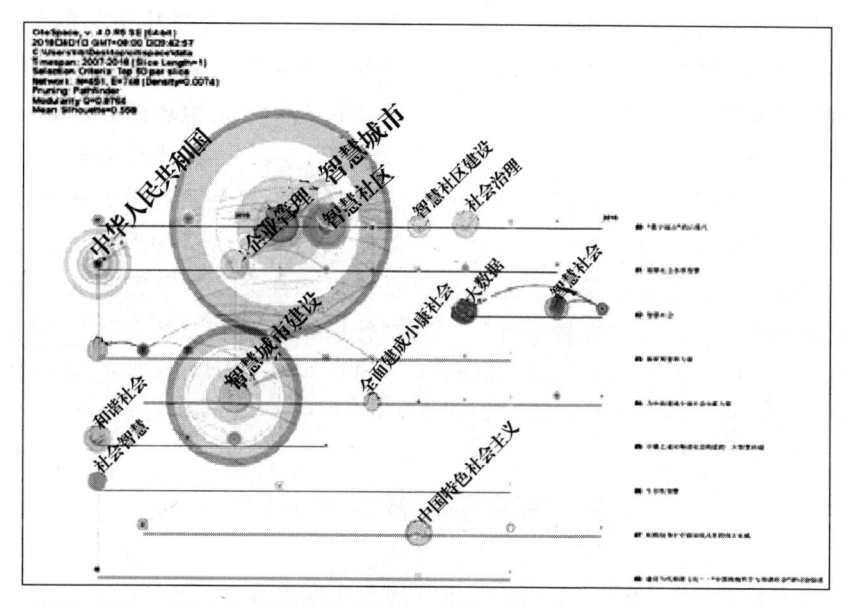

图 3 2007~2018 年 CNKI 期刊数据库"智慧社会"研究主题 Timeline 视图

围的关键词有"中华人民共和国"、"企业管理"、"社会智慧"、"和谐社会"等,说明这一阶段的研究主要从制度、规划和治理视角展开。

第二阶段,2012~2015 年,"智慧社会"的研究重点转变为"智慧社区建设",即将研究对象缩小为城市的基本单位——社区,并且这一阶段除了"社会治理"视角外,还强调从"大数据"这一技术视角为"智慧社会"提供技术指导。王飞跃、王晓等认为,基于社会计算的"智慧社会"可以充分利用开放流动的大数据资源,综合协调人、地、事、物和组织等各种要素,形成信息对称、权利对等、扁平化组织的社会结构,推动传统社会管理模式向分布式、集约化、智能化、全响应的创新社会管理模式转变。[21]

第三阶段,2016~2018 年,关键词为"智慧社会"。"智慧社会"成为一个明显的研究主题,即不再借助"智慧城市"或者"智慧社区"等来体现,而是成为一大独立的研究主题。这一时期主要是对"智慧社会"概念进行讨论,以及对比分析"智慧城市"、"智慧社区"与"智慧社会"的异同,并以此提出大数据时代建设"智慧社会"的必要性。综合来看,这一阶段对"智慧社会"的研究形成了两种观点。一种观点认为"智慧社会"是"智慧城市"的升级版,不仅涉及技术对城市发展形态的影响,更涵盖了城市内部治理体系的变革。另一种观点认为"智慧社会"是"信息社会"的升级版,是"工业革命"和"信息革命"的升级版,是由技术所引发的社会变革。[22]目前，更多学者关注"智慧城市"与"智慧社会"的关系，认为二者既有联系又有区别，均基于云计算、大数据、人工智能、空间地理信息集成等新一代信息技术，是创新城市管理和社会治理的新理念和新模式。但相比于"智慧城市"而言，"智慧社会"是社会形态的表现。[23]

综上，对比国内外研究脉络，国外"智慧社会"研究经历了从技术导向出发，不断弱化技术的影响，最终转向对社会治理变革的探讨，即由技术视角逐渐向智慧化治理视角过渡。我国"智慧社会"的研究则从社会转型视角出发，呈现为"智慧城市"、"智慧社区"和"智慧社会"三个发展阶段，不同的阶段表明了我国不同时期"智慧+"模式关注焦点的演变和发展，这与我国的"智慧社会"研究具有明显的国家议题特征有关。

五　研究主题及前沿对比

国内外"智慧社会"研究按照不同的逻辑发展推进。国外"智慧社会"研究从对"智慧+"模式的探讨出发，从技术视角提出"智慧+"系统，并由此引出"智慧化革命"概念，将其演化为一种治理变革，由技术视角转为社会治理视角进行研究，最终落在"智慧社会"这一基于大数据和人工智能背景下解决城市问题的崭新治理模式上来，经历了由突出"社会治理"转为将"治理和技术"结合起来，共同实现"智能化社会"目标的演变过程。国内"智慧社会"研究源于大国经济发展转型的背景，立足于实现国家治理现代化，为解决当前我国现代化发展中的问题，抓住人工智能发展机遇，从社会治理变革视角研究"智慧社会"。不同于国外从"智慧+"理论模式探究"智慧社会"，我国"智慧社会"研究基于社会发展问题，先从"智慧城市"实践入手，期望通过建设"智慧城市"解决城市发展问题，实现城市的迅速发展。随着"智慧城市"研究的深入，针对"智慧城市"建设中面临的技术问题及路径实施问题，转而将"智慧社会"研究的对象转变为针对"智慧社区"这一城市的基本单位。随着学界对"智慧城市"、"智慧社区"的研究成果丰富，以及社会治理背景的改变，党的十九大明确提出了"智慧社会"这一概念，相关部门也陆续出台了相关政策、举办研讨会，政府官员纷纷对"智慧社会"各抒己见，使得"智慧社会"被明确为一个新的研究视角，由对"智慧社会"相关概念的研究转为对"智慧社会"本身的研究。

纵观国外的研究历程，尽管"智慧社会"并未被明确为某一个阶段性的关键词，但"智慧社会"的研究贯穿始终。从最初的"智慧模式"出发，研究智慧化模式对社会治理理论的变革，继而研究具体的"智慧社会"类型，即"智慧城市"，通过"智慧城市"这一对"智慧+"系统理论的实践和验证，丰富并细化"智慧模式"研究。国内"智慧社会"研究有明显的国家议题导向，前期在缺乏对以"智慧城市"、"智慧社区"等为代表的"智慧+"内涵和模式深层次分析的情况下，直接从社会治理变革视角研究"智慧城市"，因此缺乏对智慧模式理论的探讨和结构框架的建构。后期又基于国家议题变化和实际研究中面临的具体问题，转为对"智慧社区"、"智慧社会"的研究。

我国对"智慧社会"的研究，与之前对"智慧城市"、"智慧社区"的研究一样，都是"智慧+"在不同时期的具体应用，而非"智慧+"主导下对"智慧社会"的系统构建。因而当"智慧社会"被明确为研究中心后，又需重新梳理其概念，且未融合之前的"智慧城市"和"智慧社区"研究的成果，抽象出"智慧+"模式的内涵及治理模式。因此，当前我国"智慧社会"的研究不仅要抓住政策导向，还要借鉴国外将技术与社会治理融合的视角，整合基于大数据背景的"智慧+"、"智慧城市"、"智慧社区"的研究成果，抽象出具有中国特色的"智慧社会"理论框架和治理模式。

"智慧社会"作为一个新兴概念，学界当前对其研究有限。本文选择SSCI数据库和CNKI期刊数据库，其中CNKI期刊数据库中有关"智慧社会"研究的高质量文献仅60余篇。CNKI期刊数据库中"智慧社会"研究文献集中在《中国信息界》和《中关村》这两本期刊中，其中《中国信息界》是中国信息协会和国家信息中心主办的刊物。正是这两本期刊代表且影响着当前国内"智慧社会"研究的水平，通过对政府官员的采访及论文的刊载，使学者了解"智慧社会"的基本概念及发展情况。我国"智慧社会"研究是基于国家议题导向发展的，最终也将解决社会治理问题。因此，如何实现"智慧治理"、"智慧政府"，是我国"智慧社会"研究的重点。

参考文献

[1] 习近平. 决胜全面建成小康社会夺取新时代中国特色社会主义伟大胜利[N]. 新华每日电讯，2017-10-28(3).

[2] 单志广. 在新型智慧城市的基础上推进智慧社会[J]. 中国信息界，2017(6).

［3］汪玉凯. 智慧社会倒逼国家治理智慧化［J］. 中国信息界，2018（1）.

［4］Kanazawa S. Intelligence and Homosexuality［J］. Journal of Biosocial Science，2012，44（5）.

［5］Charlton B. G. Why are Women so Intelligent? The Effect of Maternal IQ on Childhood Mortality May be a Relevant Evolutionary Factor［J］. Medical Hypotheses，2010，74（3）.

［6］Murugadas D.，Vieten S.，Nikolic J.，Mainka A. The Informational World City London［J］. Journal of Documentation，2015，71（4）.

［7］Lee J. Cross—disciplinary Knowledge: Desperate Call From Business Enterprises in Coming Smart Working Era［J］. Technological & Economic Development of Economy，2013，19（1）.

［8］帅瑞芳，黄寅. 和谐社会构建的儒家智慧——以中庸之道为研究视阈［J］. 社会科学战线，2007（5）.

［9］Boyd R.，Richerson P. J.，Henrich J. The Cultural Niche: Why Social Learning is Essential for Human Adaptation［J］. Proceeding of the National Academy of Science of the United States of America，2011（2）.

［10］Reis R. S.，Salvo D.，Ogilvie D. Scaling up Physical Activity Interventions Worldwide: Stepping up to Larger and Smarter Approaches to Get People Moving［J］. Lancet. 2016（10051）.

［11］Mandel J. C.，Kreda D. A.，Mandl K. D. SMART on FHIR: a Standard—Based, Interoperable Apps Platform for Electronic Health Records［J］. Journal of the America Medical Informatics Association，2016（5）.

［12］Lowndes V.，Gardner A. Local Governance under the Conservatives: Super—Austerity, Devolution and the "Smarter State"［J］. Local Government Studies. 2016（3）.

［13］康春鹏. "智慧社区"在社会管理中的应用［J］. 北京青年政治学院学报，2012，21（2）：72-76.

［14］陈山枝. 关于我国推进智慧城市的思考与建议——从我国社会经济发展及转型的视角［J］. 电信科学，2011（11）.

［15］邓正来. "生存性智慧模式"——对中国市民社会研究既有理论模式的检视［J］. 吉林大学社会科学学报，2011（2）.

［16］徐晓林，朱国伟. 智慧政务: 信息社会电子治理的生活化路径［J］. 自然辩证法通讯，2012（5）.

［17］Malhotra A.，Melville N. P.，Watson R. T. Spurring Impactful Research On Information Systems for Environmental Sustainability［J］. Mis Quarterly. 2013（4）.

［18］Raimundo Díaz—Díaz Daniel Pérez—González. Implementation of Social Media Concepts for E—Government: Case Study of a Social Media Tool for Value Co—Creation and Citizen Participation［J］. Journal of Organizational and End User Computing. 2016，28（3）.

［19］Deen M. J. Information and Communications Technologies for Elderly Ubiquitous Healthcare in a Smart Home [J]. *Personal and Ubiquitous Computing.* 2015 (3).

[20] Marcus L., Koch D. Cities as Implements or Facilities — The Need for a Spatial Morphology in Smart City Systems [J]. *Environment and Plannning B – urban Analytics and City Science.* 2017 (2).

[21] 王飞跃,王晓,袁勇,等. 社会计算与计算社会:智慧社会的基础与必然 [J]. 科学通报,2015,60 (Z1).

[22] 尚进. 学习十九大精神,推动智慧社会发展 [J]. 中国信息界,2017 (5).

[23] 本刊编辑部. 从智慧城市到智慧社会 [J]. 建设科技,2018 (3).

面向开放数据的创新问责机制：
意大利的经验与启示

张 航[*]

在大数据背景下，科技的发展让开放政府数据变得势在必行，一方面为多元主体参与问责提供了更多的可能性，另一方面也为基于开放数据的治理创新提供了巨大的推动力。一些国家和地区亦已开展了一些创新问责的探索实践，意大利是其中一个较成功的典型。意大利基于开放政府数据的创新实践，形成了一个协作问责的循环系统。本文试图基于传统的"委托－代理"问责范式，对大数据背景下的模型创新进行理论剖析，并进一步深入分析意大利模式，总结其经验与教训。

行政权威的运作如何才能不逾越其界限成为"监护人"，是民主制度设计的关键目标，因此问责制度往往被看作民主制度的基石。[1]在我国，问责制度的不断完善不仅是政府改革的重要内容，也是中国共产党政治合法性的重要来源之一。党的十八大以来，全面从严治党取得了历史性成绩。党的十九大报告进一步指出要"坚持全面从严治党，强化党内监督，纠正各种不正之风，以零容忍态度惩治腐败"，同时要"深化机构和行政体制改革，创新监管方式"，并进一步"健全党和国家监督体系，让人们监督权力，让权力在阳光下运行"。这一切都离不开强有力的问责制度作为支撑。在新时代背景下，大数据和信息技术的发展不断冲击着传统的政府管理模式，为了应对信息时代的各种挑战，政府治理在问责制度方面也亟须实现

---

[*] 作者：张航，南京邮电大学社会与人口学院。

突破性的创新，推进"互联网 + 政务服务"的发展，实现向更加符合公民需求、更具开放性的治理模式转变。[2]

一 "问责"的传统理论框架

"问责"（Accountability）一词被广泛地运用于公共管理领域，但就其本身而言，其实是一个颇具争议的概念。关于"问责"的研究文献相当分散和繁杂，常被用来表示一些松散定义的政治必需品，如透明、公正、民主、效率、回应、责任和廉洁，学者们也乐于对"问责"给出自己的定义。但毫无争议的是，"'问责'与被要求对其行为负责的过程密切相关"。[3]对于任何要求权力机构对其公众做出回应的机制而言，"问责"已经成为一个通用术语，它是一种约束和监督公共权力的手段。[4]公共管理领域关于"问责"的讨论，可以追溯到20世纪30~40年代弗雷德里希和赫尔曼的经典辩论，这一辩论呈现了对决策者问责的两种判断标准：内在品德和外在规范。弗雷德里希强调问责是（与"职业"相关的）专业知识和科学规范赋予官员的一种责任感，换句话说，是一种对官员职业操守及德行的检验和审视，这种意义上的问责为政府及官员提供了合法性支撑。赫尔曼则认为问责指外部的制度性问责，强调的是对"责任"（Responsibility）后果的确认，也可以理解为"责任性"，因为对公众而言，他们更关心在某种机制下官员是否能被追究责任并受到惩罚。[5]这两个标准对问责来说都很重要，此后学界对问责的研究也大多建立在这两个标准之上。从某种意义上讲，目前的委托－代理范式对"问责"的解释同时考虑以上两个标准，这一视角认为问责是一种"代理人"（政府）有义务向"委托人"（公众）解释其行为并承担其后果的特殊社会关系或机制。[6]一直以来，委托－代理理论被视为公共部门问责研究中的主导理论和指导范式。[7]问责通常被看成委托人有权针对代理人的提议或行为提出质疑，要求其做出解释，在此基础上辨别其行为，并对不合要求的行为进行制裁的过程。它在委托人和代理人之间建立起一种对话关系，可以概括为两个组成部分：一是解释回应（Answerability），二是强制执行（Enforcement）。[8]除此之外，问责还包括一个关键要素——"透明"（Transparency）。[9]委托－代理关系视角下的问责关系模型如图1所示。

"解释回应"要求政府相关官员必须回应公众的要求，提供充分的信息和证据对其行为进行解释。一个好的政府往往需要常规性地对公众的疑问

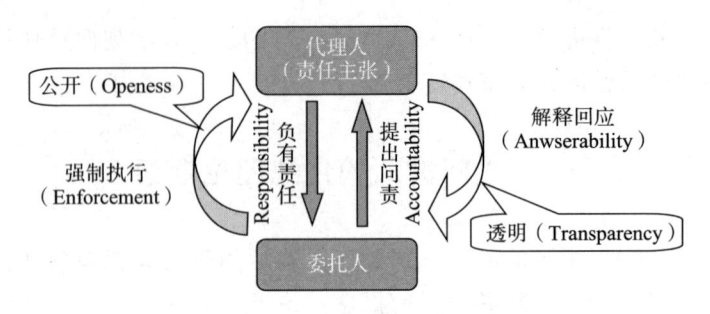

图1 "问责"的委托-代理关系模型

注：基于Schedler的"问责"内涵绘制。

做出回应。而这一对话关系的核心正是"透明"，它避免了信息的不对称。透明意味着公众参与过程必须是公开、诚实且易被理解的，整个过程的发起、目的、设计，以及决策者如何应用和结果都应该是清晰而透明的。一个政府的透明度越高，公众和媒体就越容易获得信息，追寻"真相"的成本就越低，对政府及其官员的政策和行为的监督问责也就越有效。然而，单就"透明"本身而言，还不足以捕获所有赋予问责合法性的力量，问责还要求公共监督力量能够在限制权力和阻止权力滥用方面发挥实质性的作用，这就需要"强制执行"来保障。"强制执行"是指，当政府官员滥用权力或者与指令不符时，公民可以通过委托机构对其依法实施制裁。这种制裁往往通过对官员违法犯罪行为或失职行为起诉的方式执行。[8]可见，"解释回应"要求政府及其官员的行为有正当合理的理由，"强制执行"则确保政府及其官员的责任得到追究，同时也使其有足够的动力做到行为恰当，"透明"则是这一过程实现的前提。问责的这种委托-代理关系意味着，公民所能掌握的信息的数量和质量，在很大程度上决定其能够确保公职人员负责的能力。大量文献强调公民对政府公共行为知情的重要性，表明只有在"公开"（Openess）得到满足情况下的透明才能确保问责的实现。[10]这种情况可以被定义为，公开的信息能够被其目标受众获取并使其产生共鸣的程度。在科技的帮助下，这种满足的情况更有实现的可能性。

二 开放数据与问责

（一）科技与透明的结合——开放数据

我国一直以来坚持完善中国特色社会主义民主建设，自始至终强调实现协商民主和人们当家做主。协商民主要求所有参与者在互相尊重的基础上都有足够的机会去发表言论、接收信息，并且对其他参与者的贡献做出评估。[11]这意味着公众在正式进入对政府官员"问责"的阶段之前，一个不可或缺的步骤就是资料收集和事实调查的过程。人们能收集和使用到的信息的数量和质量，直接关系到是否应该或能否"问责"。因而在任何一种情况下，政府透明都被视为公共问责实现的绝对前提——没有透明就没有有效的问责，而透明必然涉及具体的信息和数据。

传统的行政透明机制是基于一种自上而下的"政府－公民"两级模式，即政府人员声明哪种信息将被发布，以及通过哪些渠道和实现哪些目标。换句话说，行政透明代表了特定公共政策的内容，旨在实现既定目标，从而加强民主循环。行政透明旨在通过发布有关行政部门的决定及结果信息来激发公共舆论，其目的是沿着民主控制公共权力的传统途径，如选举、参与机制、公共讨论等来确定反馈。在这种情况下，公众是信息不对称的相对弱势方，关键信息的缺失会直接导致其无法有效发起并实现问责。

20世纪90年代末的互联网大爆炸彻底改变了政府和公共行政，信息通信技术的飞速发展为政府透明和创新问责的实现提供了强有力的工具。新技术使得各种信息资源得到有效的开发和利用，它们跨越时空的限制在全世界范围内自由流动，在对人们的生活习惯和思考方式产生影响的同时，也冲击着传统的政府管理模式，使其不得不加入到改革和创新的全球浪潮中。信息社会前所未有地凸显了政府信息公开的意义和价值，公开透明也随之成为信息时代社会的主要特征，更成为信息时代政府执政的最基本要求。[12]最初兴起的电子民主模式与电子政府的建设紧密联系，强调支持知情的公民参与到公共决策和政策制定过程中。同样，我国一直以来都致力于电子政府的建设，同时依托互联网和电子政务平台不断改进政府问责过程。[13]然而，尽管一开始对"电子政务"的定义考虑的是在平等的基础上提供信息和服务，但随后的很多评估模型，尤其是成熟度模型却更强调在线公共服务的作用。[14]

调查显示，尽管各个国家和地区都兴起了电子政务的改革浪潮，建立了各种电子政务门户，但很多国家存在以"政务公开"代替"信息公开"的情况，很多关系到"问责"实质的核心数据信息并未公开，包括最重要的财政预算、行政事业性收费、政府采购项目、科教文卫及社会保障实施情况、食品药品监督情况、土地征收及房屋拆迁情况等。[15]因而在早期的电子政务模型中，信息的作用被掩盖了，未能切实地满足公共问责的需要。

随着大数据的发展，科技与行政透明的进一步碰撞，产生了新型的行政透明机制——开放政府数据,它大大推动了问责的创新和完善。[16]梅耶尔将互联网革命称为当代政府透明背后的驱动力,它允许政府在网络上广泛提供数据和信息。[17]"开放数据"(Open Data)概念本身隐含了利用先进科学技术这一内涵,因而"开放政府数据"(Open Government Data)从最初就是被置于电子政府语境下的概念。[18]开放政府数据不同于传统意义上的政府信息公开,一般而言,它强调新技术的工具理性,要求建立一个统一的开放政府数据门户,实现各个层级、各个部门间数据公开和数据协同,全面实现数据公开、数据可获取及数据再利用。这意味着,一方面信息传播应是免费的或成本最小化的,另一方面数据结构应该能够帮助发掘、理解和解释信息。近年来,在公共政策领域"开放政府数据"这一标签沿用到几乎所有公共部门,使政府作为一个整体更加开放和负责,换句话说,人们可以较轻易地利用政治中立的公共部门进行信息揭露,以达到问责的目的。可以说,近年来全球范围内的开放政府数据运动,在本质上源于各国政府及公民对改善公共问责的强烈需求,意在弥补传统电子政府对信息本身角色的怠慢。[19]开放数据作为政府通过网络发布的信息结果,可以被视为与以实现政府透明为目标的制度和工具改革同步的实质性发展。

人们一提到开放政府数据,都会想到最先开展此战略的美国。在20世纪90年代初,当互联网刚刚向个人用户开放时,政府数据就开始运用了互联网。最早的提倡者是美国的吉姆·沃伦。沃伦是一个倡导开放政府数据的积极分子,1993年,他向加利福尼亚州议员黛布拉·鲍恩展示了如何通过互联网,以低成本和高收益的方式来实现公众对州立法记录的访问,以此加强公共问责。在沃伦的努力推动下,加利福尼亚成为第一个将立法信息、选举记录和州法案公布于网上的州,其他至少14个州则紧随其后,开始推动类似的"草根提案"出台,以倡导开放政府。[20]经过一番努力,1995年美国THOMAS网站成立,它为公众提供新提案、成员及委员会的目录信息,日常听证日程安排以及其他有用的档案。继2009年美国率先发起"开放政府倡议"之后,全世界的国家和地方政府都开始着手实施一系列开放数据项目,期望免费公开的政府数据能够带来大量经济、社会和政治利益。2015年,联合国发展峰会正式通过了《2030年可持续发展议程》,要求成员国将可持续发展目标列入国家发展规划和可持续发展战略中,顺应信息时代的发展,建立尽责、透明的公共行政机构。中国在2007年公布了《政府信息公开条例》,并从2008年5月1日起开始施行,从此该条例成为政府施政的一项基本原则。国务院在2015年印发了《促进大数据发展行动纲要》，指出要在 2018 年建立一个统一的政务数据互通平台，2020 年实现政府数据开放。截至 2015 年，我国已有 19 个省市建立了开放政府数据门户，公布了关于经济建设、资源环境、教育科技、道路交通、社会发展、公共安全、文化休闲、卫生健康、民生服务、机构团体、城市建设等各方面的数据信息，并开展了一系列开放数据创新竞赛。如今，政府透明与互联网驱动的信息通信技术、开放数据运动以及开放政府门户息息相关。[21]

（二）基于开放数据的问责理论框架

毫无疑问，开放政府数据有助于实现政府透明，那么它究竟如何推动政府问责机制的创新？其实，开放数据不仅仅被视为实现政府透明的有效手段，更日益被视为一种重要的创新战略。莫格尔特别指出了公共部门的三种不同类型的创新——封闭式、外部化和开放式创新，而大数据时代呼唤不同领域的开放式创新，这种创新以开放数据为依托，并鼓励在此基础上参与和使用数据，从而实现治理创新和产品创新。[22] 开放式创新是源于私营部门的概念，有人认为，通过诸如开放数据的举措，公共部门开放式创新将迎来重要机遇。[23] 必须强调的是，对于所有开放政府数据门户而言，实现治理创新的前提不仅仅是数据的公开，更重要的是公民对开放数据的参与和协作。同样，问责治理的创新亦需要这种建立在开放数据基础上的多方参与和协作。基于上述分析，本文在传统问责模型的基础上进一步发展出基于开放数据的"透明－问责"良性循环模型，如图 2 所示。

图 2 基于开放数据的"透明－问责"循环系统

"公开数据"意味着政府在特定的开放政府数据平台上，以特定的格式公布各种符合《政府信息公开条例》的数据；"获取数据"意味着使用者可以通过浏览门户网站或移动端网页阅读并下载各种数据，这要求门户或移动端网页上公布的各种数据必须是可下载的；"分析数据"意为用户可以使用并分析这些下载的数据，这又要求数据的格式必须为可处理的格式；"披露结果"表示用户基于数据处理和分析对结果进行披露，从而确定是否应该提出问责；"提出问责"意味着当数据分析结果揭露出问题的时候，可以进行征询和质疑，从而引出问责，公众可以直接在开放政府数据门户网站，也可以通过各种媒体等其他路径提出问责要求；政府相关部门及负责人针对问责内容进行公开的解释回应，"公开回应"可以通过开放政府数据门户，也可以通过其他路径；"强制执行"要求采取行政或司法手段对不当行为依法制裁；在经过一轮对公共权力的问责后，公众舆论压力会形成"公共倡议"，从而进一步推动政府的数据开放。这些过程均可以通过一个交互开放式的数据协作平台实现。

这样一个基于开放数据的"透明-问责"良性循环模式能否实现制度化，是否具有普适性？它将如何带来问责机制的创新，又会产生什么样的问题？从意大利政府的案例中我们可以得出一些答案和思考。

三 意大利的案例描述

（一）案例背景

2013年，欧盟修订了《欧洲公共部门信息指令》（European Directive on Public Sector Information），这一指令意在鼓励和实现数据驱动的产品和服务创新，政策制定中的公民参与，以及更强的政府问责。[24]欧洲结构和投资基金（European Structural and Investment Funds，ESIF）代表了欧盟的主要投资政策工具，对各种不同的国家和地方发展政策进行联合融资，在对新兴企业发展的资金支持、区域基础设施的发展建设，尤其是欧盟区域和国家之间发展的不平衡等方面给予了强烈关注。ESIF对欧盟的经济增长产生了实质性的影响，但这些项目面临效率、效力、复杂的绩效评估等挑战。人们尤其关注在从政策设计到规划再到实施的整个过程中，自下而上的包容性和对公民参与的限制。人们希望能有一个更加包容的参与过程，使利益相关者、公民社会团体、最终受益人都能实质性地参与到政策中来，以改善政策的效率、效力和问责。[25]

从2014年开始，欧盟采用新的法规来刺激并增强透明性和参与度。首先，规定必须通过发展特定规划的国家开放政府数据网站，公布一系列强制信息，使强制公布的数据领域从3个增加至11个，如此让政府聚焦于披露更多基金项目及其接受者的详细信息。[26]其次，各国的门户网站必须提供欧盟其他成员国的所有操作程序信息，包括实施的时间和相关的公众咨询过程等。最后，关于合作关系的行为准则鼓励更广泛的公民参与。

意大利是欧盟中第二大的ESIF接受国，截止到2018年4月25日接受了总计761亿欧元的基金支持。[27]并且由于国家、地区和其他基金对区域发展的联合融资，所有这些项目的预算甚至更高。而其中约80%的基金被投到了意大利南部地区。对所有这些财政资金都可以通过国家开放政府数据网站OpenCoesione.gov.it实时追踪，这也是欧盟新法规下的意大利国家透明网站。OpenCoesione.gov.it最初是在2012年由意大利经济发展部建立的，目的是公开2007~2013年意大利开展的各种项目的信息。这一门户网站使用了大量经济发展部管理的国家监督系统中的政府行政数据。国家监督系统是一个多层级治理组织，交互操作各种收集基金接受者信息的地方申请。在2018年4月，OpenCoesione公布了948416个项目的数据，这些项目总投资高达963亿欧元，[28]大到价值达几十亿欧元的大型基础设施建设，小到学生的助学金投资。对于每一个项目而言，公众都能够通过浏览网站了解有关基金的具体数目、来源、大概位置、参与者、实施时间表等信息。他们可以下载元数据，通过应用程序界面（Application Program Interfaces，APIs）分析数据、开放应用程序，或浏览交互图。

政府发布了不同的计划来刺激对数据库的使用或重新利用，例如发布数据分析、新闻，制作信息图表，创造交互式可视化工具，举办在线研讨会，以及组织各种研究机构的工作室和讨论会等。通过网站上的交互式工具，直接接收受助者和最终受益者的意见和建议。由于并没有足够的资源直接管理公民参与行为，OpenCoesione.gov.it努力倡导各种公民技术团队的编程马拉松，以激发新的倡议和应用程序的产生，收集数据公开和项目结果的反馈。

（二）主要事件

事件的起因是，一个由记者、分析员、开发商和公民个体组成的团体，基于项目层面的开放政府数据，通过采访项目实施的负责人，收集视频和照片，记载进程和结果，收集了博洛尼亚地区学校建筑的五个翻修项目。但很快他们发现，政府门户网站OpenCoesione.gov.it对诸如是什么政策和决定促动了对这些项目的资金供给,在各个治理主体中谁来负责,谁是主承包商和次承包商,以及对他们的支出如何追踪等问题没有丝毫线索。最重要的是,政府网站对项目主体、行动、绩效数据、结果指标等基本信息的描述完全缺失,因此他们认为有必要对这些项目进行更进一步的调查。这一试验性的行动继而演变成全国范围的公民监督问责行动,名为"Monithon.it"。Monithon 这个词源于"monitor"和"marathon",意为"公民监督马拉松",[29] 目的在加强对地方层面欧盟基金项目的公民监督和问责。

在两年内,这一行动带动了许多地方团体,其中一些有意识地组织起来,另一些则建立在已有协会的基础上,超过3000人加入到公民监督问责行动中来。国家和地方的团体都有加入,例如意大利行动援助组织、意大利反黑手党协会等。Monithon.it 并不是一个正式的基金组织,它主要依赖志愿者的努力。尽管发展和维持 Mointhon.it 技术平台的花费部分得到了非营利组织的赞助,但是它仍然面临严峻的资金可持续问题。在2013年的9月,OpenCoesione.gov.it 与欧洲委员会意大利代表办公室合作发起了一所 Open-Coesione 网校,这是对高校教育的一个挑战,是一个为了刺激数据使用和公民参与的大规模在线开放课程(Massive online open course)。教育部同样参与了这一行动,力图增强学生和老师的数据素养和 ICT 使用能力。OpenCoesione 网校使用 Monithon.it 的工具和方法来组织公民监督问责行动。学生不仅要学习如何分析政策、行政资源,进行实地调查,还要学习如何使用与现实生活中的公共问题相关的复杂数据库。

公民监督问责行动以小组活动的形式组织起来,要求运用跨学科的能力来进行实证研究,分析项目绩效,包括对项目历史、潜在的政策动机、治理主体网络、项目实施者的责任的考察等。这一举动不仅仅是为了充实公众可以获取的数据库信息并收集数据质量的反馈,还为了现场采集来自最终受益者的对项目结果的建议和反馈。所有新信息都通过标准的方式进行收集,包括问卷调查、访谈、数据分析指导和实地调查,继而映射在 Monithon.it 这一社会开放数据平台上。通过各种反馈信息,不但刺激产生了各种各样解决问题的方案,更实现了对各个项目的有效问责。

(三) 事件影响

2014年3月,在行动开展一年之后,Monithon.it 上公布了55个公民监督报告,覆盖交通、文化遗产、城市政策、教育、社会融合等方面,到2018年4月,这一数字增加到475个。[30] 大约40%的项目包括基本信息,加上一些有关进程和结果的证据。余下的60%可以被称为深入调查，包括有关项目历史、动机的详细信息，相片和视频浏览，以及项目和政策文件的链接。

2015～2016年，OpenCoesione网校接收了来自全国的120所学校和2800名学生，每个学院基于OpenCoesione.gov.it的开放政府数据选择一个项目进行分析。学生组织活动宣传成果，创造了进一步的机会，提升了公民意识，并加强了与非营利组织和欧洲委员会地方代表的对话。所有这些活动都是公开的，并且在某种程度上表现为一种"问责论坛"，学生与负责项目实施的地方团体、政治领导和政府行政人员可以有效地互动，并提出解决问题的建议。

Monithon.it平台上发布的信息，作为开放政府数据，可以被行政管理机构、记者、研究者、非营利组织和公众使用，将对ESIF的实施和未来政策行动的设计产生深远的影响。在一些案例中，公民监督报告受到地方新闻的关注，尤其在一些诸如"开放数据日"（Open data day）等特殊日子，新闻报道会对公共资金的使用组织电视问责及公共讨论。在另一些案例中，会创造地方组织和行政部门的协作机会。例如在意大利西北部的托里诺，皮埃蒙特（Piemonte）马拉松小组发起了一个与埃及博物馆理事的对话，试图提高一个由ESIF赞助的改造项目。在巴里行政区，研究部利用公民对社会创新项目的监督结果来安排这方面的未来行动。在这些案例中，公民反馈在政策循环的监督和创建环节对国家和地方行政官员的决策都产生了影响。OpenCoesione.gov.it收集的公民反馈，不仅包括数据本身和政策绩效，还通过告知机构对特定项目的责任为使用者指明了方向。

这引导意大利逐渐走向一种监控民主（monitorial democracy），并且培育了一种新型的公民——监控式公民。公民的责任是监督政府、企业以及其他大型组织的行为。新媒体扩大了监控民主的潜力，允许更多公众去贯彻、记录以及分享他们的监督报告。

四 面向数据的协作问责循环系统

意大利的这一案例表明开放数据能够促成公民参与和多方协作，从而激发一个创新的协作问责循环系统。正如案例所示，政府、非营利组织、企业、媒体、公民个体等多方主体都能够参与到公共问责的协作循环之中，而这一协作关系依托于OpenCoesione.gov.it和Monithon.it两个开放数据门户网站。

前者是政府开放数据平台，后者是社会开放数据平台，它们互相促进、互相补充，共同形成开放数据的协作整合平台。

其中，开放政府数据的提供者 OpenCoesione. gov. it，以一种被证明使公民个人和团体都受益颇多的方式，提供有关欧盟和国家公共投资项目的高密度信息，这可以对应到图 2 模型中的"公开数据"阶段。而由市民、记者、企业、其他利益相关者或志愿者组成的公民志愿团体，一方面从开放政府数据平台"获取数据"，另一方面以各种实证调查手段收集数据，并通过"分析数据"生成各种项目监督调查报告、公民反馈和建议等。这些数据信息之后被公布在 Monithon. it 网页上，不仅达到"披露结果"的目的，更形成了社会开放数据，对政府开放数据进行了有效补充，提升了政府的透明度。当信息的披露凸显出政府相关部门或官员有渎职、腐败或其他行为不当问题时，问责被正式提上日程，它可以通过网校学生团体开办的"问责论坛"，也可以通过在线的公共讨论，但更多时候以地方媒体"电视问责"的形式出现。相关项目的负责人显然需要对公共问责做出"公开回应"，针对各种公共质疑做出解释。当一个项目或问题受到公共舆论的广泛关注，将会加快推进相关的司法、行政部门介入调查，并对确实存在的不当行为"强制执行"，做出相应的惩罚与制裁。经过这一系列过程，问责并没有就此结束。出于对公权力滥用的进一步担忧，政府自身以及公民都会要求更高程度的政府透明，进一步倡导政府数据开放，确保更有效的问责。基于上述分析，我们能够进一步以意大利的案例丰富上文的理论模型，构建一个更加具体的、面向数据的协作问责系统模型，如图 3 所示。

这一问责循环的创新之处在于，充分调动社会各界的力量，实现多方主体协作问责。政府、相关企业和大型组织向全社会范围开放数据，为透明和问责的实现提供基本条件。公民及社会团体发挥杠杆作用，发展技术工具和方法，对公民反馈进行系统性收集，促进公民参与。由政府资助的 Scuola di OpenCoesione（School of OpenCohesion），以公立学校为依托，培养公民意识、社会和公民参与的技能。而其他营利组织，如意大利行动援助组织和意大利反黑手党协会，同样致力于对公民技能以及使用重要的公共数据能力的培养，产生了大量互动。

这些实践帮助克服开放政府数据项目的一些典型缺陷。这些缺陷表现在，很多开放政府数据项目倾向于仅仅提供与数据本身有关的参与，并且仅限技术专家和数据中介团体使用数据。这主要体现在，对可机读模式数据的处理依赖于特定的技术和资源，这些并不是大多数公众具备的。人们

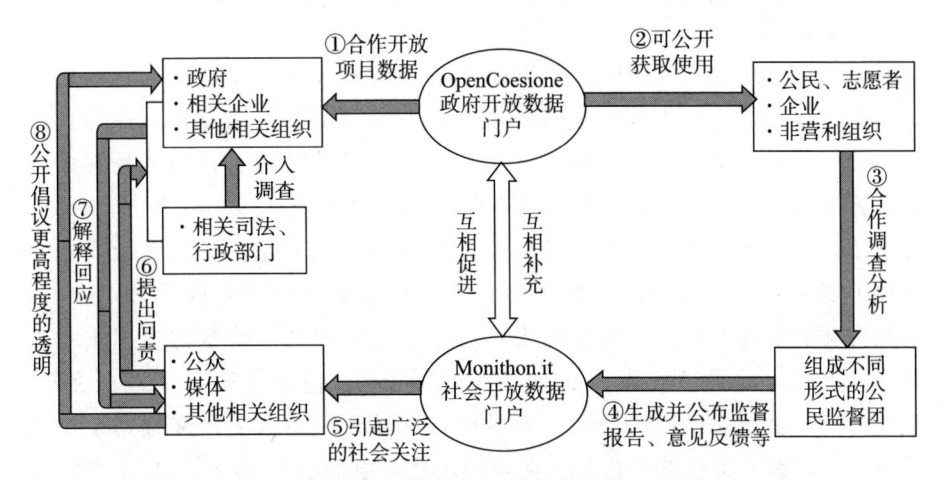

图 3　意大利基于开放数据的协作问责循环系统

认识到数据不只是对开发者开放,大多数公众仍需以技术娴熟且资源丰富的个体或组织为媒介获取合适的数据。从这个意义上说,对于普通民众而言,提供数据并不能简单地等同于透明,很多时候只有当技术媒介为公众处理了相应的数据,透明的目标才能实现。显然,意大利的这一实践模式有效克服了这一缺陷。

五　思考和建议

2017 年,习近平在中国共产党第十九次全国代表大会上所作的报告,进一步从战略高度出发,对国家治理体系和治理能力现代化提出新的要求,要求不断提高国家机构的履职能力,提高人民群众依法管理国家事务、经济文化事业、社会事务的能力。我国要推进中国特色社会主义民主建设,必须要坚持人民当家做主,在不断增强政府透明度的基础上切实推动公民参与及公共问责。

意大利的上述案例表明,信息发布者(政府)和使用者(公民及社会团体等)的互动能够刺激对数据内容的兴趣和数据质量的提高。尤其是社会群体和非营利组织的参与,似乎能够对与数据打交道的政府和非政府主体产生促进作用。此外,非营利组织、各种协会和其他利益相关者在监督行动上的积极介入,对促进参与式问责来说是至关重要的,尤其是当各自目标的实现也依赖对公共政策的有效监督和问责时。这些交互作用为更有深度的政策问责及项目效率的提升提供了舞台。意大利的经验教训可以概括为以下几点。

第一,建立统一专门的开放数据平台。这是实现问责创新的首要前提和基础。数据开放的程度将直接影响公民参与和问责的程度,许多合作倡议均关注建设合作的基础设施或平台,合作项目的创造和评估依赖网络基础设施来实现。政府需要依靠基础设施来创造协作项目,并对其进行评估。现在,许多公共协作倡议关注建设协作的基础设施或平台,但是政府机构往往不能清楚地处理其产生的项目,也不知道如何据此来鼓励公民参与。从意大利的案例来看,公民反馈受到特定数据和附加的背景信息缺失的阻碍。过程透明的各项要素,如项目目标和行动、潜在的政策动机、决策、承包商、结果和输出指标等都存在缺失,这导致使用者无法完整地了解不同行动者之间的责任链。目前,在我国,地方层面已经建立了 19 个开放政府数据平台,但中央层面的类似平台还没有实现。① 国务院在 2015 年发布的《促进大数据发展行动纲要》中提出,在 2018 年底前建立国家政府数据统一开放平台,这表明我国政府已经深刻认识到开放数据的重要性。无论如何,必须以开放数据平台为依托,参与和问责创新才有进一步实现的可能。同时,鉴于开放数据门户包含各个机构的数据集,拥有一个有凝聚力的统一治理模式尤为重要。政府机构之间以及机构内部各部门之间必须检查和修订已有的政策和流程,加强数据管理,采取有效行动以确保一致性。恰当的治理实践能帮助政府机构之间互相支持和协作。此外,不仅各级政府之间需要相互协作,政府与公民、私人部门、非营利组织之间也需要进行有效协作,从而为问责提供最佳的机会。

第二,不断完善相关的法律法规和机制。由于大数据、开放数据、众包等创新协作形式都属于新兴事物,与此相关的法律十分欠缺,虽然不少国家都鼓励和强化了对可能出现的相关违法现象的研究,但目前还停留在一些暂行条例层面,亟须不断完善相关的法律法规建设。意大利的案例表明,由于没有明确的法律机制能够确保行政机构必须考虑公民和非正式组织的意见反馈,公民团体需要劝说决策者倾听并协作。[31] 很多时候,决策者做最后决定的时候,依然不怎么考虑这些意见反馈,而且并不是所有反馈都能正式提出问责,因而迫切需要完善相应的法律法规,实现这些相关过程的制度化。

第三,培养公民的专业知识和技能。对公民来说,不仅要能够理解公

---

① 文章写作时,中央层面的平台还未建成。

开的数据，还要能够对额外的信息进行检索以搞清楚来龙去脉。所以，有效的公民监督和问责还需要专业支撑来保障。如果缺乏专业知识，政策问责及广泛的公民参与和协作都会受到不利影响。从上述案例来看，问责系统可持续的一个主要挑战在于，需要创造持久的地方团体来做此类工作，并且这一团队需要由跨学科专家组成。基础的行为，如收集照片和视频记载的进程相对而言比较容易，而更复杂的调查则需要具备了解各种政策机制、国家和政府行政程序、数据分析及可视化、实地调查、数据收集以及沟通调查结果等方面的专业技能。因此，必须通过各种方式提升公民的专业技能和知识，较为普遍的一个方式是利用政府、学校、非营利组织的合作加强对公民的培训。

第四，鼓励并支持开放数据的信息中介组织。社会系统的健康，很大程度上不仅依赖于技术举措的可持续性，还依赖于开放政府数据的中介组织。在案例中，我们不难发现，信息中介有时是为了其他目的由政府或非营利组织资助创办的，这种实体组织非常少，并且它们长期的资金前景都很黯淡。但是这些信息中介无疑扮演了十分重要的角色，它们代表公众的利益或者帮助公众。

第五，构建政府和公民之间的公共问题机制。这一机制的缺失，给在政策循环中系统整合公民反馈制造了巨大的壁垒。实际上，在意大利的案例中也同样存在这一问题，ESIF 的相关规定和国家法律框架都没有提供这种机制。政府内部鼓励和处理自下而上反馈的特定程序显得很疲软、不频发，很多时候甚至是缺失的。政策执行过程中的这一缺口也许是公民参与、协作和问责的最大障碍。

参考文献

[1] Waldron J. Accountability: Fundamental to Democracy [J]. *Social Science Electronic Publishing*, 2014: 1 - 32.

[2] 张锐昕，陈丹. 加强评估问责制度建设 推进"互联网 + 政务服务"[J]. 中国行政管理, 2016 (7).

[3] Jones R. The Development of Conceptual Frameworks of Accounting for the Public Sector [J]. *Financial Accountability & Management*. 1992, 8 (4): 249 - 264.

[4] Schillemans T. Redundant Accountability: The Joint Impact of Horizontal and Vertical Accountability on Autonomous Agencies [J]. *Public Administration Quarterly*, 2010, 34

(3): 300-337.

[5] Stewart D. W. Professionalism VS. Democracy: Friderich VS. Finer Revisited [J]. *Public Administration Quarterly*, 1985, 9 (1): 13-25.

[6] 谷志军. 当代西方问责研究: 理论框架、热点主题及其启示 [J]. 中国行政管理, 2017 (7).

[7] Schillemans T., Busuioc M. Predicting Public Sector Accountability: From Agency Drift to Forum Drift [J]. *Journal of Public Administration Research & Theory*, 2015, 25 (forthcoming).

[8] Schedler A. Conceptualizing Accountability [M] //Schedler, Diamond L., Plattner M. *The Self-restraining State: Power and Accountability in New Democracy Lynne Rienner*, 1999: 14-17.

[9] Carolyn Ball. What Is Transparency [J]? *Public Integrity*, 2009, 11 (4): 293-308.

[10] Lindstedt C., Naurin D. Transparency Is Not Enough: Making Transparency Effective in Reducing Corruption [J]. *International Political Science Review*, 2010, 31 (3): 301-322.

[11] Nabatchi T., Amsler L. B. Direct Public Engagement in Local Government [J]. *American Review of Public Administration*, 2014, 44 (4): 1-26.

[12] Justice J. B., Melitski J., Smith D. L. E-Government as an Instrument of Fiscal Accountability and Responsiveness Do the Best Practitioners Employ the Best Practices [J]? *The American Review of Public Administration*, 2006, 36 (3): 301-322.

[13] 阎波, 吴建南. 电子政务何以改进政府问责——ZZIC 创新实践的案例研究 [J]. 公共管理学报, 2015 (2).

[14] Lee J. 10year Retrospect on Stage Models of E-Government: A qualitative Meta-synthesis [J]. *Government Information Quarterly*, 2010, 27 (3): 220-230.

[15] Freedom House. (2014). Freedom of the Press in China. Retrieved from Freedom House [EB/OL]. https://freedomhouse.org/report/freedom-press/2-14/china#.VRLDh-aNd6C.

[16] Rui P. L., Piotrowski S., Ingrams A. Open Data Driven Public Accountability [J]. *Transforming Government People Process & Policy*, 2017, 11 (1): 42-57.

[17] Meijer A. Government Transparency in Historical Perspective: From the Ancient Regime to Open Data in the Netherlands [J]. *International Journal of Public Administration*, 2015, 38 (3): 189-199.

[18] Harrison T. M., Guerrero S., Burke G. B., et al. Open government and E-government: Democratic Challenges from a Public Value Perspective [J]. *Information Polity*, 2012, 17 (2): 83-97.

[19] Peled A., Nahon K. Towards Open Data for Public Accountability: Examining the US and the UK Models [M]. *Social Science Electronic Publishing*, 2015: 1-12.

[20] Warren J. A Once-in-a-lifetime Opportunity for Real Citizen Access to Government [J/OL]. [2016-05-03]. http://www.kenmccarthy.com/archive/gazette/ig4.html.

[21] An Analysis of Open Government Portals: a Perspective of Transparency for Accountability [J]. *Government Information Quarterly*, 32 (3), 323 – 332. doi: dx. doi. org/10. 1016/j. giq. 2015. 05. 006.

[22] Mergel I. Opening Government: Designing Open Innovation Processes to Collaborate with External Problem Solvers [J]. *Social Science Computer Review*, 2015, 33 (Open Government): 4 – 4.

[23] Chesbrough H., Bogers M. *Explicating Open Innovation: Clarifying an Emerging Paradigm for Understanding Innovation* [M]. Social Science Electronic Publishing, 2014.

[24] Reggi L., Dawes S. Open Government Data Ecosystems: Linking Transparency for Innovation with Transparency for Participation and Accountability [C] //International Conference on Electronic Government and the Information Systems Perspective. Springer International Publishing, 2016: 74 – 86.

[25] Rodríguez-Pose A. Do institutions Matter for Regional Development? [J]. *Regional Studies*, 2013, 47 (7): 1034 – 1047.

[26] Reggi L., Ricci C. A. Information Strategies for Open Government in Europe: EU Regions Opening up the Data on Structural Funds [C] //International Conference on Electronic Government. Springer Berlin Heidelberg, 2011: 173 – 184.

[27] https://cohesiondata. ec. europa. eu/overview.

[28] https://opencoesione. gov. it/it/.

[29] http://www. monithon. it/about-english/.

[30] http://monithon. org/reports/? p = 1.

[31] Zola D., Naletto G., Andreis S. How to do (good) Things with Data. Civil Society Data-Driven Engagement for Societal Progress and Innovation, Web-COSI "Web Communities for Statistics for Social Innovation", Rome, Italy, 2015.

后　记

本书是 2018 年贵阳数博会的成果之一，是集体智慧的结晶，也是时代发展的一个缩影。值此付梓之际，我们对各方的努力和付出表示最诚挚的感谢。

特别感谢主办单位。中国国际大数据产业博览会组委会为论坛举办提供了平台、政策和资金等全方位的支持，成就了一个令人瞩目的高端论坛。

感谢论坛落地支撑各单位。贵阳市人民政府和贵阳市政务服务中心为论坛落地服务提供了有力保障。贵州省行政管理学会和贵州财经大学为论坛提供了志愿服务和大力支持。

感谢论文作者。200 多篇参会论文凝结了理论界和实务界对推进数字政府治理体系和治理能力现代化的苦心专研与真知灼见，承载了社会各界对中国行政管理学会的支持与厚爱。在此对入选论文的作者表示诚挚的谢意，同时由于篇幅所限，对未入选本书的论文作者表示敬意和歉意。

感谢论坛筹备委员会及其论文评审委员会。感谢鲍静、曹胜、曹中轩、曾宇航、陈涛、陈华森、陈继红、陈少威、戴长征、董青岭、段国华、樊博、范子藤、赫郑飞、黄平、黄明峰、黄其松、贾开、贾康、解亚红、李齐、李琼、李珊、李孟刚、刘方、刘杰、刘文静、罗磊、孟庆国、米加宁、那金华、潘永花、饶晓亭、史少春、宋文好、孙涛、佟舟、汪波、汪建初、汪玉凯、王刚、王辉、王飞跃、王红梅、王洛忠、吴胜巧、邢诒海、宿宏丽、徐晓林、杨凤春、杨钦锋、袁惠民、张汉、张晓、张欣、张定安、张红彬、张燕平、张勇进、赵宏伟、朱国伟、朱廷劭等同志。

还要感谢各位编辑。感谢李春、李宇环、曲纵翔、赵源、姜宁宁、王艺潼、缪燕子、刘杰、赫郑飞、曹胜、张红彬、孙友晋、毋世扬、魏嘉希、高乐等同志在本书编辑、校对、出版工作中付出的辛勤劳动。

后 记

  最后感谢社会科学文献出版社对本书出版的大力支持。感谢群学分社谢蕊芬社长对本书选题的精心指导和热心关注，感谢赵晶华等责任编辑严谨的编辑校对，使得本书能够如期出版。

本书编者
2020 年 6 月 16 日

图书在版编目(CIP)数据

大数据与公共服务 / 鲍静主编. -- 北京：社会科学文献出版社，2020.6
ISBN 978 - 7 - 5201 - 6473 - 3

Ⅰ.①大… Ⅱ.①鲍… Ⅲ.①数据处理 - 应用 - 公共服务 - 研究 - 中国 Ⅳ.①D669.3 - 39

中国版本图书馆 CIP 数据核字(2020)第 054563 号

大数据与公共服务

主　　编／鲍　静
副 主 编／段国华　张定安　解亚红

出 版 人／谢寿光
组稿编辑／谢蕊芬
责任编辑／赵晶华

出　　版／社会科学文献出版社·群学出版分社（010）59366453
　　　　　地址：北京市北三环中路甲29号院华龙大厦　邮编：100029
　　　　　网址：www.ssap.com.cn
发　　行／市场营销中心（010）59367081　59367083
印　　装／三河市龙林印务有限公司
规　　格／开　本：787mm × 1092mm　1/16
　　　　　印　张：20.25　字　数：345 千字
版　　次／2020 年 6 月第 1 版　2020 年 6 月第 1 次印刷
书　　号／ISBN 978 - 7 - 5201 - 6473 - 3
定　　价／128.00 元

本书如有印装质量问题，请与读者服务中心（010 - 59367028）联系

▲ 版权所有 翻印必究